U0101106

千年孔子。

孙晓飞 著

商周之战、春秋之乱与孔子之变

团结出版社
UNITY PRESS

图书在版编目（ＣＩＰ）数据

千年孔子：商周之战、春秋之乱与孔子之变 / 孙晓飞著 . 一北京：团结出版社，2024.3
ISBN 978-7-5234-0558-1

Ⅰ.①千… Ⅱ.①孙… Ⅲ.①孔丘（前 551- 前 479）– 哲学思想 – 研究 Ⅳ.① B222.25

中国版本图书馆 CIP 数据核字 (2023) 第 207586 号

出　版：团结出版社
　　　　（北京市东城区东皇城根南街 84 号　邮编：100006）
电　话：（010）65228880　65244790
　　　　（010）65238766　85113874　65133603（发行部）
　　　　（010）65133603（邮购）
网　址：http://www.tjpress.com
E-mail：zb65244790@vip.163.com
　　　　tjcbsfxb@163.com（发行部邮购）
经　销：全国新华书店
印　装：三河市东方印刷有限公司

开　本：145mm×210mm　32 开
印　张：10.625
字　数：219 千字
版　次：2024 年 3 月　第 1 版
印　次：2024 年 3 月　第 1 次印刷

书　号：978-7-5234-0558-1
定　价：48.00 元

目 录

第一章

神明在上：祭祀与占卜

占卜与天象：神明的暗示

八卦：裂纹的抽象与神谕的表象

敬神守礼：获罪于天，无所祷也

孔子观傩：为神明舞蹈

谁在供奉神明？

占卜与天象：神明的暗示

当我们遇到非常惊讶的事情，总会下意识地说一声："我的天啊！"

这么感慨的人，或许不承认自己会对"天"以及背后所隐含的"神明"有什么文化联想，很多人只是轻描淡写地说，那只是下意识的感慨。

但事实上，简单的惊诧后面，有着文化的深层隐喻：我们内心的文化积淀，不由自主地在发出自灵魂深处的追问。

那被我们忽视的、从来也没有引起注意的"天"以及背后的"神明"，此刻就浮荡而出了。

"我的天啊！"也许每个人潜意识中都有一种冲动，要向神明表达或告诉，希望高高在上的神明能够听到。

商：无事不卜

商人相信，帝神操纵着一切。

帝辛（商纣王）也曾感叹："呜呼，我生不有命在天？"译成今文就是："我的天啊！我的一切不都是天帝所决定并管理着吗？"

拥有象征神权的祭祀权和占卜权，拥有强大世俗权力的行政权和军事权，帝辛坚信天帝永远站在他这一边，恒久地护佑着商人。

正因为相信帝神，所以，商人无事不卜，凡事都向帝神求问。

"所谓占卜，是指占卜者利用自然的、机械的或人为的工具和方法，向神询问过去或将来人事和其他事物的结果，并根据占卜工具上所显示的兆文、信号等，判断吉凶祸福，认为上述信号就是鬼神的意志。人们把这样得来的信息，作为自己行为的指针。"[1]

> 癸未卜争贞
> 旬亡祸
> 王占曰有祟
> 三日乙酉夕向丙戌允有来入齿
> 十三月 [2]

这是武丁时期的一枚甲骨卜辞，说武丁能够对疾病、战争甚至牙痛进行占卜。

在已经发现的商代甲骨中，发现刻辞基本都是卜辞，商代的人们对于未知充满了渴求，几乎无事不卜。

面对变化着的世界，商人陷入了迷茫。为了获得更多的资源，人们不断开发荒野、征服邻邦，但疾病、灾害，在无法预知的情况下经常来临。而战争也不总是依赖人力，

---

[1] 宋兆麟著：《巫与祭司》，商务印书馆2013年，第147页。

[2] ［美］倪德卫（David S. Nivison）著，魏可钦、解芳等译：《〈竹书纪年〉解谜》，上海古籍出版社2018年版，第307页。

有时明明在人数与武器上占有优势，但洪水、大雨或者大风，却去帮助对方，使自己损兵折将。

有时在战场上取得了胜利，但随之而来的，却是举族传染恶疾，经常会亡族灭种，让人对未知的东西充满恐惧。

这时候，人们认为有某种神秘的力量，在决定着一切。因此，希望通过某种途径事先获得警告。

人们所依赖的这种途径，就是占卜。

中华民族使用骨卜的时间非常早，但早期骨卜不但有预测的作用，还有祭祀的功能。与商代占卜的区别是，早期骨卜没有文字。

到了商代，人们因为预测的需要而发明了文字，并逐步放弃了骨卜而采用龟甲占卜。与骨卜类似，龟甲占卜是根据裂纹来判断吉凶祸福。

各种占卜形式，在那时都被认为能够体现神灵意志。但中国的占卜学不同于其他民族，体现了一种"占卜理性的精神，它把现象世界的无穷偶合化为几种格式化的、付诸计算的知性，这一精简过程是抽象性的进程：卜的类型化是对无数未设定的卜兆的抽象"[1]。

在商代，商王依赖占卜进行统治，根据已知的资料，贞人的意见起着重要的作用，我们甚至可以说，在某种程度上，贞人才代表着神权，而商王不过是执行者。离开了贞人这个中介，商王也茫然无措。

从已知的甲骨文资料中，我们发现在武丁时代，举凡祭

---

[1] ［法］汪德迈（Léon Vandermeersch）著，金丝燕译：《中国思想的两种理性：占卜与表意》，北京大学出版社2017年版，第21页。

祀、战争、狩猎、出游、奉献牺牲、商王的活动、来旬的健康、今夕的健康、告祖、灾祸、收获、日月食、出生、做梦、疾病、死亡、下雨、乞求好天气等，都需要占卜。

李零先生认为，那时的人们之所以热衷于占卜，就是为了求取神谕。

因为在"天"的面前，商人自己无法决定做什么和不做什么，因此，得到"天"的暗示，然后据此行动，心里才会踏实。

否则，宁愿什么也不做。

商人如此，生活在商时代的其他人也同样如此，深陷于神明的迷雾中，而无法逃避。

商王除了为自己占卜，还为自己的同姓城邑、封国占卜。

商的方国，同样在天的神秘笼罩之下，也像商人一样，养成了凡事均占卜的习惯。因此，他们不得不依赖于商王，并与商王结成各种联盟。

"商王就像为自己的臣属占卜一样，也为这些异邦的'无祸'而问询，他们则为商王'固王事'，国与国之间和平相处，互入领域而不伤。"[1]

美国甲骨文研究学者吉德炜"设计了一个计算公式，并列出 392 个判定标准，借此来推算各个地名——商王同盟者、依附者或臣属者的'等级分数'"[2]。

---

① ［美］张光直（Kwang-chih Chang）著，张良仁、岳红彬、丁晓雷译：《商文明》，生活·读书·新知三联书店 2019 年版，第 287 页。
② ［美］张光直（Kwang-chih Chang）著，张良仁、岳红彬、丁晓雷译：《商文明》，生活·读书·新知三联书店 2019 年版，第 236 页。

等级分数最高的是"舌方"，大概位置在山西一带，其等级分数设定达 3312 分，排在众方国之首，说明"舌方"几乎大事小情都需要商王占卜，表明与商的关系极其密切。

排在第二名的是"沚方"，位置也在山西，其等级分数为 1648 分。

"周方"排名第三，等级分数为 1529 分。虽然是季军，但"周方"的分数还不到"舌方"的一半。

张光直先生在《商文明》一书中说，舌方、沚方、周方等方国，经常请求商王为其占卜。在宗教信仰和王权方面，内容包括：

商王为某方国举行祭祀，或在该方国举行献祭活动。

商王为方国的国君或其成员举行祭祀，提供牺牲。

方国的国君参与商人的祭祀活动。

商王室关心方国国君的身体健康。

做祈祷以确保某方国的财产不受损失。

求卜的方国将获丰年，将得雨水。

在联盟和战争方面。

商王占卜说：某方国可能要失去众或人。

根据这些可靠的资料，我们知道当时的周人是不会占卜的，必须依赖商王。离开了商王，周人将对未来充满恐惧。

因为他们根本无从知道未来的收成、雨水、生育、健康等有着多少风险，更不知道一场战事的胜败。必须求助于商王之卜，得到天帝的明示，才能信心满满地生活下去。

没有了商王的帮助，舌人、周人都将惶惶不可终日。

周人不懂占卜，但凡事皆需占卜，而战争这类有可能亡国亡族的大事，更需要占卜。

那么，问题来了：不懂占卜的周人，得不到神明的帮助，怎么敢有胆量贸然向商人开战呢？

商王不只是国的君主，还是负有天命的人，是有天保佑的半神。

谁有胆量向商王开战，就等于向神明开战，向天帝开战。

我的天啊！周人是疯了吗？

周：新的占术

周人长期遭受商人的欺压，周原甲骨里，有许多伐周的卜辞记录可以做证。

周原甲骨卜辞里面，可见征周、敦周、寇周、灾周、执周等语汇，这些都是周人从商人的卜辞里抄录回来的。可见周虽然依赖于商，但与商的关系也颇为复杂。朱歧祥先生认为，周与商长期处于紧张对峙状态。

根据商人对天帝和卜的态度，我们可以推测，周人也必像商人一样，毫无保留地信赖天帝，依靠天帝。

因此，虽然屡遭商的侵略、盘剥，也仍然无法离开商王。在神政权力时代，没有祭祀权和占卜权的周人，就像初生的婴儿一样，需要保护。

他们需要依靠神圣的、能够与天帝交通的商王，能够为其占卜的商王。

周伯姬昌与帝辛的关系，也只能是既冲突又合作。因此，姬昌有可能在秘密地"窃取天命"，即发明了一套新的占卜系统。

只有懂占卜，能够预知天命，周人才最终有勇气和底气向商王开战，否则，无疑自绝于天，自寻死路。

周人很早就在密谋破解商人"通天"的秘密。在求助商王占卜的时候，周人派出史人，把所有的占卜信息，抄录下来，然后拿回周方，存放在周原的宫殿里。

周人的这个举动，可能并非无意识地创造"历史"，而是通过积累占卜信息，完成了"史"的资料积累。根据甲骨卜辞资料，我们有理由相信，这是在有意地模仿商人，把那些神示保存下来。周人的老师商人很早就把甲骨卜辞集中存放在小屯，也就是王国的中心区。

聪明的周人把拿回的占卜资料，进行分析，试图破解商王占卜的秘密。

在周原甲骨里，出土了商王册封周伯的刻辞。

"周文王被释出羑里狱后，被商王帝辛册封为方伯，这对周人是大事，是他们的荣耀。周王受封时，他的卜史人员也会参与其封典，故将商王举行这一册封典礼的过程——建旗，祭祀成汤、大甲，册封等记录下来，刻于甲骨，以作为传之子孙的纪念品。"[1]

纪念品之说，似乎是现代人的想法。周人把这些信息留存下来，希望"子子孙孙永保之"，应该不只为了纪念，

---

[1] 杨升南：《周原甲骨族属考辨》，《商都学刊》，1987年第4期。

更多的还应该是希望能够破解商王的秘密。

在相信神明、相信天帝这件事上，周人与商人并无不同。

就像今天，无论身处亚洲的中国，还是身处欧洲的丹麦，都共同相信着同一个神明——科学。

姬昌：蓍草的秘密

姬昌是个了不起的政治家，他知道如何麻痹帝辛，并取得他的信任。周原甲骨证实，帝辛释放了姬昌后，马上给予了他"西伯"的封号。

"周文王的'西伯'称号，确为商王所册封而并不是'战国好事者意构之辞'。因此，周在灭商之前与商王室的关系，是君臣之间的一种关系，绝不是什么互不相属的'平等联盟'。"[1]

赐封，强化了商与周的关系，也向外界传递了姬昌深得帝辛信任的信号。

"帝在册封周文王为西伯时，还赐给权力象征物的弓矢斧钺。"[2]

但姬昌在悄悄地做着对商发动军事攻击的准备，第一件事，就应该是完善自己发明的新的占术系统。

被拘期间，姬昌发明了筮占。

上古时的商朝末期，王对诸侯的拘禁，很可能只是软禁，而不是将其关在封闭的阴森森的牢里。

---

[1] 杨升南：《周原甲骨族属考辨》，《商都学刊》，1987年第4期。
[2] 杨升南：《周原甲骨族属考辨》，《商都学刊》，1987年第4期。

当时，冶炼技术并不发达，门与窗，可能都是木板甚至草帘做的，用坚硬的青铜制造"牢房"的窗栅，在当时是一种触怒神灵的行为。因为青铜这种珍贵的金属，只能用来制作敬神的礼器。

把商末时期所谓的"狱"想象成现代监狱的样子，恐怕完全不符合历史真实。

失意的诸侯与王的关系，也仍然遵循了某种礼仪。

周所制定的礼法规则里，有"刑不上大夫"这样对统治阶层的优待处理办法，这也很可能并不是周人的独创，而是其来有自，沿袭了商的旧习。

依照这样的逻辑，史迁对姬昌被拘期间"演易"的行为描述，就很好理解了。

姬昌被拘，但他并没有放弃与帝对话的努力，没有放弃推翻商王的努力。

"文王发明了八卦六爻重卦，并从这了不起的占卜进步中获得战胜殷人的运气。文王当时只是殷代一个部落的首领，因串通其他部落反对末代纣王，被囚禁于离安阳不远的羑里。为了预知其策反的运气，未来的周文王是在牢里有妙想，从事理的三爻通过三爻重卦推研到八卦。"[1]

在他被软禁的地方，可能恰巧生长着蓍草，某天，灵机一动的姬昌，试着用蓍草来测试天意，他把蓍草分成长短两种，不断地用其进行着排列组合，发现"卦象"竟然有 64 种之多。

---

[1] ［法］汪德迈（Léon Vandermeersch）著，金丝燕译：《中国思想的两种理性：占卜与表意》，北京大学出版社 2017 年版，第 60 页。

筮占的丰富性，远远超出了龟占，所占的应验性，应该也会远远高于龟占。

在姬昌看来，筮占取代了龟占，是天帝选中了他，让他来做天帝在人间世界的代理人。

而这，增强了他取商而代的信心与决心。

今天，我们对世界的看法已经无比多元，许多人并不相信占卜真的有效，即占卜可揭示事物的真相、预测事物的走向。

无论如何，在姬昌的时代，至少帝辛和姬昌们认为占卜是有效的。

不再需要商王来为天下占卜，则商王存在的合法性就彻底没有了。可以取代商王，通过占卜来为其他方国服务，才是殷的方国支持姬昌的唯一原因。

在商末，人们对神的信仰与依赖程度，是现代人永远也想不到的。

没有人敢反抗神，没有人敢对抗神的意旨，除非他获得了神的支持。

而占卜的能力，即与神沟通的能力，是取信于天的重要能力。

姬发：天象与天命

但姬昌没有看到天命明显地护佑周人的那一天。

见证奇迹的任务，放在了他的儿子姬发的肩膀上。

姬昌应该是验证了筮占的准确性，并把新的占术传授给了儿子。根据商晚期由商王名义上亲占这一情况，姬昌也一定会让儿子亲自掌握"占"的神秘力量。只有这样，在对抗帝辛的时候，才有胜算的把握。

在决定向商王出兵之前，姬发一定多次亲自进行了筮占，占卜的结果是，天命在向周人这一方倾斜。但没有明显的迹象表明周人必然胜利。

也许正因为如此，周人的军队向牧野进发以后，姬发却迟迟没有离开大本营，估计是在反复进行占卜。直到一个月后，才出发去往前线。

"我们可以假定，在周军于甲子日启程一个月后，在癸巳日的清晨，武王于周庙举行了最后一次正式的占卜。在确定了未来行动吉祥之后，武王即出发赶上先行的军队。"[①]

除了占卜，姬发还利用了天象。

《尸子》卷下记载："武王伐纣，鱼辛谏曰：'岁（木星）在北方不北征。'武王不从。"

有学者据此解释说：鱼辛为姬发占卜，没有吉兆，不建议他出兵。

事实上，鱼辛所利用的不是占卜学，而是星象学。

从东周开始，占卜术衰落，星象学成为王家新的神权象征。各诸侯国自行制定年号，创制国历，研究天象。不再以周历为唯一遵循，意味着神权不再独属于周。

美国甲骨文研究学者倪德卫认为，从星象学研究来看，鱼辛的预测可能是对的。"武王不得不在仲冬伐商，以确保

---

① ［美］夏含夷（Edward L. Shaughnessy）著，黄圣松、杨济襄、周博群等译：《孔子之前：中国经典诞生的研究》，中西书局2019年版，第53页。

在水位最低时渡过黄河。但他选择四月十八日作为发动战争的吉日（甲子，清明日，等等）。虽然从黄河到牧野的距离不算远，但较长时段的等待，符合军事逻辑，有其军事意义：引诱商王将全部力量集结起来。如此一来，就可以对商造成致命一击。但该策略失败了：禄父（武庚）可能在东面指挥商军。倘若他当时在牧野，也许不会幸存下来。所以，武王'大度地'宣告，让禄父继续作名义上的商王，以延商祀。实际上，武王迫不得已出此下策，以掩盖不可避免的事实，即他得和商朝后继者共用天命。"①

很多学者认为，姬发正是趁着禄父（武庚）在与其他方国作战，朝歌兵力空虚，才联合羌人向商进军的。否则，商人神权在身，政权在手，军事力量也强于周人，姬发不敢轻举妄动。

倪德卫的意见显然与此相左。但不管怎么说，在他看来，姬发失败了。因此，不得不与商"共用天命"，把商都交给帝辛的儿子武庚来管理，他回到了周的地盘。

正因为星象学不支持姬发伐商，"天帝"不护佑周人，所以，姬发也为此付出了代价，仅仅两年以后就去世了。

"若此说为真，就可理解，为什么两年后武王突然崩逝，周境内出现大恐慌。同时，也可理解为什么周朝宗室会和禄父联合，酿成'三监之乱'了。"②

---

① ［美］倪德卫（David S. Nivison）著，魏可钦、解芳等译：《〈竹书纪年〉解谜》，上海古籍出版社2018年版，第197页。
② ［美］倪德卫（David S. Nivison）著，魏可钦、解芳等译：《〈竹书纪年〉解谜》，上海古籍出版社2018年版，第197页。

好在周公在召公的帮助下，解决了这一危机，从商人手里夺回了"天命"。

周公与成王的故事，也同样是围绕着占卜展开的。

《尚书·金縢》记载了周武王克商后生病，周公以璧、圭祷告于先王，愿以身代武王，并将祷辞置于金縢之匮，而后武王病愈。

"《金縢》可根据内容和语言分成两部分。第一个引言部分讲述了武王病危时，周公是如何为其占卜，如何愿意以自己的性命交换武王的性命，并如何将此占卜的内容藏于青铜縢匮中。"[1]

很长一段时间，周公被认为心怀异心，有资料认为，成王即位后，周公即被放逐。直到有一天，成王发现了金縢之匮的秘密。

吉德炜的学生、美国学者夏含夷在他的书中如是写道：

《金縢》的结尾是一场猛烈的暴风雨，在收成之前猛烈袭击了秋天的作物。周成王非常惊慌，试着要了解这场大雷雨的成因，于是打开了装有占卜记录的青铜縢匮。他发现周公竟然愿意以自己交换生病的武王。根据记载，周成王泪流满面地紧紧抓住记录占卜的简册，并且大声赞扬周公：

"其勿穆卜！昔公勤劳王家，惟予冲人弗及知。今天动威以彰周公之德，惟朕小子其新（亲）逆，我国家礼，亦宜之。"

---

① ［美］夏含夷（Edward L. Shaughnessy）著，黄圣松、杨济襄、周博群等译：《孔子之前：中国经典诞生的研究》，中西书局2019年版，第112页。

在周成王做了如此动作之后，一阵逆向的风吹起，使得倒下的谷物重新站立起来，而且带来了一场大丰收。[①]

我们据此可知，周公也善卜。

这一曾经只被商王拥有的绝密知识，终于被周人发现，并创造了新的占卜体系，从而帮助周人与天沟通，承接天命。

"我们试着寻找从龟占的类比理性延续到筮占的数卦理性的脉络，这一延续性在中国传统里，因商周之间出现的政治文化断层而被有意掩盖了，周以此断层决然与殷代划清界限。自此，中国传统上，史书作者参照两种不同的卜占方式，龟卜与筮占。"[②]

① ［美］夏含夷（Edward L. Shaughnessy）著，黄圣松、杨济襄、周博群等译：《孔子之前：中国经典诞生的研究》，中西书局2019年版，第115页。
② ［法］汪德迈（Léon Vandermeersch）著，金丝燕译：《中国思想的两种理性：占卜与表意》，北京大学出版社2017年版，第60页。

八卦：裂纹的抽象与神谕的表象

"王亲占"：王对"占权"的垄断

考古学家们通常认为，在新石器时代，即出现了"骨卜"，掌握占卜技巧的人，获取了最初的神权和令人尊崇的社会地位，他们与"巫"族一样，都是能够与神灵沟通的人，为了表达方便，在此姑且称之为"贞人集团"。

与神沟通、解读神示、向神祷告、代神行事，因为与神关系特殊，贞人集团成为特殊的神职阶层。

据考古学家们研究，在商朝的武丁时期、祖庚及祖甲时期、廪辛及康丁时期，在所有的卜辞上，必须刻有"贞人"的名字。当时，卜是最重要的神职权力之一，对于天下、封国重要事件的预测、其他部族的统治，都需要通过卜来完成。

贞人集团，在遥远的上古，就通过经验积累，形成了封闭性极强的"知识黑箱"。

日本学者白川静认为，"汉字是为了便于贞卜而创造出来的"[①]。

美国宾州大学东方研究系教授梅维恒认为，"巫"不仅

[①] ［日］白川静著，吴昊阳译：《汉字：汉字的发展及其背景》，海峡文艺出版社2020年版，第11页。

与各个统治者的宫廷成员关系密切，而且还主要负责占卜、观测天象、祈祷和用药物医治病人。[①]

但白川静考证，"巫"的初文，大约是左右相向的两个人，手持着"工"形的咒术用具。他的这个推断，"根据乐师、乐人等侍奉神灵之人被称为'工祝'，可以推测工字被用作与神事相关之意。"[②] 他解释"巫"是"请神降临之人"。

因此，梅维恒的描述或许并不准确。"巫"与"卜"，应该属于不同的知识集团，"巫"们掌握着祭祀权，而"卜"们掌握着占卜权。而祭权和占权，构成了祭仪国家或神政国家的主要权力。

负责祭祀的"巫"们，产生的时代比较久远。而负责占卜的卜人、贞人们，产生的时代较晚。

由于占卜权无比重要，且形成了"知识黑箱"，而王必须借助贞人、卜人、史人的知识，才能完成卜。因此，贞人集团不可避免地分享王的权力。

但到了康丁之后，则出现了"不录贞人"的现象，即卜辞上不再镌刻贞人的名字，贞人的权力被边缘化，王权得到空前提升。

考古学家董作宾先生认为，在"不录贞人"之后，出现了"王亲占卜"时期，表明王已经夺得了绝对权力，贞

---

① ［美］夏含夷（Edward L. Shaughnessy）主编：《远方的时习——〈古代中国〉精选集》，上海古籍出版社2008年版，第65页。

② ［日］白川静著，陈强译：《汉字的世界》，四川人民出版社2018年版，第63页。

人被排挤出了占卜的工作。考古学家张光直先生认为，到了"王亲占卜"时期，王不仅是政治领袖，也成了"百巫之长"。

如果"巫"与"卜"属于不同的神职体系，则张光直的观点，就值得商榷。

临水而居的中华民族，总是患于水道泛滥，神职人员虽然能与神沟通、获得神示，但并不能总是解决问题，这时，一些人间英雄出现了，他们通过治理水患获得民众的现实支持，从而成为领袖。

而战争的发生，也让人间英雄主动或被动地成为王。甲骨文里"王"的初文，就是当时的兵器"钺"的象形。

在王权建立的早期，王者们仍然要长期与巫、卜们一起分享权力。也可以说，早期人类社会的演变史，也是一部权力集中史。渐渐地，王的权力越来越集中，神职家族的权力越来越小、越来越分散。

从贞人的衰落历程来看，王利用自己的神政权力，渐渐分化了贞人集团的神职权力。毕竟，当天灾来临时，帮助民众渡过难关的，还是统治现实世界的王，而不是依靠神的意旨来获得尊重的贞人集团。

至少在占卜领域，王很可能通过种种手段，让王权介入其中，使占卜由一个卜人就能完成的独立事件，变成了多个卜人参与的合作过程。

接着，又把占卜的过程，分成四段，让参与其中的卜人们，各负责一段，把从前完整的知识碎片化，并分散到不同的贞人家族之中，使之既合作，又竞争。

从已有的考古资料中可知，在商朝，卜辞由四个拥有专业知识的群体来完成，王参与了第三段"占辞"的骨卜分析与占辞确定。

卜辞的第一段叫叙辞（述辞、前辞），主要是记叙占卜的时间、地点和占卜者为谁。完成叙辞的人，通常被称之为"卜人"，他们只是对占卜事件进行客观记录，应该是卜人集团中一支不太重要又不可或缺的家族。

第二段叫命辞（问辞）即命龟之辞，由贞人来完成，即面对龟骨，在祷告后，提出要卜测的问题，然后烧灼龟骨，使之爆裂出花纹。

贞人在占卜事件中，位置相对重要。甲骨文研究专家们只注意到了问辞在卜辞中的重要性，却没有注意到，问辞相当于问神，只有能够通神的人，才能完成这个任务。或者说，拥有通神的能力，才能够通过龟骨向神问询未来，并得到神的回应。

神回应的秘语，就是那些复杂的、普通人难以解释的龟骨裂纹。

第三段是占辞，也是占卜中最重要的一环，即由权威的通灵者，根据龟骨爆裂的花纹，来对所占卜的事情作出吉凶判断。

如果问辞即问神，只是需要通灵，那么，占辞即解释神的秘示，占人必须获得神的信任，可以向其传递神的意旨，他们要与神心意相通，并深谙神的话语术。

而在商代的人们看来，有权利问神的人，必得到了神的青睐，并授予了某种特权，这种特权就是能够译解神的暗示、秘语以及神对未来的提前告知。

掌握这个权力的人，就掌握了时间，掌握了未来，掌握了超自然的能力。

这是一种与巫族们完全不同的能力，因此，笼统地把贞人集团归入巫族之列，就显得过于草率。

"在祖甲（第23个王）时期，对直系祖先的五种祭祀已经制度化了，一直保留到最后两个王即帝乙、帝辛的统治时期。除了极少数的例外，在这个时期，王差不多成了唯一有名可记的贞人。他的占卜几乎都集中在祭祀顺序、征伐和田猎，以及卜旬、卜夕上面。同时，占辞——以及验辞，如果有的话——变得简洁，不太详细，而且总是积极性的。"①

"王亲占卜"，意味着商王熟练地掌握了占卜的技术，排除了贞人，每事必亲占亲卜。但从商代甲骨史料来看，这完全是不可能的。商王不但于家事国事无事不卜，而且还会帮助自己的属国、城邑和方国占卜，有时一天数卜，工作量巨大，完全不可能由王独自完成。

因此，"王亲占卜"只是某种象征性的，或者程序性的，而不会是实质性的。

王是天帝在尘世的代理人，如此复杂的卜、占、贞的知识，对于王来说，复杂且难以掌握。因此，王需要选择贞人集团中的密切合作者来共同完成这件神圣的事情，这个合作者，就是贞人。

---

① ［美］夏含夷（Edward L. Shaughnessy）主编，本书翻译组译，李学勤审定：《中国古文字学导论》，中西书局2013年版，第30页。

贞人是卜人集团中最有权力、最获得王的信任的群体。贞人家族通过占的过程，与王合作，并与王分权（从逻辑上说，如果是四个知识家族通过合作完成占卜的过程，则应该是卜人、贞人、占人和史人，而不是卜人、贞人、王和史人。因此，严格来说，与王共同完成第三段任务的，应该是占人，但甲骨文并没有明确区分这两个职业家族，而把占人的职能，也归于贞人）。

所以，"王亲占卜"的时代，所谓的"亲占"，也并非"独自亲占"，而是与贞人"合占"实现"名义亲占"。康丁之后，贞人放弃了自己在卜辞上的署名权，以换取某种世俗权力。

王通过"合占"，完成"名义亲占"，证明了自己获得了神的信任，掌握了神的秘语，可以直接与神沟通，从而夺取了贞人的部分权力，防止贞人成为"百卜之长"，王者获得了领导贞人集团的权力，让王权凌驾于占卜权之上，自己成为"百卜之长"。

在祭仪国家即神政国家，最高权力并非行政权与军事权，而是祭祀权与占卜权。通过拥有"占权"，王成为"百卜之长"。通过拥有"祭祀权"（主要是祭祀天帝的权利），王才成为"百巫之长"。

王在此前只拥有"祭祀权"，获得了"占权"之后，才终于可以向世俗世界各阶层宣布，他在人世间的统治获得了神的全面授权，有资格代理天帝和祖宗神来处理现实世界的种种事务。

凡是人间有疑，则要通过王来向神求问因由。

凡是人间有事，要由王来向神禀报及获得神示。

凡是人间有灾，则由王来向神献上牺牲，神通过怜悯王，进而怜悯人类，在收获牺牲后，对人间世界赦免，可以再度风调雨顺。

从此，神与王之间，减少了贞人这个重要的中介。

这是一个极其重要的信号，凡是对王的统治有所怀疑的人，都要首先在内心进行激烈的思想交锋：怀疑王，就是怀疑神；不信任王，就是不信任神；推翻王，就是打倒神。

"王亲占卜"的意义是，王完成了一个身份上的神圣转变：王即神的化身。

一般来说，验辞完成的时间，要晚于占辞完成的时间，有的要晚半年甚至更长。

考古学家们确认了卜人、贞人、占人的存在，并确认了他们在占卜环节中的作用，但验辞由谁来完成？一直众说纷纭。

验辞的完成人，应该是史人，因为验辞由一套专业术语构成，在上古，是一门高深且秘不外传的家族专有知识。

白川静认为，史最早并不是一种职业，而是一种活动，"商王室内部的祭祀仪式称为史"[1]。白川静说，"史"字像用树枝穿过装放咒文容器之形。甲骨文里，"史"字像双手捧着祷告法器。

"史"的字形涉及祷告，即与"言灵"有关。而汉字书

---

① ［日］白川静著，吴昊阳译：《汉字：汉字的发展及其背景》，海峡文艺出版社2020年版，第57页。

写与记录，最早也被认为是神事的一部分，具有非凡的灵力。因此，史人也是卜人、贞人集团中的一员，并具有某种神圣性。

人们或许没有意识到，卜辞皆史，而卜辞里最具历史因素的，就是验辞。

史的记载不可更改，因其是神之意旨的记录，史的文字及表述都具有神性，受到人们的敬仰和信任。

无论叙辞、命辞、占辞还是验辞，都离不开书人和刻人的帮助。像周代的鼎器之铭一样，商代占卜时的叙辞、命辞、占辞和验辞，都先由书人写在绸、竹（或木）上，然后再由刻人刻在甲骨上。

书人、刻人，是从贞人集团分化出来的血缘家族，早期的贞人集团，也基本和王族一样，一代一代延续，并一代一代产生核心权力家族的远亲疏属，直到他们的血缘关系与核心家族淡到除了祭祀共同的祖先神，基本没有其他往来。

"王亲占卜"，仅说明王的权力强化，不断地从贞人、占人、卜人手里夺取权力。

此时占卜的协作与分工，仍然非常明确。只是卜人和贞人们不再拥有独立权力，而是依附和听命于王。

获得权力之后，王对神鬼的敬奉，与巫人和卜人们相比，强化而并非削弱了。"率民而事鬼，先鬼而后礼"，无事不问鬼神，是商代的主要政治面向。

其缘由，就是王要以此削弱巫人和贞人集团与神的联系，强化自己才是神的合法且唯一的尘世代理。

不掌握占权，周无法推翻商

史迁对"孔子厄，而作《春秋》"的判断可能是错误的，但他的另一句话，"文王拘，而演《周易》"，则可能是正确的。

商朝的武丁时期，商王可能已经在亲信贞人的协助下，做到了"名义亲占"。到了商晚期，商王因为排斥了贞人、贞人和占人，拥有了"名义独占"的能力，因此，以可死的肉体之身承载了永恒的帝之魂灵，自称帝乙和帝辛，某种意义上，帝乙和帝辛不需要再"占"，他们的意志，就是神明的意志。

或者说，他们与神明已经浑然一体。

诸侯和方国对王的依赖，不只是王有祭天的权力，还有王的占卜权以及由此内化的统治权，只有通过王，他们才能明确地领会神明的旨意。

拥有占卜能力，即拥有了王的部分合法性。这样一种观念，在商代，可能已经成了诸侯的共识。

西伯侯姬昌，也许是因为秘密学习占术，而被商王帝辛拘禁起来。

《史记》说，姬昌是因谗入狱，很可能是史迁对姬昌的行为故意做了粉饰。觊觎占术，就是怀有反叛之心。毕竟，姬昌是史迁所知的理想社会的创建者，还是要为尊者讳。

从当时的制度规定来说，姬昌的家族应该不掌握卜的秘密，姬昌家族是商的方国，要仰赖王对气候、收成、生育、疾病、戎事的占卜，对一年的生产情况及周边纷争进行预测。

面对未知，面对不确定性，无论诸侯还是民，都会恐慌。而卜，就是预知和确定的最好方法。

通过甲骨卜辞，我们知道商人很早就用卜的形式来叩问和证实天意。

或许从季历被商王杀害之后，姬昌就开始为推翻商王做准备。每次商王为周人占卜，姬昌都让周的史人抄回卜辞，并刻在甲骨上，实际上是复制了商王的占卜过程，做了资料统计，并积累了足够的数据。

经过无数次的复制，周人积累了大量的占卜记录，储存在周原的宫殿里，学者们对周原甲骨的相关研究，可以证实这一观点。

汪德迈认为，周文王肯定用其新方式进行占卜，而该方式是唯一可以不用复杂的龟占工具的，即初期数字卦筮占。很可能随之将数字化新系统的第一阶段导向形式上更为严谨的八卦系统，这使他获得筮占八卦创造者之名。[①]

商人在长期的占卜实践中，对占卜结果总结出了一些可靠的经验性的东西，简单地说，商王发现，神明的意志可以被长短不同的不规则裂纹所表象。但如何表象，表象了什么，是商王最大的秘密，严格地被商王所保守，并不会泄露给周人和其他方国。

姬昌利用商王长期为其"龟占"所积累的大量数据，

---

① ［法］汪德迈（Léon Vandermeersch）著，金丝燕译：《中国思想的两种理性：占卜与表意》，北京大学出版社2017年版，第69页。

总结出了"龟占"的预测规律。为了简化新的占术，姬昌将复杂的、不规则的裂纹抽象成长短两种符号，并利用长短两种符号，来表象"龟占"的骨裂纹，然后把长短符号根据不同的规律组合起来，形成不种图案即"卦象"。

新的"占术"来源于商王为周人大量"龟占"的数据与经验，并通过了占卜灵性的检验，这或许才是姬昌反抗商王的勇气与底气来源。

"在筮占的最初阶段，抽籤应该是围绕宇宙秩序的，因此在一组五到七个数字上操作，七个数字是断序的。巫师注意的不是数字本身而是数字所代表的卜璺的别类，并不在乎是否断序。在数占类的数字里，一旦思辨终止细观卜璺，并注重数字，它就不可能不尽力去重新编排整组数字。事情应该是这样的，殷商被推翻后，周王朝行政不再保留占卜片，而巫师开始把用周代所接受的新占卜法则得到的数字卦记录在册簿，而非分别留存在卜片，他们不再观卜璺而观数字本身。人们很少继续用龟甲占卜了，而抽签占卜则大量涌现。"①

用蓍草占卜的秘密，姬昌可能既传给了他的二儿子姬发，也传给了三儿子姬旦（周公）。

周的筮占占人，应该是姬姓，即姬昌把这一高级秘密，严格封锁在家族内部，甚至封锁在直系血缘之中。周武王有时也利用父亲传授的知识，亲自进行筮占。

商的卜人、贞人、占人，在周夺取政权之后，仍然存在。

---

① ［法］汪德迈（Léon Vandermeersch）著，金丝燕译：《中国思想的两种理性：占卜与表意》，北京大学出版社2017年版，第66页。

由于周的主流占卜方式，已经从龟占变为筮占，掌握龟占本领的卜人、贞人和占人们，为王室服务的机会减少，为了生存，他们将所掌握的传统龟占技术，也服务于其他诸侯，并向民间扩散。

这或许才是周早期龟占与筮占并存的可能原因。筮占主要服务于周王室，而龟占则服务于一部分原商朝的诸侯，至少存夏嗣的杞、存殷嗣的宋，应该都使用龟占。

当然，由于掌握了神权与政权，周王室也会不时采用龟占。

也就是说，与商王相比，周王只是完全垄断了祭天的权力，但占卜的权力，已经无法垄断。

因此，商王所拥有的两大神权，周王损失了一个。这也为周王朝日后的溃败埋下了伏笔。

筮占与龟占相比，有了革命性的变化。

筮占对卜人、占人、贞人几无依赖，周王一个人完全可以独立完成。传统的龟占，占辞部分是最重要的，即对龟裂纹的解读。王的权力，除了占卜，最主要的就是对龟裂结果的解读，即写占辞。龟裂纹是客观呈现的，如何解读，即如何理解神示，如何根据神的意图预测未来，全在于王的理解，或者说全在于王如何理解天的意旨。

周代商而立之后，用天取代了帝。虽然周人并没有明确如何区分帝与天的不同，某种程度上，天与帝实为同一个神，但在称呼上，周人更多地把最高的至上神称为"天"。

天神的意图，总是隐而不显，靠得到神启的君王去用心感知。

龟占的卜辞与验辞，都是后天写就的。

而筮占的占辞，却早已先于占卜而存在。

筮占的占辞，不再需要写在龟骨上，等待预测结果应验。这等于姬昌已经事先知道了神对所有未来预测的答案——某种意义上，我们可以说，姬昌比神还要有预见性，或者他已经预知了神启的所有可能结果。

筮占的卜辞，即天的旨意，早由姬昌写了出来，总共只有 64 种（姬昌只掌握了 8 种即"文王八卦"，还是掌握了八卦的一倍或者多倍，或者掌握了全部 64 种，我们目前无从得知），占人所要做的，就是把筮占的结果，与天的 64 种旨意相对应。我们甚至可以这样说，姬昌早就预知了天意，穷尽了天所能给予的回答，并用文字记录了下来，这就是《周易》的卦辞。

筮占的占辞，已经由姬昌代天而写。因此，姬昌与天的关系，远远比帝辛与天的关系更密切。

某种意义上，姬昌就是天。

后来的占卜者，只需要把卦象与卦辞相对应，对应得好，则顺天应神，王的预测可以指导天下人们据此生活，不再恐惧未来。对应得不好，王预测的结果，与现实的天气、收成状况以及疾病流行情况不符，则王就没有得到天的护佑，人们就要怀疑王存在的合法性。

《周易》：神谕的再表象

《左传》中记载的十二例占事，龟卜占辞毫无理由地被简述，而筮占则不同，总是得到精妙的诠释。周代以降，

占卜师便完全以筮占为轴心。"①

如何解读筮占的卦辞？

姬昌发明了一套自己的办法，这套办法完全区别于商的占人与王所制定的预测体系，形成了一套新规则。

在筮占中，"卜占所作的具有占辞意义的图纹，更确切地说命辞提出的兆头，不再是龟璺，而是限定的六个数字（阴爻和阳爻所代表的数字）之兆头。这是新占卜法中占卜学思辨所显示的最奇特之处，因为义项并非用数字表示，而是通过一种含有偶数意义的阴（用两个短横表示— —），或奇数意义的阳（用一直线表示—）这样的代数符号。在八卦里，这些阴阳符号，不在同一直线排列，而是像中国的九九表那样，叠次分布。最下面的阴阳爻为初爻，从下向上依次为二三四五爻，最上面的为'上爻'。根据中国思维，所形成的八卦是以八为数的三爻做基础的。三三为组代表阴阳（偶数与奇数）所有可能的组合，再分别以上三下三两两间构成各种可能的组合，而形成占筮系统的六十四卦"②。

事实上，姬昌所发明的新占术，就是用长短直线对龟甲裂纹进行抽象，然后用"卦象"图形对神意进行再表象。

也就是说，把"卦象"进一步简化，可以看成是长直线与短直线的组合，而不是不同的长短直线的"组合的

---

① ［法］汪德迈（Léon Vandermeersch）著，金丝燕译：《中国思想的两种理性：占卜与表意》，北京大学出版社2017年版，第61页。

② ［法］汪德迈（Léon Vandermeersch）著，金丝燕译：《中国思想的两种理性：占卜与表意》，北京大学出版社2017年版，第59页。

组合"。

汪德迈认为，筮占形成的数字化思辨将这一代数式的力量游戏理论化。"随着筮占，人们从占卜学的形式（规以卜兆形）类比思辨进入抽象程度更高的数字思辨，思考奇偶数之分的营数。初看上去，这是通过对龟卜术的形态——逻辑理性的超越达到的数学理性而完成的。而事实绝非如此。取自《易经》的数卦法与龟卜占用的是同一种形态——逻辑。确实，如果新的思辨通过数字进行，它所感兴趣的，则不是数字的运算属性，而仅仅是数字的形式属性：奇数与偶数的对应形式，如5、8、9那样被认为是完美的形式，营数形式，魔方与所谓巴斯卡尔三角形的各种预设形式。"①

本来，《周易》是一套蓍草占卜术，像早期中国的"骨占"和商的"龟占"一样，单纯用来臆测神意。但到了姬昌的儿子姬旦那里，《周易》已经不单单是一套占卜术，而是一套治理术。

姬昌推翻了商纣王，自己成了新的王，这在人类文明史上，还是第一次。

诸侯可以取代王吗？如果可以，充分且必要的条件是什么？

商王得到了天选，拥有了祭天的特权，同时掌握了占卜的权力，可以通过占卜与天帝沟通，并把帝神的旨意通过占辞向天下告知。

---

① ［法］汪德迈（Léon Vandermeersch）著，金丝燕译：《中国思想的两种理性：占卜与表意》，北京大学出版社2017年版，第60页。

但商的王统，也只在历代商王的血亲与姻亲间传递，不会传递给外姓与外族。

周并非商的血亲或姻亲，那么周的王统，其合法性又是什么？

姬昌对此没有给出合理的解释。也许对他来说，善卜，就是天选。写出足以应验的 64 种占辞，就得到了与天沟通的能力，因此，代商而立，就有了合法性。

但其他方国之君显然不这么看。

如果方国之君可以代王而立，姬昌可以，则其他方国之君也可以。商之天下，方国数千，人人觊觎王位，则天下大乱。

因此，必须有个合适的理由，可以说服诸侯，让他们相信上天选择了姬姓为王，是经过慎重选择与认真考虑的。

姬昌和他的后人必须让人们相信，姬姓，应该是唯一的王姓，姬姓为王，不应该受到任何质疑，更不应该受到挑战。

周王朝不得不为自己的执政合法性寻求新的解释，方法之一是增加新的灵力。通过一系列巫术改革，宣布周王室拥有前所未见的"德灵"。

姬昌的儿子姬旦郑重宣布，周之所以能代商而立，是因为：以德配天。

文明因此而发，秩序由此而定，周的合法性由此奠基。

《史记》说，姬昌"笃仁，敬老，慈少。礼下贤者，日中不暇食以待士，士以此多归之"。

史迁描述的，未必是真实的史实，只是对周公"以德配天"说的一种回应。证明周灭商而代之，不但是神的意旨的体现，也是民心归附的结果。

民心，第一次成了仅次于神的决定力量：诸侯革命，光有神的认可是不够的，必须有民意的认可。

诸侯想挑战王权，仅仅掌握了祭祀权和占卜权还不行，还要民心所向、万士来归。

神示与民心一起来决定谁可以为王，是周公的发明，也是儒家的思想源头。

民心与神意是同列的，共同决定着谁可以为王。

孟子关于"民为贵、君为轻"的若干民本思想，即来自于此。其理论基础，在于周朝王权的合法性来源于神示与民意的双重授权。

周朝第一次出现了采诗官，四处行走，摇铎示告，采撷民意，再以歌谣的形式，向周王传递民间信息，这就是在交通不发达、信息传递困难的时代，让民意可以顺利上达的一种方式。

统治者自己也坚信，"民变"与"天弃"相伴而行，无论哪一个来临，另一个就不远了。

学易：知天命之道

对于《易》，孔子像对待其他学问一样，学而未用，同样谨守礼教边界。

春秋时期，像史人家族把持着历史书写一样，贞人同样是专业家族在做的专门职业。

大约从东周开始，贞人家族也像乐人家族一样衰落，为王占卜的机会减少，渐渐把服务对象转向诸侯，到了春秋末年，服务对象再度下沉，转向大夫。

也就是说，东周的时候，周王可能已经放弃了占权，重大的预测，都由诸侯自己来完成。周王所拥有的，只是某些祭祀权。

通过不断的分封，周王削减了自己的财富实力和军事实力。以上两个能力的减弱，致使诸侯不朝，周王无力征伐，供养专业知识家族的能力也不断削弱。

周王占权的被剥夺，其实是春秋"礼崩乐坏"最根本的原因。

诸侯拥有了占权，就拥有了与神沟通、获得神示的能力。既然可以直接与神建立关系，诸侯也就不再需要周王这个中介。

依此类推，当大夫们也拥有了占权，那么诸侯对他们来说，也没有了一定要拥戴的理由。

知识渐次下沉，贞人家族的服务对象越来越向下走，知识的外泄才成了一种正常的社会现象。

这才有了孔子学《易》的机会。

《论语》中，有一段著名的"论占"的话：

子曰："南人有言曰：人而无恒，不可以作巫医。善夫！不恒其德，或承之羞。"子曰："不占而已矣。"

而朱熹对此解读说："巫，所以交鬼神。医，所以寄死生。故虽贱役，而犹不可以无常，孔子称其言而善之。"

可见，朱熹并不太了解孔子。

在孔子的时代，巫、医，皆一事。人们认为，疾病的来源有两个，一个是神灵的愤怒，另一个是祖宗的惩罚。

祛疾除病，方法只有一个，通过巫进行祈祷、奉上牺牲，让神灵止息平怒，或让祖宗中止惩罚。

而医的职责，不过是在神灵与祖宗放弃惩罚之后，进行的物理安慰而已，比如用砭石疗刺、用手按摩，或者用酒麻醉。

病愈否，与药石关系不大。

孔子说，"人而无恒"，所说的是《易》中的"恒卦"，"不恒其德，或承之羞"，是"恒卦"的卦辞。

孔子对许多占人与医人的行为，可能持怀疑态度。

随着服务对象的改变，占卜行为的神圣性已经被消解，如果诸侯、大夫都可以直接与神沟通，获得神示，那么，神的威严将荡然无存。

孔子认为，这是对神的不敬，即"不恒其德"。

如果巫医内心里缺乏对神的敬畏，那么他们怎么可能准确地把神的意旨传递出来呢？这是孔子所忧虑的。

因此，他才通过肯定来表达否定：只有恒久地保持对神灵的敬畏，才能做好神与人间世界的沟通中介。能够这样做是对的，不能够这样做就是错的。

朱熹在《四书章句集注》中，引用了杨时的话，来诠解孔子的"不占而已矣"。杨时说："君子于易苟玩其占，则知无常之取羞矣。其为无常也，病亦不占而已矣。"

由此可知，朱熹和杨时与孔子之道，均离之甚远。

在孔子的语境中，"不占而已"，其实是严正地发出了对贞人让神灵服务于诸侯与大夫的反对之声：

如果不能对神保持尊敬，不能让占卜仍然具有神启的严肃性，那么贞人就可以放弃自己的职业，不要占卜了。

杨时说，君子"苟玩其易"，其实同样是对神的不敬，也是对君子之德的亵渎。

顾颉刚、李镜池等一些研究者认为，《周易》的作者可能是"出于那时掌卜筮的官"，这种判断可能存在偏误。

占卜是西周建政的重要神权资源，是王权的主要支撑，是王与神沟通、获得神启的重要手段，不可能由普通的"掌卜筮的官"来生产。

卜人、贞人、占人在商朝拥有对占的解释权，也是商王进行占卜的必不可少的合作伙伴。但到了西周，卜人、贞人可能均已不存，《周易》卦辞的先置性，改变了神权结构，掌握筮占的人能够与神沟通、并把神的意旨通过卦象予以解释。

我们有理由相信文王、武王是"王亲占"的，但渐渐地，后世周王普遍不重视祭祀的同时，也轻慢这份神权，放弃了"王亲占"。筮占的知识也下沉、分散，并成为一种家族化的秘密专门知识。

敬神守礼：获罪于天，无所祷也

孔子对待鬼神的态度，经常会引起许多猜测。能否正确理解孔子的"鬼神观"，是检验懂得孔子和孔学与否的试金石。

子曰："务民之义，敬鬼神而远之，可谓知矣。"

一个"远"字，让一些学者据此判断，孔子对鬼神的存在持怀疑态度，这些学者把"远"解释为"疏远"，孔子成了无神论者。

还有的学者把"远"解释为"距离"，这句话成了：敬畏鬼神，但不亲近。

一

商人尊神，商王率民以事神，先鬼而后礼。

学者们通常认为周人反之，先礼而后鬼。因此，对待鬼神的态度，与商人有了截然的不同。

事实上，这是后代学者对"礼"的误解。

提到古礼，人们经常挂在嘴边的就是"国之大事，在祀与戎"。字面的意思似乎是国家的大事，只有两件，一件是祀即祭祀（当然一切与礼有关），另一件是戎即战争。

但"国之大事，在祀与戎"后面还有一句话，"祀有执膰，戎有受脤，神之大节也"。把前后两句连在一起，完整地看，就会发现人们通常的理解完全是断章取义。

"战争在过去是神灵之间的争斗"[1]，到了商周，人们依然以神的名义来进行战斗，"固执地沿袭了古老时代以来的战争形式"。

在商和西周，"军队的胜败，取决于该氏族所信奉的诸神的威灵，还有行使其威灵的施咒者们的咒力"[2]。战国时，兵家出现，原因就在于人们破除了部分宗教和传统信仰，认为战争结果与军事实力和谋略有关，而与神灵的威力不再有什么因果联系，但一些与战争有关的仪礼，还是保留了下来。春秋之际，谋略或者兵法，在神灵面前还是异端。

"国之大事，在祀与戎。祀有执膰，戎有受脤，神之大节也。"其意思是：（对于）国君（来说）最重要的事情，全在于与天、祖宗有关的各类传统祭祀，当然，还有与军事有关的出师祭祀。在传统祭祀中，国君要亲手分祭肉。在出师祭祀中，国君要在军社（专为军事祭祀而设置的场所，巫们参与其中，举行仪式，被除邪秽，施加咒力，在军鼓上涂抹牺牲之血，以增加鼓的灵力）向领军者亲授祭肉。

《公羊传》中说："腥（生）曰脤，熟曰膰。"但实际上脤肉应该是一种类似腊肉的祭肉，以方便长期在军营中保存。"行军之际，作为一种军礼，要携带祭祀用的肉（脤），

---

① ［日］白川静著，陈强译：《汉字的世界》，四川人民出版社2018年版，第199页。

② ［日］白川静著，陈强译：《汉字的世界》，四川人民出版社2018年版，第204页。

即为祖灵的依附之物。"①

军队驻屯后，领军者要把国君所亲授的脤肉，隆重地供奉起来，日本古文字学家白川静解释说，为了放置脤肉而专门设置的神屋，叫官。因为脤肉之上附寄着祖先魂灵，"在军旅中，将军必定是供奉着脤肉而行动的"②。

在商周这样的"祭仪国家"，祭祀权是最高权力，国君的职责其实相当于国家大祭司，而不负责处理具体的军政事务。"国之大事，在祀与戎"一句中的"国"，不指国家，而是特指国君。

据此可知，在祭仪国家，礼无所不包，无所不涉，规范了各类祭祀活动中的程序。

英国考古学家杰西卡·罗森认为，西周晚期即大约公元前 880 年至前 850 年左右，西周发生了一次重大的"礼制改革"，主要体现在如下几个方面：从商代继承下来的古代饮酒器逐渐消失，包括爵、角、觚、觯，以及在西周曾十分流行的盛酒器卣和尊；引入新的器物，包括大型的壶、豆、盨、簠和匜；从南方引进了带有管柄的新型乐器——钟；完全相同的鼎或簋组成九鼎八簋（或七鼎六簋）的组合，用于表明等级。

杰西卡·罗森解释说："西周早期的青铜器相对较小且精细复杂。要充分欣赏它们，就必须近距离观察。我们

---

① ［日］白川静著，陈强译：《汉字的世界》，四川人民出版社2018年版，第209页。

② ［日］白川静著，陈强译：《汉字的世界》，四川人民出版社2018年版，第212页。

似乎有理由认为，这时的礼仪可能是一种相对私人的活动，由与青铜器距离较近的少数人举行。"①

但在这次礼仪改革之后，祭器突然变得大了许多，孔子对鬼神"敬而远之"，即与此密切相关。

在这次"礼制改革"的基础上，周朝把所有的祭祀活动都纳入国家管理的范畴，程序链条上的所有人员专业化与职官化，与祭祀有关的各类人员，各司其职，各负其责。每一个程序的改动，都视为与天神契约的重新修订、关系的设定改变。

周人对祖先神的祭祀，还根据季节的不同，有了专门的用语：春曰礿、夏曰禘、秋曰尝、冬曰烝。祭祀祖先神时，哪个在先、哪个在后，也都有严格规定。随意改动祭祀程序，就意味着对天的挑衅，可怕的后果就会随之而来。

商人的祭祀活动就开始"有典有册"，即祖先谱系已经变成书写系统了，周人却还要更改祭祀程序和规则，实际上是在指明，他们对待鬼神的态度，比商人更文书化了，更虔敬了，更可视化了，他们与神的契约更加牢固，彼此的承诺更加可信，对待鬼神的态度进化到了一个文明的新阶段。

周人意图证明，恰当的合乎规范的礼仪能够取悦神灵，只要祭祀神的礼即程序不变，两者的关系就不会改变。因

---

① ［英］杰西卡·罗森（Jessica Rawson）著，邓非、黄洋、吴晓筠等译：《祖先与永恒：杰西卡·罗森中国考古艺术文集》，生活·读书·新知三联书店2017年版，第39页。

此，周王和周的子民，也比商人更应该得到天神和祖宗神的眷顾。

二

在周人的秩序规则里，敬鬼神与守礼，同为一事。

礼最重要的规则，就是敬奉鬼神的秩序。

也就是说，至少在西周，礼的核心部分，从来就不是处理人际关系的，而是处理人神关系的。

据说，周代的王与诸侯，制定了严格的祭祀权力层级：天子祭天地，祭四方，祭山川，祭五祀，岁遍。诸侯方祀，祭山川，祭五祀，岁遍。大夫祭五祀，岁遍。士祭其先。

祭祀天和祖先神以及全部方位神、山川神的权力，都在周王的手里（在西周宗法社会，天子也是姬姓宗族的大宗宗子，主持禘、郊、祖、宗、报五种与祖先神有关的祭祀，其他姬姓诸侯无权置喙。祖祭是祭祀文王，宗祭是祭祀武王）。诸侯们拥有了祭祀自己所居一方的方位神和所处地域的山川神的权力，大夫与士拥有祭祀除了祖宗神以外的先人的权力。

祭祀权力是世俗权力的显性象征。

天是无尚神，四方是影响人们日常生活的方位神，山川也拥有神灵力量。拥有祭祀的权力，就等于占有了与天和其他神灵沟通的渠道。谁有祭祀权，谁就拥有了代言权。

"士祭其先"是一个笼统的说法，根据考古资料，有资格"祭其先"的，不只是士，也包括庶。区别在于士有庙，庶无庙，只能家祭。陆放翁的"家祭无忘告乃翁"，意味着直至南宋，家祭仍然是普通人家的祭祀形式。

先，即逝去的先人。

至于"五祀"到底包括什么，在汉代就有了歧义，郑玄认为五祀是：门、户、中溜、灶、行也。而王充则认为五祀包括：门、户、井、灶、室中溜。

我们可以确信，所谓的"五祀"，都与百姓日常生活相关，包含了出入、饮食、居住等各个方面。

周人比商人更重视"鬼"（意为祖先灵魂的"归"）即祖先神，而对天神的态度，反而不如商人虔敬。

上帝，一向是商人敬奉、祭祀，既然是上帝主宰人间世界，那么，享受商人祭祀与牺牲的上帝，却背叛了商人来保护周人，上帝还有信义吗？

周人自己给出的解释是，虽然祭祀是商人在主持，但周人为祭祀上帝提供了重要的祭品，所以上帝更加感念的是周人而非商人。

与商人视上帝为绝对权威不同，周人把祖宗神放在了重要的位置。

严格来说，这不是周人的创新，而是沿袭了商人的旧俗。晚商时期，商人在占卜活动中，发现帝神对他们所祈愿的事情漫不经心，有时还帮助他们的敌方，反倒是祖先神基本有求必应。因此，渐渐产生了祖先崇拜，对祖先神的祭祀，成了最重要的宗教活动。

中国的孝文化，即起源于这种祖先崇拜。

周人认为祖宗神与天神是可以抗衡的力量，祖宗神为天神所尊重，经常被天神请去做客，或者经常请天神来做客，他们彼此来往，交情很深。

与商人认为上帝可直接行使天罚不同，周人认为通常情况下，天神不直接向人间行使惩罚，而是把惩罚权让渡给周人的祖先神，如果天神对人间治理不满，或者认为周人在祭祀的礼仪、祭品以及祭祀时的态度方面存在问题，则让周人的祖先代替天神来行使处罚。

"先鬼"，是商人与周人共同的宗教观。

所不同的是，周人跟商人相比，先将祭祀制度化，再严格按照程序来祭祀，将祭祀提升到新的文明高度，表面上看是"先礼而后鬼"，实则是将"鬼"放到了更加尊崇的位置。

三

孔子的宗教观同样是"先鬼"的。

具体到孔子所说的"敬鬼神而远之"，朱熹认为，孔子的真实用意是：专用力于人道之所宜，而不惑于鬼神之不可知，知者之事也。

为了佐证自己的话是正确的，他还引用了程颐先生的观点：人多信鬼神，惑也。而不信者又不能敬，能敬能远，或谓知矣。

从考古资料可知，中国人的宗教观也在不断发生变化。

大约公元前880年至前850年，发生了一次重大的"礼制改革"，成套青铜礼器开始出现，器物由小变大，礼仪活动很可能由此更加专业化，并有了表演性质。

250 年后，到了公元前 600 年，即大约孔子出生的 50 年前，发生了一次新的"礼制重构"。

美国考古学家罗泰认为，"在春秋中期的礼制重构（约公元前 600 年）之后，这些最高等级的贵族成为一个独立的社会和礼仪群体。而几乎所有其他社会集团中，在世的后代显然不愿意或是没有能力花费资源，为死者提供完整的珍贵礼器组合"[①]。

罗泰分析说："春秋中期以降的礼制重构并没有赋予低级贵族更多的权力，反而，似乎是扩大了高级贵族的特权，而与此同时，简化了所有贵族成员都可举行的基本的祭祖礼仪活动。这就削弱了低级贵族的礼制权力，并预示了战国时期将要发生的、更大幅度地削弱低级贵族礼制的权力。这种变化可能也意味着祖先崇拜的社会意义在日益衰弱。"[②]

正是这些变化，加剧了所谓的"礼崩乐坏"，引起了孔子的深深忧虑。

简单来说，通过这次礼制改革，权力向高等级贵族的手里集中，低等级贵族开始向士转化。

罗泰认为，这次"礼制重构"一直影响到了"孔子

---

① ［美］罗泰（Lothar von Falkhausen）著，吴长青、张莉、彭鹏、王刃余、张瀚墨、张闻捷译：《宗子维城：从考古材料的角度看公元前1000至前250年的中国社会》，上海古籍出版社2017年版，第327页。

② ［美］罗泰（Lothar von Falkhausen）著，吴长青、张莉、彭鹏、王刃余、张瀚墨、张闻捷译：《宗子维城：从考古材料的角度看公元前1000至前250年的中国社会》，上海古籍出版社2017年版，第403页。

时代"。

到了秦汉时期，人们的宗教观再次发生重大变化，"在公元前 4 至前 1 世纪的争论中，将祖先视为力量的观点逐渐衰落，而君主、圣人与神灵的角色、地位被放在一起考量"①。

到了宋代，由于宗教观和宇宙观的变化，"二程"及"朱熹们"对于孔子及儒家的理解，已经与孔子相向而行。

孔子笃信鬼神的存在，认为鬼神才是决定宇宙运行的根本性力量，朱熹所言的"专用力于人道"，其实是反孔子与反鬼神的。他说"鬼神之不可知"，不但否认了天神的存在，连祖先神、山川神、动物神的存在都予以否认，则宇宙运行，以"人道"为大，鬼神的意义近于虚无。

孔子对于鬼神的态度，"敬"是首要且唯一的，而"远之"，则是对于祭祀专业化的尊敬。

祭祀是一门学问，在孔子的时代，是宇宙第一学问。懂得祭祀，就掌握了与天神和祖宗神沟通的技巧，就可以获得天神与祖宗神的信任。这样的品德与技能，是决定人间世界良好运行的关键。因此，这种能力是至高无上的。

但祭祀同时是一种权力，不是每个人都可以参与和从事的神圣职业，必须交给专门的人来做。

由秦迄清，由于考古材料的缺失，公元前 880 年至前 850 年左右的"礼制改革"，典籍上并未记载，是今天的考

---

① ［英］杰西卡·罗森（Jessica Rawson）著，邓菲、黄洋、吴晓筠等译：《祖先与永恒：杰西卡·罗森中国考古艺术文集》，生活·读书·新知三联书店 2017 年版，第 310 页。

古学家们根据考古发现得出了这个结论。但正是这次改革，祭祀呈现出表演化和专业化倾向，如罗泰研究发现的，因为器物变大，且有专门的祭祀人员致祭，其他人只需站在远处观看即可，孔子所言"远之"，或许就是对当时祭祀场景的客观描述。

王有祭祀的权力，但具体的、合乎"礼"的程序的祭祀流程，都要由"巫"们这些专业人员来具体负责。因此，其他与祭人员都要"远之"，哪怕是孔子这样对祭祀有所研究并掌握了一定知识的人，都只能远望而不能近观，近则亵渎。

敬而远之，有敬而畏之的意思，"远"可解释为害怕、躲避，内心虔诚，战战兢兢，对祭祀保持着完全的虔敬，生怕一丝一毫的"违礼"都会惹怒神明，从而招致天罚。

天罚不只针对个人，也可能会招致对人间世界整体的惩罚，由吾之不敬，而使万民遭受惩罚，君子不忍，因此需"远"。

或许，这才是"孔学"的核心思想。

"二程"、朱熹以及所有对鬼神的态度不虔敬的、专用力于人道而蔑视鬼神的天罚之力的，传承的可能都不是孔子的学说。

四

必须认识到孔子是坚定的鬼神至上主义者。在"青铜时代"，鬼神是宇宙的主宰，是人道运行的唯一动力。

理解了这些，对于"孔儒"才算有了皮毛之识，才可以不再误读孔子。

"入太庙，每事问"，孔子到底"知礼"还是"不知礼"？孔子没有直接回答这个问题，而是婉转地说："是礼也。"

朱熹采用了伊和靖的观点来理解孔子：礼者，敬而已矣。虽知亦问，谨之至也。

由此可见，我对朱熹的批评并非抱有偏见。

朱熹和伊和靖认为，孔子每事问，是虽知亦问，表现了孔子态度的恭谨。

但孔子应该并不认可。

太庙，是周王和诸侯国君祭祀祖先神的地方，有关的祭祀知识，非祭祀相关人员不得与闻。孔子所进之"太庙"，并非周王太庙，而是鲁国的太庙。

孔子的祖先并非国君的祭祀人员，因此，不可能有直接的太庙祭祀知识，甚至没有机会进入太庙，参与祭祀。太庙对于孔子而言，是一个非常神圣的地方。

一旦有机会进太庙，孔子就"每事问"，那么对于太庙的祭祀知识，孔子到底是知还是不知？

孔子学而成圣，间接的太庙祭祀知识，肯定有的。但直接的祭祀经验，肯定没有。

因此，进太庙，必须每事问。

其一，祭祀神明，除了态度虔敬，程序、祭器、祭品更是丝毫不能马虎，每事问，是对已学知识的确认。问的过程，同时也是向相关人员表达尊敬的过程；

其二，孔子虽有知识而无缘亲祭，因此，通过"每事问"，在内心空间建立了祭祀的虚拟流程，"问"的过程，就是间接地参与祭祀的过程，是向神明传递心念的过程；

其三，不得与祭人员，进入太庙，不管是否拥有祭祀相关知识，必须"每事问"，这或许是礼的秩序所规定的。通过一问一答，祭祀的过程具有了表演性质，强化了祭祀的神圣性，具体的问答话语，也并非随意的一问一答，而是程序性的、仪式化的，每一句都隐含着明确的指向，向神明传递着要求，用问答表达着祭祀时内心深处对神明的坚定信仰，对神意回应的深深渴望。

祭祀人员是神圣的专业知识和技能拥有者，孔子通过恭敬地问询他们每一个程序，间接地向神明表达着敬意。

每一个由礼而规定的程序，隐含着明确的向神明祈求的意义，了解清楚这些，就知道了每个程序所蕴含的愿望，了解了人类与神明沟通所能传递的信息。

在孔子看来，这才是礼最深刻的价值所在，因此，面对他不懂祭祀知识的质疑，他用了一句看似毫不相干的一句话来回击：是礼也。

到了西周，祭祀用器越来越多，同时衍生了不同的类别，对祭祀流程与物品的管理，也需要更加精致，成为专门的学问。

面对可以上升为"管理艺术"的祭祀流程，孔子的"问"，应该是礼所规定的必要的祭礼程序。

王阳明说："圣人无所不知，只是知个天理；无所不能，只是能个天理，圣人本体明白，故事事知个天理所在，便去尽个天理。不是本体明后，却于天下事物都便知得，便做得来也。天下事物，如名物度数，草本鸟兽之类，何其多也，圣人虽本体明了，亦何缘能尽知？不必知的，自不消求知，其所当知的，自能问人或与学！不知能问，亦是天理节文所在！"

王阳明的话，绕来绕去一大堆，其实就是一句话：孔子不知。

由此可见，至于宋明，想理解真实的孔子，就已经十分困难。

五

"子不语怪、力、乱、神。"

有些儒者据此得出结论，孔子不说这些，是因为不信。

朱熹就说：怪异、勇力、悖乱之事，非理之正，固圣人所不语。鬼神，造化之迹，虽非不正，然非穷理之至，有未易明者，故亦不轻以语人也。

在周代，一切怪、力、乱，均非人力所能为，皆鬼神之显迹。至于神，更是可知而不可语。

因此，孔子对这四者，从来不议论，但原因绝非朱熹所说的"理之正"与"理之不正"。

怪、力、乱、神，都是宇宙中的神秘力量，而与这些力量打交道的人，在商，只有王和巫。

周行封建，祭祀神的权力也分封下去，仿照封建的层级，一直分封到士，按照诸侯、大夫、士的等级，制定了不同的祭祀程序即不同的礼的要求。王、诸侯、大夫、士、庶，都有与不同的神灵进行对话的权力和能力。

祭祀，就是人与神对话的过程，通过祭祀程序的严格遵守，祭品的严格挑选，祭祀人与神进行着长期的沟通。

恭谨的态度、合乎礼教的程序、足以让神满意的祭品，都在这一过程中让神感受到了祭祀者的诚意，因此，愿意回应并满足祭祀者的愿望。

孔子曾为大夫，有参与祭祀山川神的经验，作为贵族的一员，有祭祀动物神和先人的权力。

按照礼制，孔子家里应该拥有家庙。根据并非完全可信的《孔子家语》，他虽然排行仲，却是嫡长子。由于资料的匮乏，尚不清楚他在家族里是否为大宗宗子。如果是的话，那么隆重的祖宗祭，他也是家族祭祀主导者。

根据当时的礼教规则，哪怕他不是大宗的宗子，而只是小宗的宗子，那么在小宗的祭祀过程中，他也非常熟悉整个流程，并在此过程中，向先人、动物神等进行祈祷、哀告。

如果不信怪、力、乱、神，则孔子就成了无神论者。

孔子之所以不语，因为对这些神秘的力量保持缄默，也是礼教的规则。怪、力、乱、神，在那里存在着，产生着威严，潜伏着能量，人们所能做的，只能是敬畏，而不是信口而说。

说即亵渎。

而渎神的后果，不言而喻。

六

季路问事鬼神。子曰："未能事人，焉能事鬼？"

季路曰："敢问死。"子曰："未知生，焉知死？"

这一段话，同样在两千年来引出若干歧义。

朱熹对此解释说：问事鬼神，盖求所以奉祭祀之意。而死者人之所必有，不可不知，皆切问也。然非诚敬足以事人，则必不能事神；非原始而知所以生，则必不能反终而知所以死。盖幽明始终，初无二理，但学之有序，不可躐等，故夫子告之如此。

孔子的时代，人们认为人间世界是宇宙的仿制品。人间世界是仿照宇宙来建造的，人的身体又仿照人间世界。

如果说得玄一些，则身体是世界的倒影，世界是宇宙的倒影。人的身体与人间世界，都是宇宙在不同介质之上按照一定的规则来运行。

宇宙是万物的本体，而万物则是宇宙不同的个体版本。

依照这个逻辑，人间世界的秩序，同样在死后世界运行。有如日夜分别运行的两套齿轮，转动的规则却是一样的。

什么是鬼？

周代的人认为，鬼是成为神灵的祖先，也是未来要成为神灵的自己。因此，高度重视葬礼。曾子认为葬礼是社会秩序的最高典范，"慎终追远，民德归厚矣"。

如何事鬼？《轴心时代》的作者阿姆斯特朗认为，就是要像对待活着的人一样。

因此，孔子说："未能事人，焉能事鬼？"

像事鬼一样事人，像事人一样事鬼，是中国孝文化的宗教基础。

阿姆斯特朗说，在父亲活着的时候，儿子要把他当作将来的祖先来尊敬。"他小心翼翼地执行表达孝道的礼仪，这在父母内心创造了神圣的品质，将在死后赐给他天国的生命。礼仪维持了神，即神圣的、超自然的特性，它使每个人变得独一无二。倘若神是强大的，这一神圣的个体将免于肉体的死亡。"①

孝道要求，儿子必须努力与父亲共情，"父亲健康时他应当感到高兴，父亲生病时他感到难过，在父亲胃口好的时候吃饭，在父亲身体不佳时禁食"②。

阿姆斯特朗强调说，通过这一系列共情活动：他因此学会了"恕"（以己量人）的美德，这对中国青铜时代至关重要。

孝道还要求，在父亲死后，要举办一系列仪式，表示怀念，同时向生者展示神圣化的过程。

阿姆斯特朗通过研究认为，"儿子服丧三年，将父亲的灵魂变成神，同时，死者逐渐走近那些获得了人格化生存的祖先。当服丧结束时，父亲完成了神化过程，儿子于是主持他的祭礼"③。

---

① ［英］凯伦·阿姆斯特朗（Karen Armstrong）著，孙艳燕、白彦兵译：《轴心时代：人类伟大思想传统的开端》，上海三联书店2019年版，第175页。
② ［英］凯伦·阿姆斯特朗（Karen Armstrong）著，孙艳燕、白彦兵译：《轴心时代：人类伟大思想传统的开端》，上海三联书店2019年版，第175页。
③ ［英］凯伦·阿姆斯特朗（Karen Armstrong）著，孙艳燕、白彦兵译：《轴心时代：人类伟大思想传统的开端》，上海三联书店2019年版，第175页。

作为外国学者，阿姆斯特朗比"朱熹们"更了解孔子的时代，了解孔子对鬼神与人事的看法。

阿姆斯特朗生动地描述了"尸祭"的场景：在宾礼仪式上，他自己的儿子扮演新近的死者，在仪式的过程中，感觉到父亲的灵魂就附在扮演"尸"的儿子身上。当失去亲人的他终于看到"父亲"来到宴会上时，他深深地鞠躬并陪同扮演父亲的儿子去桌边设置的席位，确信自己已经完成任务。①

有资料说，孔子的时代"尸祭"在鲁国已不多见，但在齐国等国，仍然非常流行。

为什么隆重的祖先祭要用"尸祭"？杜佑《通典》载曰：祭所以有尸者，鬼神无形，因以节醉饱，孝子之心也。

话说得通俗一些，就是设置"尸"让神灵方便附寄，因为"尸"是活人，可以吃饭、饮酒，可以观察子孙的祭祀过程，那么，逝去的先人，就像自己亲眼看到一样。

孔子有一句著名的话："始作俑者，其无后乎？"人们通常将这里的"俑"，理解为作为冥器的人俑，其实不然。

大约在春秋中期，很多国家已经不再实行"尸祭"，即不再从逝者的子孙中寻找合适的人作为"尸"，而是以木俑代替。孔子大为愤怒，警告人们，如果放弃古老的"尸祭"传统，人们将不会再见证逝者成神，也会彻底失去神灵的护持。

人神沟通的场景，越来越缺乏真实性。如果后人不相信祖先死后成神，而自己也是成神链条上的一员，也就不

---

① ［英］凯伦·阿姆斯特朗（Karen Armstrong）著，孙艳燕、白彦兵译：《轴心时代：人类伟大思想传统的开端》，上海三联书店2019年版，第175页。

再有对祖先和神灵的敬畏。

阿姆斯特朗确信，正是家族成员共同见证祖先成神的理念"使周朝治下的中国由一个沉溺于粗俗奢靡的社会转变成一个珍视节制和克己的社会"。[①]

这种理念，正是指事人如事鬼，事鬼如事人。鬼是走远的先祖，而人是未来的祖先。

再回过头去理解孔子的话，就昭然若揭：好好对待活着的父兄，就自然懂得如何对待鬼神。了解了生的时候对待父兄的礼仪，也就了解了自己死后别人对待我们的礼仪。

七

祭如在，祭神如神在。

夫子之道，一以贯之。祭祀的时候，态度一定要端谨，好像鬼神就在身边。

这种端谨态度，包含着人与鬼神的关系：人鬼从来不是对等的，鬼神是无须验证而存在的，敬奉鬼神的时候，想象一下他们就在你的身边监督着你，你的一心一念都要诚恳虔敬，一举一动都要合乎礼教的规范，如果有一丝一毫对鬼神的侵犯，那么，天罚就会毫不留情地降临：获罪于天，无所祷也。

天是不可侮谩的，更是不可戏弄的。得罪了天，就无所逃遁，没有任何悔过的机会。

---

① ［英］凯伦·阿姆斯特朗（Karen Armstrong）著，孙艳燕、白彦兵译：《轴心时代：人类伟大思想传统的开端》，上海三联书店2019年版，第176页。

孔子观傩：为神明舞蹈

乡人饮酒，杖者出，斯出矣。乡人傩，朝服而立于阼阶。《论语》上的这段话，自古以来争议颇多。

汉代的孔安国说："杖者，老人也。乡人饮酒之礼，主于老者，老者礼毕，出，孔子从而后出。傩，驱逐疫鬼。恐惊先祖，故朝服而立于庙之阼阶。"

朱熹也认同孔安国的解释："傩虽古礼而近于戏，亦必朝服而临之者，无所不用其诚敬也。或曰：恐其惊先祖五祀之神，欲其依己而安也。"

事实果真如此吗？

神明在上，文明在下

在"先鬼而后礼"的商代，神明在上，文明在下。

除了不断献上牺牲，在量的维度上增加对神的敬畏，人们已经不知道还有什么办法可以取悦神明。

当乐器成为祭器之后，祭祀祖先神的时候，更多的文明要素就增加到祀礼中来，音乐、舞蹈也成为祭祀不可或缺的部分。人们相信，活人喜悦着的一切，神明也同样喜欢。在人间世界流行着的生活方式，也平滑地延伸到神明的世界，以神秘样式，在另一个维度继续展开。

巫师请神为什么必须跳舞呢？在巫师看来，鬼神也同人一样，具有吃、穿的欲望，也有喜怒哀乐，因此每逢请神必须奉上血食以满足鬼神的食欲，跳舞则是取悦于神，讨鬼神的喜欢。"巫师跳舞还有一层意思，即有些舞蹈形式本身就是一种神的化身，是鬼神的再现。"①

在商代晚期，最为看重祖先神。这是因为通过占卜，商王发现祖先总是在护佑着他们。而去世得越早的祖先，似乎威力越大，在帝神面前的影响也越大。但后续的祖先也同样具有某种神力，人们不断逝去，不断成为祖先链条上的一环。

死亡与成为祖先神密切相关，且人人都在这个链条之内，因此，人们才不再畏惧死亡。

对神明的祭祀方式，暗示着死亡并不可怕，人只是换了一个维度，继续"活着"。人类已经知道了神明的生产方式，并按照一套仪式和规范，维持着这样的局面。

为了祭祀上帝、山川河岳以及祖先神，商人无度地对神明进行着献祭活动，举凡人类无法理解的事情出现，都要通过祭祀来解决。

过急过滥过多，充溢着随机性和随意性，让周人感到粗率，因此，用"礼"来对祭祀制度化和规范化。

李申先生说：儒教的礼，本身就是祀神。

周人"先礼而后鬼"，神明在上，文明也同样在上。人在祭祀时，不是陷于野蛮的泥淖之中，而是站在文明的台

---

① 宋兆麟著：《巫与祭司》，商务印书馆2013年版，第277页。

阶上，向神明表达着更具诗的意味与美的形式的献祭。

周人在文明的层面上思考如何更好地对待神明，让敬神奉神具有诗的美感。

他们意识到文明的优越，意识到"有典有册"的秩序化，呈现出一种强大的"仪式性力量"，这种力量对神明的影响，不亚于祭祀本身。

通过仪式，周人在对待鬼神的态度上，显得更加虔敬、更加真诚。祭祀神明礼仪的条文化甚至书面化，形成国家祭祀规范，具有神权和行政权的双重约束力。

因此，乐器、舞蹈，这些刚刚产生的文明要素，都围绕着神明的喜悦而进入创作和生产。

神和人都发现，祭祀变得活跃且有趣了。

巫的艺术：以舞降神

以舞蹈与神明实现灵魂对接的，是巫。

"巫"字，许慎在《说文解字》中解释：女能事无形，以舞降神者也。白川静虽然不同意许慎对"巫"的解释，但也指出，"献舞之事，本来具有神事性、宗教性的意味"。[①]

王国维也说：歌舞之兴，其始于古之巫乎？巫之兴也，盖在上古之世。巫之事神，必用歌舞。

《书经·伊训》中也有：敢有恒舞于宫，酣歌于室，时

_____

① ［日］白川静著，陈强译：《汉字的世界》，四川人民出版社2018年版，第262页。

谓巫风的记述。

"以舞能神"是原始巫术仪式中必不可少的环节。巫师在进入迷魔癫狂状态的舞蹈之前，都要把自己装扮一番，穿戴在巫师身上的假面、神衣、配件饰物以及服饰色彩等，都有一种约定的规范和宗教含意。[①]

商人恐惧未知，几乎无事不卜。《周官·司巫》中记载：若国大旱，则率巫而舞雩。

在甲骨卜辞中，我们发现《隶舞》与求雨有着密切的关系：

庚寅卜，辛卯隶舞，雨。
庚寅卜，癸巳隶舞，雨。
庚寅卜，甲午隶舞，雨。

李泽厚先生说："巫师求雨在古代文献中很多，《周礼》里面就讲率巫跳舞，率领群巫跳舞，做什么呢？求雨。因为下雨对农耕民族非常重要，天不下雨，农业就活不了。这是非同小可的事，维系着整个群体能不能存活的问题。巫能沟通天人，请天下雨。"[②]

有些求雨活动，作为"百巫之长"的商王也要参加。

戊子贞，王其羽舞，吉。

①　皇甫菊含：《中国古代"巫舞"服饰的象征》，《丝绸》，2004年第1期。
②　李泽厚著：《由巫到礼，释礼归仁》，生活·读书·新知三联书店2015年版，第87页。

这条甲骨卜辞告诉我们，为了娱神，商王会头戴插有羽毛的帽子，手持羽毛，跳起《羽舞》。

舞蹈，在祭神的功能之外，还有娱神的功能。而娱神活动都必然提到巫。

没有巫，就无法把人与神明联结起来。因此，"人的巫术活动倒成了是'神明'出现的前提"[①]。

李泽厚认为：巫代表、传达、发布和执行神的旨意，本身也就是神。

因此，只要有巫出现的地方，神明肯定不远，这也是孔子"观傩"时，要朝服莅阶的原因之一。

"孔子和《论语》一书，'敬'仍然保留了对神明的畏惧、恐怖、敬仰的情感特征。这种对神明的'畏敬'，恰恰有着巫术礼仪的物质精神。"[②]

在孔子的时代，有些巫术活动已经演化为群体性的娱神活动。倪德卫认为：从卜辞可知，有些活动为众人身穿华服，沿街游行，就好像日本京都常常举办的各种"祭"。举办这些活动时，人们总是担心下雨，生怕雨水阻断仪式、弄脏身上的衣服。

因此，每当这样的祭日，不同的人要穿上符合身份的衣服，加入娱神的队伍之中。

"一篇有关征伐盂方的卜辞中写道：'惠衣翌日步'，即

---

① 李泽厚著：《由巫到礼，释礼归仁》，生活·读书·新知三联书店2015年版，第12页。

② 李泽厚著：《由巫到礼，释礼归仁》，生活·读书·新知三联书店2015年版，第22页。

翌祀当日，穿上袍子，出发行进。"① 这与后世的群体性娱乐活动，已经非常相似。

面具：沟通神明的桥梁

几乎所有与敬神有关的舞蹈，舞者都会佩戴面具。

"戴假面，是巫术舞者'改头换面''与神通灵'的一个主要手段，也是巫舞文化的一个重要方面。"②

学者皇甫菊含认为，"假面就如一股巧妙的神力，把巫师和观者的灵魂一起送到鬼神的世界"③。

娱神活动中的假面，多为动物面具。这是因为商周时代的人们认为，动物是交通人神的重要媒介。那时候巫者跳神必须戴上动物面具，巫者自我在面具后面消失，而变成了具有灵性的动物。

也有一些考古学家认为，不同的动物图案本身就代表着不同的神灵形象。

巫在佩戴动物面具的那一刻，就成了人与神明之间的"媒介"，天然地具有了某种神秘性和神圣性。

如果没有面具，就不能与神明对话。因为人是普通的、平凡的、沉重的，而动物才让两者之间的关系活化起来，畅通起来。

---

① ［美］倪德卫（David S. Nivison）著，魏可钦、解芳等译：《〈竹书纪年〉解谜》，上海古籍出版社2018年版，第268页。
② 皇甫菊含：《中国古代"巫舞"服饰的象征》，《丝绸》，2004年第1期。
③ 皇甫菊含：《中国古代"巫舞"服饰的象征》，《丝绸》，2004年第1期。

"我国巫觋使用面具由来已久，如在红山文化已有陶面具，商周时期多青铜面具。北方萨满近代还戴铜面具，都是他们跳神驱鬼时佩戴的。"[1]

巫术活动中的动物面具，本身就是"灵媒"，象征着神明的不可侵犯与威严，某种程度上也象征着与人类的亲近。

对于巫师来说，佩戴面具也是"消失自我"的一种方式，只有通过"自我的消失"，才能成为新的自我，一个能够与神明沟通的"半神"。

自我消失，具有神性的"新我"产生，让巫师产生一种幻觉，自己在彼时彼刻具有了超自然力，并能够与神明融为一体。

对于观者与其他参加祭祀活动的人来说，巫师面具也是一道屏障，或者一个新的神灵生产渠道。借助于面具，巫师在观者眼里，也同样升格为神明，并代替神明与凡人共同欢乐，感受凡人对神灵的虔敬，达到娱神的目的。

在参与者看来，佩戴面具的巫师参与其中，仿佛神明在场，因此，让人们对神灵的崇拜，升华为一种精神层面的愉悦，从而为参与赋予价值和意义，进而肯定祭祀活动对于日常生活的重要性。

通常的祭祀活动，会有蒙着熊皮、长着双角的名为"方相氏"的角色，带领整个娱神活动展开，"方相氏"是某种凶恶"兽神"。

皇甫菊含认为，"假面起源于生命崇拜的一种特殊形

---

① 宋兆麟著：《巫与祭司》，商务印书馆2013年版，第122页。

式——骨骼崇拜，特别是头颅崇拜。古人对于头颅不死、灵魂不灭的信仰是无比虔诚的，他们借助奇异而丰富的想象，编织着肉体可以毁灭而灵魂能依附于骷髅头，以鬼的形式四处游荡。他们认为，那活灵活现的人头不仅是灵魂之容器，而且象征着主宰生命的神力。因此，中国跳神面具主要有'天神'面具，在傩舞中，多以威猛之相出现。'兽神'面具，在跳神的假面仪式中，以青面獠牙的妖怪著称"[①]。

朝服观傩：秩序的力量

巫师与民众广泛参与的娱神活动是如此有趣，大约是当时最繁盛的娱乐活动，犹如后世的"浴佛节"之类。

《诗经》中，就有一首记录陈国娱神活动场景描述的诗——《宛丘》：

子之汤兮，宛丘之上兮。洵有情兮，而无望兮。
坎其击鼓，宛丘之下。无冬无夏，值其鹭羽。
坎其击缶，宛丘之道。无冬无夏，值其鹭翿。

五四新文化运动以来，一些学者通常把此诗理解为情诗，即一个诗人爱上了女巫。但根据周代的实际情况看来，不存在所谓的诗人，也不存在普通人爱上神职人员的可能性。

---

① 皇甫菊含：《中国古代"巫舞"服饰的象征》，《丝绸》，2004年第1期。

在商代，一些方国像周方一样，把商王为本方国占卜的卜辞抄回到本国，保证了汉字的纯正性。

到了周代，汉字传播主要以青铜器铭文的方式，影响着"汉字圈"内的封国、城邑和方国。

周人掌握着青铜器铸造的秘密，更掌握着汉字书写与铭刻的秘密。以汉字为核心，以青铜为载体，确立了诸周的"华文化"共同体。周与列国通过青铜器，共同拥有着汉字，形成了"文化的天下"。

不需要以青铜器为纽带进行连接，或者虽然赐予青铜器，但上面不刻汉字铭文的，都是"夷文化"。

"华夷之别"，有文化和汉字的双重认证。

所以，南方有些区域，虽然会制造青铜器，但上面却没有汉字铭文。其原因，一是不知道铭文铸刻的秘密；二是不知道汉字书写的秘密；三是不知道汉字的神秘语法即字与字究竟如何组织和表达，才能被神所知，被神所喜。

这是神政权力最大的秘密之一。

贞人、卜人、史人等掌握文字秘密的人，慢慢地发明着新的文字并不断地组合，创造新的词汇，产生着新的意义。

进入文书行政阶段以后，汉字的神力仍然没有消失：无论祭祀天，还是河岳山林，都要用汉字来书写祭文，烧化付神，以告神知。书写与送达变得神圣化与仪式化，汉字成为人神两界的沟通媒介，以及共同的文化财产。

因此，认为《诗经》是民间的劳动人民所写的看法，在汉字的认读、书写还是极大的神权资源和政治资源的西周，是无法成立的。

也就是说，没有娱神活动中观看女巫的所谓"诗人"，因此更不会有"诗人"爱上巫女的爱情故事。

在春秋，还有另一种参与广泛的祭祀活动——蜡祭。也是载歌载舞，同时，吟唱着驱邪灵的歌谣：

> 土反其宅，
> 水归其壑，
> 昆虫毋作，
> 草木归其泽。

或许，当时的人们相信，文字的神奇力量，会具有某种人们愿意看到的效果，吟诵之后，就像符咒一样，可以对所诅咒之物施加魔力，从而消除那些坏的事物。

据说写于汉代的《礼记》，记载了孔子与子贡关于蜡祭的对话：

> 子贡观于蜡。孔子曰：赐也乐乎？对曰：一国之人皆若狂，赐未知其乐也。子曰：百日之蜡，一日之泽，非尔所知也。

除了《论语》之外，其他古代经典所引孔子的话，大多并不可靠。史人及各类著述者，多借助"文化英雄"孔子之口，来表达自己想要说的话。很多这类话，甚至与孔子的思想是相反的。因此，阅读古代经典，涉及孔子的言论，不能尽信，适当地"疑孔"，是有必要的。

在这处引用中，孔子说"百日之蜡"，大约是指"蜡祭"的时间比较长。而"一日之泽"所说的"泽"，应通"释"，即松散的意思。与《周礼·考工记·序官》中所说的"水有时以凝，有时以泽"是一个意思。

总之，孔子的意思是，民众参与娱神的活动，得以在现场释放对神的感情，相信自己的行为能够被神明所见，这种参与感使他们从中获得快乐。

按照孔子重礼、重敬的一贯思想，民众参与娱神，娱神活动的气氛才热烈，神就会高兴，这才是娱神的真正目的。

换言之，人在群体性活动中容易获得更大的快乐，神亦如是。

祭祀的不同层面，让神感受的效果也各不相同。

庙堂之祭，需要庄重；山川之祭，需要严肃，而乡里之祭，则需要热闹。

不同的祭祀活动，有不同的规则，达到不同的效果，也是礼。

到了周代，祭祀仪式化和典册化，除了国家祭祀，还有一些全民参与且已游艺化的祭祀，比如蜡祭、雩祭和"乡人傩"。

孔子似乎很享受这种民间娱神活动，他认为人生最快乐的时光，就是：暮春者，春服既成，冠者五六人，童子六七人，浴乎沂，风乎舞雩，咏而归。

雩，是一种求雨的祭典，后来也演化为民间的娱神活动。而《雩舞》，一定曼妙而婆娑，庄重又典雅，符合神的审美，也符合人的审美。

依照日本学者白川静的观点，孔子喜欢在风中舞蹈，是在风中可以直接感受神灵，因为"在人们的意识中，风是最普遍的，最能够体现自然的生命力的，他们视风为神灵的气息，视起风为神灵的到访"。[1]

那么，在"观傩"的时候，孔子朝服立于"阼阶"，孔安国与朱熹的理解，是否正确呢？

答案当然是否定的。

按照孔安国的逻辑，立"阼阶"可以保护家神，那么，起保护作用的是什么？是朝服可以击退凶神？还是孝心可以保护家庙？

如果孔安国的逻辑成立，孔子至少也要佩戴更高级的动物神面具，比巫师所佩戴的面具更凶狠，在动物神灵系统中的层级更高，才会起到威吓作用，进而保护家神。

或者，孔子要请另一支巫师团队，以另一种仪式，来镇压"乡人傩"巫师团队，才能起到保护家神的作用。

总之，无论孔安国还是朱熹，都认为朝服东阶而立，就可以起到保护作用，这是在否定神明，否定巫师在傩舞中已经"成为神明"，否定了娱神活动存在的意义。

所以，孔安国与朱熹都是否定神明的，也是否定孔子的。

李泽厚先生认为，"乡人跳傩的时候，孔子穿着上朝的衣服，站在东面的台阶上。孔子为什么穿着上朝的衣服站

---

① ［日］白川静著，吴昊阳译：《汉字：汉字的发展及其背景》，海峡文艺出版社2020年版，第23页。

在大门外面呢，是表示尊敬，表示对巫术舞蹈的敬意"。[1]

于孔子而言，神明永在，人文永远都不会居于神明之上。乡人饮酒，杖者出，斯出矣。乡人傩，朝服而立于阼阶。对这句话的理解，还要回到这句话本身上来。在参加乡饮酒活动时，一定要等到持王杖的长者出来，别人才能跟在后面鱼贯而出。在观看乡人傩的时候，穿上符合身份的正装，虔诚地站在东台阶上。

在孔子的时代，仍然留有这样的习惯：傩祭之时，或者加入乡人的队伍，去跳傩舞"娱神"，制造喜庆的气氛，以此获得神明的欢心。或者穿戴齐整"观傩"敬神，以此获得神明的福佑。

"观傩"也要有某种仪式感：要求观者立于家庙东阶，官穿其服，民有其饰，仪式按照要求进行，也按照要求观赏。

礼仪，体现出强大的"秩序的美"，释放出巨大的"文明的力量"。

李泽厚先生所说的"尊敬"，是礼仪中的应有之义，包含在礼仪中，却不是礼仪的全部。

---

[1] 李泽厚著：《由巫到礼，释礼归仁》，生活·读书·新知三联书店2015年版，第86页。

谁在供奉神明？

商人一直用谷物、酒、血食和人牲供奉着"帝"，但"帝"却抛弃了商人，转而去庇佑周人。

那么，供奉神明还有意义吗？

周人回答说：当然有意义。"帝"名义上是商人在供奉，但商人其实什么也没有做。饱满的谷物、鲜活的羌牲，都是我们周人提供的，神明知道这一切，更知道祭品的来源。所以，神明没有庇佑商人，而选择庇佑周人。

那么，层层追问下去，周人所供奉的人牲和谷物哪里来？

当然是周民。

谷物是周民所生产，羌牲是周民在战斗中掠夺而来。

由此，随国的贤人季梁推导出了一个惊世骇俗的结论：民，神之主也。

后世的知识分子认为，这句话是"民本主义"的滥觞。

然而，"民为神主"，所要表达的真的是"民本"吗？

季梁：民本主义？

进入春秋时代之后，无论大小国，君主都在想方设法集君权，削弱贵族势力，消灭贵族政治。

君权集中后，列国纷纷选择了兼并和扩张。

此前，楚国"辟在荆山"，自称"蛮夷"，虽然乘周室衰微、诸侯相伐之机，也向外兴兵扩张，但"皆在江同楚蛮之地"。

公元前 706 年（楚武王三十五年），楚君熊通率军伐随，是春秋时代的大事件，标志着楚国走向"对周扩张"道路。对于雄心勃勃的楚国而言，随、申之地的战略位置非常重要，控此二国，"天下之势尽在楚矣"。

司马迁在《史记·楚世家》中写道："三十五年，楚伐随。随曰：'我无罪。'楚曰：'我蛮夷也。今诸侯皆为叛相侵，或相杀。我有敝甲，欲以观中国之政，请王室尊吾号'。"

随国为姬姓，是周王的同姓封国。

当初，周把若干同姓贵族封在汉阳一带，形成了史称"汉阳诸姬"的多个封国，其意也在封堵楚国这些蛮夷北上。

但世易时移，"楚蛮"主动突破防线，向周人的传统地盘进军了。

面对"楚蛮"，王室同姓、为周屏藩的随国，还是展现出了理性，无辜地陈述：我无罪。

但楚人却不按"有罪与无罪"这个逻辑来与随人理论，而是直率地挑明立场：我楚人虽为蛮夷，却有坚甲雄兵，你们随人与周王室是同姓，希望帮助我们楚人向周王室传达请求，允许我们楚国称王。

周王不允熊通王号，于是熊通自己称王，"王不加位，我自尊耳"。开了春秋的一个恶例。

楚君熊通攻打随国，由于随人有备，并与"汉阳诸姬"联合抗楚，楚人的入侵，并没有取得预想的成功，因此，派出大夫薳章前往随国，希望随国派出特使，到楚营中订立和约。楚军停驻在随国境内的瑕地，等待结果。

随人并不气馁，整军列阵，以候楚兵。

楚国欲采用"示形"之计，就是故意装出疲弱的样子，以麻痹随军，使随人放松警惕而轻敌，但随人识破了这一阴谋。

随国派出少师董成前往楚营谈判。

楚国大夫斗伯比对楚王说："我们在汉东的谋划不能成功，原因全在于我们自己。我们向敌人展示三军的雄壮，让敌人知道我们甲坚兵锐，然后大兵压境，敌人害怕我们，因而组成联盟来对付我们，因为我们的武力威胁很难离间他们的关系。汉东这些国，以随国最大。如果随的国力强盛，必然会抛弃其他小国，导致小国离随而去，这样才对我们楚国有利。少师这个人侫而骄妄，他来的时候，我们一定装出疲弱的样子给他看。"

楚王故意把军容严整的军队弄成不堪一击的样子，接待少师。

少师回到随国以后，把看到的情况向随侯报告，说楚军羸弱，希望随侯派兵进攻楚军。随侯听信了少师的话，准备按他的意见办。

季梁止之曰："天方授楚。楚之羸，其诱我也，君何急焉？臣闻小之能敌大也，小道大淫。所谓道，忠于民而信于神也。上思利民，忠也；祝史正辞，信也。今民馁而君逞欲，祝史矫举以祭，臣不知其可也。"公曰："吾牲牷肥腯，粢盛丰备，何则不信？"对曰："夫民，神之主也。是以圣王先成民，而后致力于神。故奉牲以告曰'博硕肥腯。'谓民力之普存也，谓其畜之硕大蕃滋也，谓其不疾瘯蠡也，谓其备腯咸有也。奉盛以告曰：'洁粢丰盛。'谓其三时不害而民和年丰也。奉酒醴以告曰：'嘉栗旨酒。'谓其上下皆有嘉德而无违心也。所谓馨香，无谗慝也。故务其三时，修其五教，亲其九族，以致其禋祀。于是乎民和而神降之福，故动则有成。今民各有心，而鬼神乏主，君虽独丰，其何福之有？君姑修政而亲兄弟之国，庶免于难。"

翻译成现代白话文，其意如下：

随国的大夫季梁知道了随侯的意图后，马上制止随侯说："楚国虽居蛮夷之地，到熊通开始强盛，威服邻国，一定是得到了神助。少师所看到的楚军羸弱的样子，肯定是装出来的假象诱骗我们的，国君为什么急着上当呢？我听说小国要想战胜大国，一定是小国得道，而大国邪恶不正。什么是道呢？对于国君来说，就是对民忠恕而对神诚信。在上位者，考虑如何有利于民，希望民能够居安食饱，这就是国君的忠了，祝官、史官在祭祀时言辞谨严方正，不欺诳鬼神，就是国君的信了。可是我们现在的随国，老百姓还衣食不足、饥寒交迫，国君却反而想快速战胜大国，祝官和史官在祭祀时，言辞不正，诈称国君有大功德，我不知道怎么能行啊。"

随侯说："随国祭祀的时候，都使用纯色的牛、羊、猪，所用黍稷也非常充足且放在上好的祭器里，这怎么是不取信于神呢？"

季梁回答说："民，才是供奉神的根本。因此，有功德的王都是先把养民放在第一位，让民生活富足，然后在祭祀的时候，把这些诚实地告诉神。祭祀时对神说'博硕肥腯'（奉祭的牺牲都很壮硕肥美），隐含的意思是，民力没有被滥用。百姓的生产能力很强大，在农田耕作之余，还有充分的精力让所养的家畜都繁衍旺盛，有时间来为牲畜清理皮毛，因此也没有染过各类皮肤恶疾，不但能够为神奉献，家里也还有多余的可以自己享用。只有这样的情况之下，才能在祭祀神祇的时候，把祀物恭敬地放入器皿，向神祇告说'洁粢丰盛'（耕作不违时，民力保存很好，因此老百姓家里的谷物清洁丰盛），其实是想告诉神，做君主的不滥用民力，春、夏、秋三个季节都不会扰民，让他们安于劳作，百姓乐业才导致谷物丰收。这个时候，向神供奉上美酒，由祝史献上祭辞'嘉栗旨酒'（百姓都善良，不违抗君命，不延迟农时，尽心竭力，谷物饱满，祭酒甘醇），其实是想告诉神，无论臣民，都德行高洁没有违上之心。所以，祭酒馨香，其实是因为民德馨香，上下同心，没有逸谀邪恶。因此，好的君主，应尽的本分，就是让民众能够培养父义、母慈、兄友、弟恭、子孝这五种美德，让亲族之间遵从礼的规则来亲睦，用这些来向神祭祀。只有民心和悦，神才会降福于君，这时只要有行动就会达至目的。现在民心各异，或欲从主，或欲叛君，很难说没有违上之心。鬼神也缺少足够的祭祀，只有国君说自己谷物丰盛，这怎么能够得到神祇的保佑呢？君应该修明政教，与汉阳一带的姬姓国亲睦友善，才能不被楚国欺凌。"

随侯听信了季梁的话，明白了楚国的用意从而非常警惕，没有进攻楚军。潜心修明政教，更改施政策略，楚国不敢伐随，于是退兵。

季梁的"民，神之主也"被认为是所谓"民本主义"的滥觞。

但事实果真如此吗？

民为神主：高阶的"神本主义"

季梁所说的"民，神之主"的"主"，通常理解为"主宰"。但"主"的另一个解释，是"牌位"的意思，可以译为"供奉"。也就是说，离开了民众所奉之物，祭祀就缺少必要的牺牲与供品。

如果"主"是"主宰"的意思，那季梁在这段话的末尾所言"鬼神乏主"，就成了大笑话，因为照此逻辑，则意为"鬼神缺乏主宰"，这在春秋，简直是人神共愤。因此，把"主"正确地理解为"供奉"，才能很好地解释季梁的话。

"人们祭祀神灵，来'报万物之功'。与此配对的是为王室和王室先人所建的祠庙，即'宗庙'，这类祭祀是现实世界的仪式、象征中心，它们的安危与国家的安危同步。一个良好的状态是社稷能够享有'血食'，如果一个国家的社稷不能得到'血食'（作者注：各类牺牲）供养，则会酿成国难。"①

---

① ［美］康儒博（Robert Ford Campany）著，顾漩译：《修仙：古代中国的修行与社会记忆》，江苏人民出版社2019年版，第73页。

神得不到人间血食，祭祀系统就会毁坏，会降罪于君。

季梁的人道主义认知，让君对民的关怀，从物的层面，进入心的层面，让劳作成为情志基础上的愉悦活动。

逼迫民众劳作，让其在艰苦的环境下生产，哪怕其食不果腹，怨气满怀，只要能够交纳谷物和牲畜，国君一样可以在祭祀时奉上牺牲，让神灵享受"血食"。

但季梁认为，民心乖戾，谷物所酿之酒就不会甘美，所养牲畜就会身患恶疾，国君用这些东西去祭祀，就不算真正地对神祇诚敬。

只有民心和悦，心怀诚善，不违君上，农作时谷物才会饱满，牲畜才会肥壮且没有恶疾，祭酒才会甘美香醇。祭祀是对神表示诚敬之心的高尚活动，不只是驱民奉物，还要让民的心里，也充溢着礼的秩序、善的力量与亲的和美。

民为神主，是高阶的"神本主义"，是对神敬奉的最高境界。

"我们也能够看到祭祀体系中的食物——酒和肉——是如何将仪式的参与者联系在一起的。在神面前一起喝酒吃肉，就能够将不同集团紧密联系在一起。《礼记》中这么描述：小心地记载每年谷物丰收的情况并管理种子供来年使用，是国家的关键功能。"[1]

这与孔子主张的"民可使由之，不可使知之"（民的善行，是由其天性所发出的真诚，由于其本初所具有的纯朴

---

① ［美］康儒博（Robert Ford Campany）著，顾漩译：《修仙：古代中国的修行与社会记忆》，江苏人民出版社2019年版，第73页。

的善心，而不是由于外界的劝诫与规训），道理是一致的。民由天性真诚发出的善和爱，与别人强加给民身上的善和爱的"概念"，再根据这样的"概念"去实践，是完全不同的。

善与爱像人的天性一样，自发地流露，而不是成为一种强迫性的德性生产，这才是人的最高精神境界。

季梁告诉我们，作为国君，不能要求民众机械地劳作，成为生产机器，要让他们有尊严，有快乐，有亲情温暖，有价值追求，在这个前提下劳动创造出的一切，才会让神更满意。

季梁的"民为神主"，是把"民"应得的尊重与福祉，放在了重要的位置，明确了主祭者虽为君主，但为供奉神提供服务的对象却是民。但季梁从人道主义的角度，超越性地指出，只有为神提供祭祀之物的民，心情和美，安居乐业，才能为神提供上等的祭品，对神的祭祀，才会达到至善的境界。

人道主义地看待民的劳作与奉献，超越了时代，是人类文明在上古的辉耀。

无论是孔子还是季梁，都不会把民置于神之上，毋庸置疑，神才是万物主宰。但根据周人克商的逻辑，注重奉献祭物的民的感受，指出如果按照周人的逻辑，神最终护佑的，会是为他们提供祭物的民，所以，要善待民。

在甲骨文里，"民"的意思是奉献给神的人，也可以简单地把"民"理解为"侍奉神灵之人"。

善待民，则祭物丰美，则神灵和悦，则护佑苍生，则君修盛德。

这样的逻辑链条，完全是自洽的。

诚敬：止于至善

"民，神主也"，孔颖达理解为：养民使成就，然后致孝享。由是告神之辞，各有成百姓之意。

孝享，即祭祀。

"谷物作为营养要素的天然提供者，仍然需要合作地、公共地、阶段分化地生产，才能转化为食物。经过这样的转化，谷物就成为凝聚了文化的（活着的和死去的）人类和神灵的食物。"[1]

祭祀所用谷物（包括肉类和酒）的生产者，是民。

有了"民为神主"的认识，才会惜民之力，用民以时，陶养民善，铸就民和。想得到神的护佑，就得由民出发，让他们能够诚心劳作，神所得到的一切，也就更会达至完美。

这才是季梁所谓"民为神主"的要义，即神的美好享受来自于民的诚意劳作，心怀善念的劳作会让祭祀之物更加纯洁丰美。因此，神才会保佑君，国才会更强盛。

季梁的话揭示了这样一条真义：奉神，敬才是"最优解"。

同样，孝亲，敬也是"最优解"。

子游问孝。子曰："今之孝者，是谓能养。至于犬马，皆能有养；不敬，何以别乎？"

---

① ［美］康儒博（Robert Ford Campany）著，顾漩译：《修仙：古代中国的修行与社会记忆》，江苏人民出版社2019年版，第75页。

孔子说，孝，最好的境界，是让父母感受到敬。

这与季梁的观念有着异曲同工之处。

在行孝的时候，不是出于遵守外在的规范，不是忌惮社会评价，而是由心出发的爱，把父母放在一个祖先神的位置上，进行虔诚的祝祷。

这样的时候，父母所感受到的，才是温暖的、富有人性光辉的爱。而这样的爱会让他们坚信血缘纽带的坚韧、坚信父子之情的可靠、坚信人伦之常的力量，并陶醉在这种感受与爱中，从而得到真正的身心陶养，不疾不病，延年益寿。

在《论语》中，孔子多处提到敬："修己以敬""执事敬""行笃敬"。

敬，是意识到神明在上，因此发自内心的尊敬、敬重。

也是君子治国之道，更是儒家所追求的最高价值。

敬神，与奉神，有着本质的区别。

只有"民为神主"，对神的敬，才能上升到心诚的高度。民为神主，是从源头上，对供神之物、供神之举，进行一番心灵上的省思。强调清净、柔顺、和美，让敬神上升到诗的维度。

就像孔子把孝上升到敬的维度一样，让机械行为变成深蕴情感的爱的表达。

对神来说，同样是深蕴情感的爱与敬的表达。

"民为神主"，是以民的劳作为源头，在开始时内心就怀着对神的敬意，从而让每一个环节、每一个步骤、每一道程序，都含有人道之光，怀有敬爱之意。

让神不止感受到物的敬奉，还有内心的敬畏、热爱。

至诚至敬的态度，无论于神于亲，才会达于"至善"。

季梁要求君主首先在鬼神面前"忠信"：上思利民，忠也；祝史正辞，信也。传达了上古贤人对君职的透彻理解。君位虽然是由神护佑所致，是祖宗所遗留的恩泽。但在季梁的眼里，君位也是一种职业，也要尽其职责，行其"君忠"。君的忠，就是处处为民着想，让民心和悦，劳其事，不违上。

季梁指出，祭祀时说真话，不欺骗神灵，是君所要实现的"信"。连鬼神都敢欺骗，君就没有尽到自己"信"的义务。

忠信不只是约束在下位者，也约束在上位者，并为在上位者提出明确要求。

上下各有其忠信，君民皆守忠信，忠信之说才会深入人心，成为民俗国魂。

第二章

虚镜或实像：孔子和他的春秋时代

"述而不作"：坚守礼教边界

孔子所处的时代，专门知识仍然封闭在特定的职业家族里，持铎小臣采诗、占人用筮、史人记事。

但世易时移，王室经济状况江河日下，不能自给，造成原来只服务于王的知识家族，不得不为了生计而向其他付得起费的诸侯提供服务，专门知识下沉，王室小臣星散。

"乐"是文明的最高层级，从前的低位阶层，对乐的渴求远远超过其他特权服务。

因此，乐人们的处境更艰难些，生计重要？还是维护礼制重要？向不适当的人群提供破坏礼制的跨阶层服务，也必让乐人们无比烦恼与挣扎。但骨感的现实，战胜了丰满的理想。当拥有财富和权力的大夫要求听闻从前只有王能够独享的雍乐，乐人们也不得不屈就为其演奏。

消息传来，孔子怒斥："是可忍也，孰不可忍也！"

一

孔子的时代，"史人"的服务对象，仍然是王和诸侯。王室有大史、小史、内史、外史、左史、右史等史官。

刘知己认为，"大史掌国之六典，小史掌邦国之志，内史掌书王命，外史掌书使乎四方，左史记言，右史记事"。

《左传》记录了这样一件事：齐庄公欺凌崔武子（杼）的妻子，崔武子就杀了齐庄公。名士晏婴迫于形势，也不得不与崔武子合作，但齐国的史人，却秉笔直书。

大史书曰："崔杼弑其君。"崔子杀之。其弟嗣书而死者二人。其弟又书，乃舍之。南史氏闻大史尽死，执简以往。闻既书矣，乃还。

齐国的史人家族有多个，大史家族兄弟较多，哥哥掌史人之位，因为记录了崔武子的暴行，被崔武子杀害。他的弟弟仍然这么写，再被崔武子所杀。大史的第二个弟弟，不惧残暴，接着如是记载，崔武子没有办法，只好接受了这个事实，大史的二弟得以幸存。

齐国有另一个史人家族南史氏，风闻大史及其弟弟的悲剧，以为其一门皆死，因此，拿着写好"崔杼弑其君"的史简前往宫室，听说大史之弟已经记载了这则丑闻，才中道而还。

这则史实透露了这样的消息：史人们的知识仍然被家族垄断，杀其兄，则继位者为其弟。一门尽死，则只能依靠其他史人家族来行使职责。非史人家族，不但没有资格来完成写史的任务，更没有这个能力。

大史兄弟敬畏史言，为求史记真实，慷慨赴死，前后相继。杀光了大史，仍有后来人，左史也执简而来，这种大无畏的精神，也让崔武子不得不停止杀戮。

杀尽齐国史人家族，也就无人可记其史。

史不可记，则其政权存在的合法性荡然无存，这才是崔武子不得不忍看简册上写下其弑君之事、使其千古留耻的缘由。

另外，私人著述，在当时是一件比大夫闻雍更不可容忍的事儿。

凡有国事（无论王还是诸侯），记录者只能是史人。

换言之，除了王室与诸侯的史，天下不再有其他私人著述。而史人所载，皆国与君之大事。

私人著述，成为作家，独立记载思想、史实，至少在孔子的时代，还是践踏礼教的不端行为，其严重性远远超过了礼崩乐坏。

因此，孔子坚守"述而不作"，并未删《诗》、编《易》、作《春秋》。

曾几何时，孔子连"述"都不想"述"。

《论语》上说：子曰："予欲无言。"子贡曰："子如不言，则小子何述焉？"子曰："天何言哉？四时行焉，百物生焉，天何言哉？"

面对孔子对"言"的排斥，子贡很恐慌，对孔子恳求道：如果夫子不言，那夫子的思想学问我们怎么才能学到呢？孔子回答他：你看到天是如何运行的吗？天也什么都不说，但季节更替，万物生长，天也什么都没有说啊。

在此，孔子自比于天，或者，以天道为人道的遵循。无论如何理解，至少我们可知夫子对"述"的态度：

"述"，并非必要。而作，更是对礼的僭越。

二

孔子为何"述而不作"？

许多学者的看法多是片面且错误的，包括朱熹。

孔子秉持"述而不作"，言论的记录、整理者均是其弟子。《论语》中，对孔子言论的直接引用，均用"子曰"。

远在尼泊尔的释迦牟尼，同样"述而不作"，佛家的早期经典，与《论语》一样，是佛陀口授，弟子根据记录整理，佛经中最普遍出现的表述"如是我闻"，与"子曰"异曲同工。

不独东方如此，"轴心时代"西方的伟大思想家们，也基本如是。柏拉图同样"述而不作"，流传后世的伟大著作，也是弟子们辑录而成。

《圣经》《古兰经》，与若干佛教经典一样，均是宗教创立者"述而不作"的产物。

朱熹在《四书章句集注·论语集注》里说："述，传旧而已。作，则创始也。"在他看来，删削《春秋》、编纂《诗经》，都是"传旧"，因此均可以归于"述"的范围。而"作"，即创作之意，包含了独创的知识产权。

"朱熹们"之所以如此看待"述"与"作"的关系，是因为并不明了春秋时代严格的社会分工与礼教制约。

东周时期，周王的力量渐渐式微。

光有神权加持，王并不能支配封国与社会。封建，本质上是王作为同族的大祭司和宗主，拥有祭祀权和宗法权。虽然作为人间世界的统治者，但却不拥有绝对的支配力。

周代的王室与封国的关系，也还是呈现出以血缘为纽带的差序格局。封国之主，一般都是王的近亲，余则为合作伙伴。巫以及其他与王关系密切者，也有一小部分获得封国。

作为一个特例，存夏嗣于杞，存殷嗣于宋，创设了一个制度范例，以备万一周国或亡，其嗣可存。

存嗣，存下的不只是血脉，更重要的是存下了对祖先祭祀和供奉的延续性，使其香火不灭。今人也常把生了儿子喻为"有了香火"，盖缘于古代女子不能祭祀祖先，只有男子可以承担这一神圣使命。如果后代中没有男丁，就没有人为祖先设祭，献上香火供奉。没有香火缭绕灵前，则灵魂消散，生存过的痕迹彻底灭绝。所谓"不孝有三，无后为大"，指的就是不生男丁，祖宗会无人祭祀，香火绝灭。

对周王来说，绝祀比失权更可怕，后世无法拥有权力，并不是什么大不了的事情，而祖先失祭，神灵失祀，就会人神共怒，进而天下大乱。

周人对"变化"非常乐于接受，在他们看来，没有什么是万古不变的，因此，他们更愿意未雨绸缪，预先设计好制度出口，"存周，以待来者"。

封建之王，意味着要不断割出自己的土地，给予那些需要保护或者需要感谢的人。比如，秦人帮助周王赶跑了戎人，则周王把镐地封赏于秦。

封建之王，除了是神的人间代理，还要以诚信获得各个社会群体的支持。已经分封出去的土地，即便封国之君做出了违反天道、触犯王规的事情，也只是其个人受到惩罚，其土地不会再收归王者所有，而是由受封者在其家族内部代代承继。

即便有一些封国之君被剥夺了国君称号，其封地也不会再收回重新置于王的管理之下，而是根据大小宗原则，由其嫡长子"世袭"。

之所以如此，是因为直到春秋时期人们都坚信，每一块土地上的神灵，只保佑他们自己的后代。如果别人去占据，定会受到神灵的惩治。

每一次分封，王割掉的都是属于自己的土地，长此以往，地主家也没了余粮，王自己的土地越来越小。

战国时，宗教观发生重大变化。秦灭六国，是因为人们不再相信祖宗神的力量，不再担心六国神灵可以对秦国造成毁灭性的惩罚。

按理说，王失去了土地，应该获得尊敬、好名声、封国之君的四时贡奉以及无条件地服从，但事实并非如此。

前几代封国之君与王室的关系还密切，对王的服从程度非常高，但随着一代一代的衍化与传递，血缘逐渐浓度稀释，即便是与王室有血缘关系的封国之君，几代以后也出了"五服"，与王室的血缘纽带非常松弛。

而周王对时代的变化，并没有敏锐地感知到。

一些周王开始不按时设祀，传统的祭神、祭天仪式，周王或者不参加，或者降低祭祀的规格。

封国之君对王的朝拜，也渐渐疏忽，三年一朝的老规矩，许多封国之君都不遵守。

失去了土地和贡奉，王没有能力征伐那些不朝不贡的封国之君，也没有能力征伐周边骚扰的蛮族。

从前依赖王而生存的专业知识、专业技能提供者，为了生计，开始向根据传统礼法不配享受这些知识和技能的其他群体提供服务。

鲁国的大夫季孙氏，在权力竞争中获得了胜利，有了足够的资财可以聘请 64 个舞者来为自己跳舞。季孙氏是鲁国的大夫，按照礼的规定，他只能享受 16 个舞者组成的舞者团队，而 64 个舞者参与的集体舞表演，是王者独享的权力。

季孙氏的行为，已经严重损害了礼的威严。

大夫或者封国之君，可以拥有钱财，甚至超过王的富有，但是王的特权，却不能因为军事势力或者财务能力的变化而被僭越。

僭越是对王权的挑战和蔑视，也某种程度上显露了不臣之心。而不臣，就是犯上的征兆，是乱的开始。

但另一方面，也说明随着王室财力的不济，服务于王室，已经无法让专业的知识和技能家族拥有体面的生活。离开了王室的定制服务，有的家族甚至已经无法生存，因此，只好向其他阶级售卖自己的专业知识和专有技能。

春秋时期，乐人同样是家族式传承的专业知识和专业技能拥有者，服务于不同阶层的乐人，其技能是不一样的。

不同的乐人家族之间，知识体系也完全封闭，专有的知识和技能并不流动。服务于王者的，则通晓雍乐及其他王室专有音乐；服务于封国之君与大夫的，则熟悉相关的礼所规定的乐曲。

同样是鲁国，季孙、叔孙、孟孙三个手握实权的大夫，在家祭的时候，用演奏雍乐来结束这一神圣场面。

毫无疑问，为三家大夫演奏雍乐的乐人，是从前只服务于王者的，由王室给予固定的经费奉养，并给予相关的荣誉。

随着土地的减少，经济能力的下降，王室已经不能养活乐人，无奈之下，乐人被迫携带专门知识和技能，向远远低于王室的阶层提供服务，以使家人活下去，不但存人，而且"存祀"。

王室的部分服务者向君提供服务，君的部分服务者向大夫提供服务，知识被迫下沉，并在特定情况下，打破家族内部传承秩序，向外部扩散，是春秋时期的基本格局。

因此，孔子才得以广学各类知识，并集其大成，成就了博学的"儒"。

"礼崩乐坏"，表明传统的统治方式，已经彻底失效，原有秩序已经无法维系。

四

没有王室的衰微，没有君和大夫的强大，就没有知识的下沉和分散，也就没有集百家之学的"儒"。

孔子教授弟子们六种学问，礼、乐、书、数、射、御。

这六种学问，从前都分属于不同的知识家族。礼属于巫族，乐属于乐人即乐族，书属于书人或书族，数属于卜人或卜族，射和御的技能都属于专业的士族。但好学的孔子，却打破了家族知识壁垒，学会了不同家族的专门知识，因此，才可以闻名天下，"弟子三千"。

孔子"学而时习之"，隐喻孔子的知识已经超出了当时所有专业知识拥有者，但他仍然学而不倦，只要有机会，就要向各个专业知识和技能拥有者请教，因此，能够学而成圣，在五十岁的时候"知天命"。

掌握了百家知识，才挑选了适合"君子之学"的六种学问，教授自己的学生。

没有孔子的好学，散落社会角落的专门知识就像一粒粒散落的珍珠一样，滚到尘埃里，蒙尘忍垢。久而久之，就消失不见。

没有孔子的挑选，那么丰富的百家知识，也会干扰君子对于道的追求。因此，孔子从百家知识中确定了六种，作为"儒"的必修课，冀望通过知识的修炼与技能的掌握，让儒者们成为秩序的维护者与危难的担当者。

学礼，则神灵有祭，祖宗有祀。弟子们用礼来约束自己、监督社会，则社会运行会顺应天道，无阻无滞。

学乐，可以更深刻地品味祭礼上的各种颂词，了解与颂词、舞蹈一起出现在祭仪上的乐，明了取悦神灵的意义。

而据日本学者白川静的研究认为，"乐"能将咒语和日常语言变成"歌"，因此，"歌"有着"某种祝告的涵义"。他说："当时的人们深信，一旦某事以歌的形式传唱出来，那么它将成为不可动摇的事实，即使权势通天也无法逃离这一巫术力量的影响。这份深信就体现在歌词中。"[1]

有了乐的配合，颂词能够哼唱，从而强化了仪式的力量，增加了语言的灵力。在由烟雾、香气、血食、歌谣所创造的神秘氛围中，神灵的感知力也得到增强。

"歌谣是将语言的巫术力量提高至极限，从而与神灵沟通的一种手段，故而最古老的歌谣被人们用于祭祀和仪式。"[2]

自西周初，乐与颂就结合在一起，《诗经》中的《周颂》，就是周早期祭祀仪式上的颂词，配上音乐后，成为祭礼上的不可或缺的颂歌。学乐，还可以明了祭礼上不同的乐曲风格，了解对于不同社会地位的人来说，不同的乐，有着什么样的道德陶养与品格形成的约束作用。

学书，意义更加重大。在西周，礼器铭文是呈送给神明的人间意图，书写铭文，是与天帝交通的重要手段。只

---

① ［日］白川静著，吴昊阳译：《汉字：汉字的发展及其背景》，海峡文艺出版社2020年版，第114页。

② ［日］白川静著，吴昊阳译：《汉字：汉字的发展及其背景》，海峡文艺出版社2020年版，第115页。

有学书，才可以记录天的旨意，在占卜验辞中用文字把天对世界的支配意图，表达出来。

学数，则可以掌握筮占的技能，可以直接与神沟通而"知天命"。

学射，是希望学生们掌握繁复的射礼，将田猎之事，粉饰成高贵礼仪。

学御，则同样如此。为天子御，礼仪繁多，比如：君车将驾，则仆执策立于马前。而御者上车，也有相应的礼仪：奋衣由右上，取贰绥，跪乘。也就是说，御者要在车后振衣，去尘，君位在左，必须从右位上车，车有双绥，君用正绥，而御者用贰绥（上车时拉的绳子），上车后，取跪姿，等候君上车。

相应的规定还有许多，一路行走，都在礼仪的规范之下。

车与乐，从西周晚期开始，在上层社会生活中的作用越来越大。

有祭祀，必配以乐。贵族逝，必葬以车。

天子车行，必伴以乐：凡驭路，行以《肆夏》，趋以《采荠》。也就是说，车行未远，从天子寝宫到路门，乐工要演奏《肆夏》，而从路门到应门这一段路，则要奏《采荠》。

当远离了天子寝宫，听不到乐工所奏音乐，御者心中的鼓点就要响起来，专注于车上的鸾、和之鸣，并据此调整速度。"凡驭路仪，以鸾、和为节。"如果车需要掉头或者转弯，那么御者更要展现出高超的技艺，左旋右转都应符合相应的乐曲节奏，即所谓"舞交衢"。

其他御者驾车与天子同行，礼仪要求不能超车，或者万一不能控制，则要脱帽，"过君表"。

御者无论事天子、事君、事大夫，都是礼仪的维护者和执行者。当然，或有戎事，为尊者御战车时，御者需要掌握维护在上位者威严的本领，当主有其事，可以于战车之上，以高妙御道，为主尽责。

尽管孔子掌握了百家知识，并选择了可以济世的六种知识传授给自己的学生，但却好礼而仁，不矫夺别人的谋生技能为己所用，恪守自己的礼教边界，只是口头表达着自己对一些事情的看法，却不利用其他知识家族的技能谋生。

简单来说，孔子学六艺、传六艺，并不是自己和弟子们要去当乐师、御者、史人，而是让弟子们掌握这些综合能力，去服务国君和大夫。其志不在谋生，而在谋禄、谋道。

知而不犯其职、不夺其权、不侵其利，孔子"述而不作"，是礼的严格规范，是仁的至高境界，也是圣者以身以行对弟子们的教化。

虚镜与实像：孔子和他的时代

英国学者凯伦·阿姆斯特朗在她那本著名的《轴心时代》中说："《论语》是由孔子的弟子在他去世很久之后整理而成的，因此我们不能确信，所有被认为是他创作的箴言都出自他的手笔，但学者们认为，这本文献可以被视为相当可靠的原始资料"①。

日本学者、东京大学教授平势隆郎更是直接否定了孔子写过《论语》这件事，"一般认为《论语》是记载孔子言行的文献。《论语》也是在战国时代形成雏形，到了汉代才形成如今我们所看到的样子。"②

凯伦·阿姆斯特朗与平势隆郎都是孔子"述而不作"观点的支持者，这与孟子以降的儒家学者们的认知是完全不同的。

或许我们不得不承认，与孔子有关的已知信息，多是自战国时代生产并层累起来的"虚镜"，而其"实像"却一直被遮蔽、被隐藏，以至于"真实"的孔子，会让我们感到非常陌生。

---

① ［英］凯伦·阿姆斯特朗（Karen Armstrong）著，孙慧燕、白彦兵译：《轴心时代：塑造人类精神与世界观的大转折时代》，海南出版社2010年版，第235页。

② ［日］平势隆郎著，周洁译：《从城市国家到中华—殷周—春秋战国》《讲谈社·中国的历史》（十卷本），广西师范大学出版社2014年版，总第962页。

天下：当汉字成为共同文化财产

汉字的产生过程复杂而漫长。

考古学家发现，在新石器时代晚期的一些陶器上，绘有表示火焰或斧头形的符号。日本学者宫本一夫认为，这类大口尊，应当是由父系首领直接管理，并以酒为媒介，利用鬶、杯和背壶等进行相关仪式。可以想见，通过这些仪式，掌握巫术和医术的父系首领的权威越发得到提高。

"独占着与神灵的交流权的父系首领，一定是同时也把大口尊的文字记号置于自己的管理之下，并由此掌握包括祖先祭祀在内的各种仪式，以稳固氏族的团结，从而有可能开展更为集约的生产活动。"①

在远古时代，语言无法留存。一切经验，都是口耳相传。在此过程中，后世的语言创造，不断丰富着以往的经验，直到普通人再也记不住那些繁复的知识。一部分瞽人因为超强的记忆力，成为知识的传播者。

左丘失明，厥有《国语》。并非如司马迁所说，是什么有所郁结、故述往事。失明的瞽人负担着传承知识的重任，过去的历史，也由他们记录在脑海中，一代一代的向下传递。

在此过程中，王被弃之一旁，因为王的命令，必须经过无数的人传递，才能到达终点。而长长的、错综复杂的传递链条，使信息的失真与篡改不可避免。

---

① ［日］宫本一夫著，吴菲译：《从神话到历史—神话时代—夏王朝》《讲谈社·中国的历史》（十卷本），广西师范大学出版社2014年版，总第217页。

因此，在语言之外，需要文字。

"在古代，语言被认为是有魔力的，但却没有任何手段可以将语言保留下来。为了证明君主的神圣性和语言的巫术效果，并将之保存下来，文字是必不可少的。于是，为了将语言的巫术效果保存并持续下去，文字应运而生。"[1]

当先民们创造了一种符号，用来记录神的意旨的时候，书写就先天地带有了某种神性，而这些符号，则不可避免地抽离了具体事物，先民们用它们来命名世界，然后再鲜活地灌注回这些事物上去，使之具有灵性。

世界从此花有花称，树有树名，四季也各有归属，成为"春、夏、秋、冬"，每一个人也都不再是无须记录的草木，神想呼唤他们的时候，会记住他们的名号。

没有这些符号，世界混沌一团，无法区别，也无法辨识。

因此，最早的书写，并不是让字好看，而是写下神的意旨，让世界拥有秩序。

"文字是为了吸收语言的巫术效果，并将之定形、保留下来而生的。文字也通过具备保存语言巫术效果的这个性质，为神化商王的地位添砖加瓦。"[2]

这些汉字是分散生产的、互不相属的、意义分隔的。卜人或史人们把单个的字连缀起来，组成了"词"，再把若干的"词"组织起来，形成了"句子"。

---

① ［日］白川静著，吴昊阳译：《汉字：汉字的发展及其背景》，海峡文艺出版社2020年版，第12页。

② ［日］白川静著，吴昊阳译：《汉字：汉字的发展及其背景》，海峡文艺出版社2020年版，第12页。

"文字本来就是沟通神灵、体现神性的工具。同时，作为神灵代言人的君主，也必须借助文字确立权威。"①

汉字被当作与神灵沟通的工具，首先被应用到祭祀上来。

经过卜人或史人们的组织编排，很多孤立的字与词结合在一起，形成深奥的含义。这些被赋予了特定意义并能焕发灵性的汉字，成为人神两界共有的文化财产。

经过神的肯定、接纳与使用，汉字被赋予了魔力，成为权力的象征物。

"书面文字的权力来自它与知识的结合，这些知识传承自祖先，生者通过文字与祖先沟通。也就是说，来自过去的知识，以文字为介质向后人展示其祖先的智慧。"②

我们必须坚信，当一个文化区域足够大的时候，这些汉字才有可能流动，成为区域的文化基础，才能把这些汉字集结起来，形成共同的文化财产。

公元前 2070 年左右，中国初期国家形式开始出现。

东京大学名誉教授松丸道雄先生根据对甲骨文和金文资料的分析，认为中国的早期王朝是"邑制"，即在王朝的京师"大邑"之下，从属着作为氏族邑的"族邑"，"族邑"之下又有众多小规模的"属邑"，构成金字塔形的累层构造

① ［日］白川静著，吴昊阳译：《汉字：汉字的发展及其背景》，海峡文艺出版社2020年版，第4页。
② ［美］张光直（Kwang-chih Chang）著，刘静、乌鲁木加甫译：《艺术、神话与祭祀》，北京出版社2017年版，第91页。

关系，所以将之命名为"邑制国家"。①

王朝依赖神权而建立，王权与神灵的对话，刺激了汉字的生产与使用。"文字记录掌握着统治全世界的秘诀：铭刻文字与其所记载的信息一致，因为自从有了文字，文字本身就是至关重要的交通天地活动的工具。"②

简单来说，没有文字的时候，面向神灵的祷告，只有杂乱的、不规范的、发音多样的口头语言。而文字诞生之后，口语被规范、被净化，变成特定阶层人人都看得懂的符号，从前累赘不堪、歧义丛生的口语，变得简洁而清晰。

生产汉字的秘密被王室、卜人和史人们所占有，此秘密世代在家族内部传递，并因此成为一个特殊的权贵集团。

日本学者宫本一夫认为，商王朝不再是一个"城邑国家"，而是"祭仪国家"，其标志"就是体现于青铜彝器的礼制的确立，以及为祖先祭祀而盛行的动物牺牲及人牲。还有以王权代替神力的占卜行为和记录其结果的文字的出现"③。

张光直先生在谈及"政治权威的崛起"时，总结了确保政权始终掌握在统治阶层手中的七种因素，其中的第五条就与文字有关：信息载体的文字，它与个人在亲缘关系中的地位和祖先智慧有关，是政权统治和预测能力的关键

---

① ［日］宫本一夫著，吴菲译：《从神话到历史—神话时代—夏王朝》《讲谈社·中国的历史》（十卷本），广西师范大学出版社2014年版，总第485页。

② ［美］张光直（Kwang-chih Chang），刘静、乌鲁木加甫译：《艺术、神话与祭祀》，北京出版社2017年版，第84页。

③ ［日］宫本一夫著，吴菲译：《从神话到历史—神话时代—夏王朝》《讲谈社·中国的历史》（十卷本），广西师范大学出版社2014年版，总第522页。

因素。

所谓的"预测能力"，即占卜。占卜与神权相关，是王权的重要组成部分。

在商王朝，占卜的过程也被用文字记录下来，并刻在牛骨或龟甲上。

卜人、贞人、史人是最早的语言学家，是为文字赋予神力的人。他们把无数散落的珍珠串成项链，即在某个特定场合，创造了特定的汉字编排程序，从而产生了震撼人心的魔力。

根据对商代王朝遗址的考古研究，美国学者吉德炜认为存在着一种"贞人笔记"，占卜过程被刻在骨或甲上之前，文字曾经被贞人整理成清晰表达意义的"前辞""卜辞""占辞"和"验辞"，并用毛笔书于帛或简上。

我们有理由认为，"贞人"把向神问卜的语言刻于骨或甲上，变成"卜辞"之前，对占卜过程的口语进行了整理加工并使之"书面化"，以显得神圣庄重。尽管我们对贞人们如何连缀编排汉字的字和词，使之能够清楚表达意思的逻辑所知不多，但这些方法被作为"神秘知识"的一部分，以血缘为纽带流传了下来，成为后世的"史人"们得以撰写"册"的文化基底。从此，诸商开始拥有一种共同的交流工具——汉字，能够清楚地表达不同氏族、城邑之间的意志，成为诸商的共同文化财产和心灵纽带。

"青铜器铭文在公元前 11 世纪中期周人取得统治权后便十分普遍，周借用了商铸造铜器铭文的习惯，并极大地延伸了这种做法。这或许是因为政治的剧变导致必须以新的赐封物来换取忠诚，并借由展示它们来达到炫耀的目的。"[1]

周王室利用青铜器，将汉字传递到自己的势力范围之内，形成了一个汉字文化圈。

春秋战国时代，以孔子为代表的"儒"们，其职业技能，全部可以追溯到祭祀与占卜。

因此，文字才是早期王朝统治最具影响力的部分。

口语虽然广泛使用，但是与神灵相关的文化仪式、神灵通过卜辞所发出的预言与警告，被同样具有魔力的文字所记录。

代替神灵管理人间世界的王，也要像神灵一样，获得相同的神权待遇。

王利用了文字的神性力量，要求史人们把自己的言语与事迹，也用文字记录下来。当我们回看历史，看到那些久远的言语和事件，赞叹伟大的王如此具有"历史视野"的时候，更应该感叹的，是早期的王像神灵一样被看待。

但事实上，王的出发点，并不是让后世知道自己的起居生活，而是感受到自己像神灵一样被对待，使用着只有神灵才配得上的文字，把与自己有关的一切，变成可见的证据。

口语是人类的交流方式，文字只配神灵与王来使用。

---

[1] ［英］杰西卡·罗森（Jessica Rawson）著，邓非、黄洋、吴晓筠等译：《祖先与永恒：杰西卡·罗森中国考古艺术文集》，生活·读书·新知三联书店2017年版，第429页。

在祭仪国家，包括文字在内的神权才是最强有力的，王不屑于去处理具体事务，把它们交由祭祀共同体或者血缘亲族来完成。

当文字的魔力在现实世界得到应验，当刻有文字的器物像神迹一样被对待，王就延伸了文字的使用范围，巩固自己的统治，神化自己的身份与能力。

"文字所表达的内容首先与权力、官方的身份、法律、政令、文化、仪式、供品捐赠等相关。书写意味着规定、保护、收集，意味着管理、统治、清理、颁布法律。如果借用福柯的话，文字首先是'权力的决定'，同时也是发布命令的喉舌。书写下来的东西具有不可质疑的约束力。"①

作为政治权力最核心的部分，每一个汉字都与神启紧密相关，而一旦与祭祀或占卜、祈祷有关，汉字本身就构成了决定命运或生死的权威。

因此，从商王朝开始，权力拥有者紧紧守护住文字的生产权与阐释权，并掌握着文字生产机构，控制文字的生产与传播。

卜辞和青铜铭文，是汉字传播的两个渠道。

"汉字是商王朝使用的文字，并且后来为周王朝所继承。周王朝从商王朝那里继承到了在青铜器上铸刻铭文的技术后，也严格保密，从未泄露与他人。周王朝就是在这样一个状态下把刻有铭文的青铜器赏赐给诸侯的。而接受封赏的人也并不知道汉字的意思。不过，在如此代代接受封赏

----

① ［德］扬·阿斯曼（Jan Assmann）著，金寿福、黄晓晨译：《文化记忆——早期高级文化中的文字、回忆和政治身份》，北京大学出版社2015年版，第289页。

后，诸侯们也渐渐开始懂得汉字的意思了。然而即使他们懂得汉字的意思，也不懂得在青铜器上铸刻铭文的技术。因为不懂，所以也不会制作。有的诸侯国即使能制造青铜器，上面也没有铭文。"①

周王通过赠送青铜礼器的方式，与各诸侯国建立主从关系。

所有不接受王朝赠送的用汉字书写铭文的青铜彝器、也不能与王朝用汉字共写盟书、汉字的神秘力量无法到达的地方，都是夷狄。

奇怪的、代表着王权并具有与神沟通魔力的汉字，不断向外扩张，进行着有力的王权与神权统治。

进入春秋时代，王权衰落。其最重要的原因之一，就是汉字的秘密即统治的秘密、与神交通的秘密，不再被周王室独家掌握，而是泄露出去，被一些诸侯国所知。他们也能够像周王一样，利用占卜技术为自己占卜，在青铜器上铸写铭文，向神灵进献。

汉字书写秘密的泄露，有三个渠道。

据《竹书纪年》所载，周幽王死后，王朝从内部分裂。"申侯、鲁侯及许文公立平王于申，以本大子，故称天王。幽王既死，而虢公翰又立王子余臣于携。周二王并立②。"

公元前 759 年即周平王 12 年，虢公一族转而支持平

---

① ［日］平势隆郎著，周洁译：《从城市国家到中华—殷周—春秋战国》《讲谈社·中国的历史》（十卷本），广西师范大学出版社 2014 年版，总第1182页。

② ［日］平势隆郎著，周洁译：《从城市国家到中华—殷周—春秋战国》《讲谈社·中国的历史》（十卷本），广西师范大学出版社 2014 年版，总第 728 页。

王，平王得以轻易灭掉了携王，二王并立的局面终于结束。

但参与支持周平王灭亡周携王的诸侯，也悄悄地窃取了汉字生产与铸造的秘密，分享了周王的权力。"东周消灭西周携王时，东周平王一方的诸侯之首是晋文侯。据说晋文侯也收拢了一批工匠。晋文侯既然为东周重臣，当然要将工匠和文献资料上呈给周王朝，但是他自己也保留了一部分。通过这些工匠们的传播，汉字在晋国扎根，文献资料也被誊抄保存，成为《竹书纪年》的参考材料。"[1]

另外，周王朝的部分封国，与王室有着血缘关系，"可能在（平王）东迁时期之前就已经掌握了汉字。因为长期以来，周王朝经常赏赐带有铭文的青铜器给这些国家……鲁国民修建了东都雒邑的周公旦的封地，在这个尤为特别的国家，或许汉字很早就开始传播并植根于此了"[2]。

另一个渠道则是卜辞的记录与收藏。

在商王武丁时代，卜人和史人们就把用过的卜骨整理起来集中存放，商人的这类行为，显然是有意识的储存。而周人也向商人学习，延续了这一传统。比如西周凤离村宫殿遗址 H11 窖穴内出土的大批甲骨，就是周人的有意储存行为，其目的虽然主要是积累占卜数据，创新占卜方法。

正因为有了这些有意地储存，我们今天才有机会了解

① ［日］平势隆郎著，周洁译：《从城市国家到中华—殷周—春秋战国》《讲谈社·中国的历史》（十卷本），广西师范大学出版社2014年版，总第917页。
② ［日］平势隆郎著，周洁译：《从城市国家到中华—殷周—春秋战国》《讲谈社·中国的历史》（十卷本），广西师范大学出版社2014年版，总第918页。

与商代有关的知识。

在商代晚期，卜人和巫们的权力被分化，商王掌握了占卜和书写的权力。商所属的城邑国家以及部分方国，都仰赖商王的占卜为他们预测未来，从收成到战争甚至生育，无所不包。

根据殷墟甲骨文第一期武丁时代的刻辞，周人与商人发生联系的记载非常多。古公亶父以后，季历与文王时期，更加依赖商人的占卜。除了宗教信仰的原因之外，不排除周人借此获得商王的信任。

商王为周人占卜，重大册封仪式，邀请周人参加，周人把这些占卜记录抄下来，带回周，并镌刻在甲、骨上，像商王室一样存放起来。

在周人不断地求占过程中，商王相信周人对商王所主宰的神权无比依赖，因此，相信天命在手。所以，当周人敢于向商王帝辛发动军事进攻的时候，帝辛依然认为自己神权在手，周人无奈己何。

周人也极可能像商王一样，有两套记事工具，一是丝或帛，类似于吉德炜所说的"贞人笔记"，与之区别，周人的"笔记"是由"史"们抄录下来，而不是由贞人们创作的。二是骨或甲。

我们有理由相信，商王不仅仅是对周人格外青睐，而是对所有求其占卜的城邑和方国都是如此。一些邑、城、国、方把与神交通的卜辞抄录回去，并用自己的祭祀之礼膜拜后，收藏起来，作为各邑、城、国早期历史资料积累下来。

这一方式，传播和规范了文字，不但彰显了文字的神圣性，也确保了商王朝文化与政权的同一性。可以说，正是由于各地抄录卜辞并保存，让神秘的汉字成为联结王国的纽带，客观上起到了文化凝聚作用，并最终形成了汉字"文化圈"。

但无论如何，商人仍然是老师，而周人则刚刚踏入文明的门槛不久。通过观察研究周原甲骨，我们会发现与商人对文字镌刻的老练成熟不同，周人的錾刻技术生硬，书写的技法也不熟练，文字潦草，有着明显的模仿痕迹。

这说明在周原甲骨留存的时候，周仍然是学生，谨慎地向商学习着文字的书写和编辑秘密，但毕竟初入门墙，技艺青涩。

与商人的"问卜刻辞"性质不同，周人的抄录，也就是"记事刻辞"出现并储存，开启了"史书"的先河。

第三个渠道，则是很少受到关注的"学"。据白川静研究，可能早在商王时期，王城内就设置了"学"，"多方小子小臣"亦即方国、邦国和城邑的贵族子弟，都要来此接受教育。

"学的教官由师职者兼任。师是军人，同时也是族长，是氏族的最高领导人。正因为学内由老将军们担任教官——相当于学习院校长，所以后世才会称呼负责教学的人为师、师保。教授的科目理所当然地以军事为主。"[1]

根据白川静的研究，西周时在神庙"辟雍"内成立了

——————
① ［日］白川静著，吴昊阳译：《汉字：汉字的发展及其背景》，海峡文艺出版社2020年版，第69页。

专门的学宫。"大师教授音乐、诗歌，瞽、史等人从之。"①

但我们有理由猜测，军事行动中，需要与文字打交道，或者做军事占卜，也需要与文字有关的知识。因此，这些军事学校里，也会有至少与军事相关的文字传授。

如果白川静的研究是可信的，那么，讲授占卜、祭祀的时候，与书写有关的知识，必然无法避开。而有幸来到"学"接受教育的贵族们，有了新的巫术技能加持——认读和书写汉字。

这样，汉字就广泛地向列国扩散，成为联结列国与周王朝之间最有利的政治、文化和宗教纽带。

杰西卡·罗森说："为了界定约公元前 1000 至公元前 650 年间的中国，我使用一个简单的方法，即将出土过带有在我们现今视为汉字铭文的青铜器的地区看成在中国管辖之下的。"②

口述：流传至今的伟大传统

"到了春秋时代，汉字远播各国，被广泛使用。这不仅不是个战乱纷争的时代，从汉字发展史的角度看，还是广域的汉字圈形成的时代，具有划时代的意义。"③

---

① ［日］白川静著，吴昊阳译：《汉字：汉字的发展及其背景》，海峡文艺出版社 2020 年版，第 71 页。

② ［英］杰西卡·罗森（Jessica Rawson）著，邓非、黄洋、吴晓筠等译：《祖先与永恒：杰西卡·罗森中国考古艺术文集》，生活·读书·新知三联书店 2017 年版，第 1094 页。

③ ［日］平势隆郎著，周洁译：《从城市国家到中华—殷周—春秋战国》《讲谈社·中国的历史》（十卷本），广西师范大学出版社 2014 年版，总第 646 页。

虽然如此，但文字仍然是神权与王权的专属，并被王与国君所垄断。文字传播至列国，主要被用于占卜与祭祀，维持神政权力。

其他知识，还是通过口述的方式传播。

甲骨文在创造之初并没有美学追求，卜人、贞人、占人用骨裂纹测知神意，然后让史人或者书人记录下来，再由刻人用工具刻在骨头上。

金文同样，工匠们把文字铸刻在青铜器上，向神祭献。

整个过程不需要加入美学元素，只需要那些符号人能懂，神也能懂。"孔子生活的时代正是制作侯马盟书的时代。这个时代的社会基础仍然是城市国家，派遣官僚直接统治地方，将其取代的中央政权也在形成之中。人们还并不需要非识字不可，文字仍然是祭祀的工具，文字所发挥的功能也仅仅停留在负责祭祀的官员之间。"[①]

那时，口述仍然是一种传统而神圣的文化模式。这让我们不禁联想起另一个伟大的口述者荷马。

多种迹象表明，荷马生活在一个变革时期，即"松散的社会"（这个时代的人们要求自由、自主性、进取心、独立性和荣誉感等等）向"紧密的社会"（以城邦为单位的社会显然是"紧密的社会"）过渡时期。[②]

与荷马相似，孔子也处在时代的十字路口：汉字的秘

① ［日］平势隆郎著，周洁译：《从城市国家到中华—殷周—春秋战国》《讲谈社·中国的历史》（十卷本），广西师范大学出版社2014年版，总第961页。
② ［德］扬·阿斯曼（Jan Assmann）著，金寿福、黄晓晨译：《文化记忆——早期高级文化中的文字、回忆和政治身份》，北京大学出版社2015年版，第297页。

密不再被周王室独占，开始被诸侯国所掌握。诸侯们铸造礼器，并刻上铭文。诸侯们拥有史人、卜人和贞人，占卜的知识快速下沉，与神权急剧分离。列国在青铜器上撰写铭文，是春秋时代的一个重大的文明事件，标志着春秋各国与周一样，掌握了与天进行沟通的能力与方法，掌握了神秘的、过去只由周王室才知晓的通道。王朝的影响力渐渐式微，从都市国家开始向领土国家转型。

荷马"借助自己的诗作为那个时代立了一块纪念碑，他确立了一个（口述）传统"[①]。

而孔子同样：他是一个伟大的口述思想家，一个口头文化的生产者与传播者。

思想从心灵间传递变成文字的传递，这个过程会造成巨大的思想断裂，并产生异化。

一旦成为文字固化下来，文字就背离了其本身，而成了其他的东西。

露水一碰到阳光，就失散。

玫瑰一碰到夜晚就暗淡。

口耳相传的知识，必须经过心灵的接收、存储、发酵与酿造，在心灵间传递，保持着秘密性和思想的温度。在这种彼此方可理解的情景中，彼此获得认知：我们共同拥有某种意义。这种意义具有圣徒感，每个参与者都是神圣仪式中的一个链条，都是神迹的创造者。

在这种神圣的光芒中，每个人具有了神性。

---

① ［德］扬·阿斯曼（Jan Assmann）著，金寿福、黄晓晨译：《文化记忆——早期高级文化中的文字、回忆和政治身份》，北京大学出版社2015年版，第297页。

而文字则过快的暴露了表达的意图，从而造成不可避免的歧义。

柏拉图第一个对文字表示了严重的怀疑，他教导我们，要把文字和记忆当作对立面去思考。"因为那些学过字母的人，遗忘会侵入他们的灵魂，因为他们忽视回忆，因为他们信任文字所以从外部借助陌生的字母而不是从内部由自己的心中来汲取回忆。"①

和所有的传统知识保存模式一样，口述文化和思想，是孔子的庄严使命。

人们在竹简、骨头以及青铜之外，寻求更易在普通人之间传递知识的可靠途径。"在口述传统里，传承的意思发生变化的潜能不是很大，其原因在于，只有当传达的东西是已知和熟知的情况下，它才有可能保存在文化记忆当中，在书写传统里则完全相反。"②

人类早期文明里，卜人和贞人在接受帝、天、神祇旨意的时候，其途径是龟骨裂纹、蓍草的排列方式。而巫的途径则是梦境，在某种萨满式沉浸状态里，通过口头传递得到神启。

只有灌注于心灵的启示，才会不断在心灵间传递，成为一种宗教式的神启。"特定人群的精神信仰，关于自然和社会的知识、族群历史的记忆、艺术的创造等，都在他们

① ［德］阿莱达·阿斯曼（Aleida Assmann）著，潘璐译：《回忆空间：文化记忆的形式和变迁》，北京大学出版社2016年版，第207页。

② ［德］扬·阿斯曼（Jan Assmann）著，金寿福、黄晓晨译：《文化记忆——早期高级文化中的文字、回忆和政治身份》，北京大学出版社2015年版，第96页。

的口头传统之中。"①

孔子所在的春秋时代，口述仍然是绵延千年的伟大传统。知识的存在和延续方式，就是口耳之间的不断重复，文字和书写文化，还没有完全取代讲述者及其活动。

口述，作为一种传统的文化仪式，仍然是记忆知识的主流模式。"因为它（文字）不能提供真正的智慧而只能提供智慧的表象，不能提供真正的回忆而只能提供一种可怜的物质上的支撑。文字的预言是虚幻的：它只能让有知识的人回忆，却从不能教育无知识的人。"②

保存和索取知识，仍然需要讲述者，需要他借助某种仪式登场。由于文字仍然属于神权范畴，很多知识不能被书写成文本，人们只能通过强化心灵的记忆，使之成为身体的一部分，身体和记忆成为对天命等神秘知识的传递介质。

口述，还是当时最高级的文化形态。"即使没有历史记载，事实还是会代代相传。"③

"在存储功能中，文字可能会超过记忆。但是按照柏拉图的观点，它永远也不可能取代回忆功能。记忆中有能量的、有生产力的和不可支配的部分，在柏拉图那里与'冥忆'的概念相联系，这一部分是文字作为媒介根本不能接

---

① 朝戈金：《口头传统在文明互鉴中的作用》，《中国民族报》，2019年5月24日。

② ［德］阿莱达·阿斯曼（Aleida Assmann）著，潘璐译：《回忆空间：文化记忆的形式和变迁》，北京大学出版社2016年版，第207页。

③ ［德］阿莱达·阿斯曼（Aleida Assmann）著，潘璐译：《回忆空间：文化记忆的形式和变迁》，北京大学出版社2016年版，第204页。

触的，更不可能取代的。"①

孔子的思想是秘而不宣的，只在学生之间口耳相授。

口耳相传甚至成为一种仪式，一种秘密的古老的知识传授方法，一种延续了几千年的经验与技术传播形式。拥有如此能力的人，被人们视为与巫魔力相当的人，为了与巫区别，称之为"圣"。

许多伟大的著作，都是经由口述来实现生命的延续的，比如《蒙古秘史》，也是用文字记录口述史的早期典范和样板。对成吉思汗家族祖上功业的追溯，对成吉思汗本人艰苦卓绝奋斗历程的褒扬，都是在口耳之间代代传颂的，直到各氏族部落的耆老们在旷日持久的集会期间断断续续讲述后，经由文书记录下来，才让我们今天有机会看到口头历史叙事的大概样貌。"②

口述者孔子，或者口头思想的总结与传播者孔子，或许才是真正的孔子。

在孔子的时代，口头文化是具有统治地位的文化，所有的经验、教训，都是通过口头来进行的。孔子为了遵循口耳相传这个伟大的传统，不敢突破礼教的约束，写下哪怕一行"著述"。对他来说，"书写"仍然是个禁区，是属于王室与诸侯们的，甚至是属于神灵的。

逾越这个门槛，就冲破了礼的规则。

文字离开青铜器不久，其神性的光辉仍在，还不能成

① ［德］阿莱达·阿斯曼（Aleida Assmann）著，潘璐译：《回忆空间：文化记忆的形式和变迁》，北京大学出版社2016年版，第207页。
② 朝戈金：《口头传统在文明互鉴中的作用》，《中国民族报》，2019年5月24日。

为通用的文化记录工具。人们对文本的信赖感或许局限于卜辞与史，孔子本人和整个春秋时代，都还没有做好接纳私人文本的准备。民间思想仍然不适于用文字来记载，只能口耳相传。神圣的文字不服务于士庶阶层，仍然是王、诸侯或者部分大夫的专属。这不只是一种文化习惯，也是"礼"的规范。

孔子的出现，让原来只局限于贵族和特殊集团的神秘知识显化，随着这些知识显化，才能广泛传播，文字的秘密、书写的秘密、卜的秘密，才渐渐在特定人群中成为通用的知识，并形成新的知识阶层。

这些不为人知的思想、奇特的认知、新颖的言语，对于春秋时期的人们来说，都具有某种秘密感，闪耀着神性的光芒。

总之，孔子与荷马一样，是伟大的行吟者、演说家，伟大知识与传统的传播者与生产者。孔子的弟子和再传弟子们，像荷马时代的希腊人那样，有组织地传承和传播孔子的言行。

"口头文学影响大大超过书面文学的情况，在不少文学传统中都可以见到，这是因为经由口头演述而形成的文本在重要性上并不落下风。它们凭借其思想力量成为人类文明的经典，至今具有巨大影响力和生命力，比如《圣经》和《论语》。"[1]

---

[1] 朝戈金：《口头传统在文明互鉴中的作用》，《中国民族报》，2019年5月24日。

先师：战国时代的文化英雄

像所有人类早期知识一样，渐渐地，原来只服务于神的知识开始下沉和分散，并服务于诸侯、贵族、士、庶，从前只记录神启的符号，开始记录现实生活。书写的秘密普遍被史人所掌握，用来记下王室、诸侯所经历的重要事件。

在周的文化权威中，人们曾经达成若干文化共识，共同积累了许多思想财富，整理者与传播者之一，就是孔子。

孔子是在传统的贵族爵位制与分封制之后，制造了新阶层的人，是他那个时代汉字文化的主要诠释者，是当时能够全部破解汉字秘密的人之一。

孔子是那个时代知识的揭秘者与生产者，他的身世、学识与不凡经历，让他成为战国时的传奇甚至神话人物。

孔门学子的队伍不断壮大，到了战国时代已经蔚为壮观，对于传扬孔子的学问，以及尊崇孔子的地位，都发挥了极为重要的作用。

孔子生产了一个新的社会阶层，这个阶层的受惠者们，开始有意把孔子"神话化"。

铁器开始普及之后，整个社会结构发生了前所未有的变化。

农业的兴盛，也使城市更加繁荣。文字的使用范围进一步扩大，其神性的光芒渐渐散失，变成工具性的日常记录符号。

史人们的群体空前壮大，这些从前掌握神权的人，变成了普通的文字使用者，摇身成为以文字为生的官吏。社会的需求越来越多，对文字的使用越来越宽泛，史人们不断创造新词汇，创造编排语言的新方法，句子也越来越长，语言越来越丰富、华丽，像万花筒一样，日渐绚烂。

一旦诸侯们掌握了汉字的秘密，即分享了周王的权力。他们也通过文字来进行政治统治，缔结盟约。

"当汉字传到各国祭祀场所后，被定义为祭祀仪礼之一的盟誓也开始使用汉字来进行，并且各国将盟誓内容以证据文书的形式保留下来。这种文字的运用恰恰将若干国家联系在一起。这一方法也成为传达意思的基本手段，后来从中衍生出了一种新的手段，即从中央下达到地方的命令也靠文书来记录传递。这正是文书行政，即派遣官僚对地方进行统治的开端。"①

当以汉字为媒介的文书行政，成为统治的主要方式，"天下"就成了一个新的文化概念。

所谓"天下"，就是执行汉字文书行政的场所。

罗泰认为，战国时，位于南方的楚国已经完全融入了汉字文化圈。"和秦国一样，所有现存的楚国文献都用古典汉语撰写，与同时期发现于中国其他地方的文字材料相比，几乎看不出什么方言差别，楚国青铜铭文和竹简文书的书写风格与北方地区极其相似，完全不是一种独立的文字

---

① ［日］平势隆郎著，周洁译：《从城市国家到中华—殷周—春秋战国》《讲谈社·中国的历史》（十卷本），广西师范大学出版社2014年版，总第661页。

系统。"①

战国时代，汉字的秘密已经被知识阶层所掌握，他们不但能够撰写誓辞、祭辞，还能撰写复杂的"史"。在记录历史事件的时候，能够准确地选择用"字"来表达政治立场，用精确的"字"来维护秩序。比如"郑伯克段于鄢"，前四个字，字字如刀，每个字的使用，都代表了当时的社会价值。

进入战国时代，周朝王权式微，各诸侯国纷纷放弃诸周的政治认同，在其文化地域之内，寻找更早的统治合法性，并与夏朝建立某种神秘联系，成为诸夏。远在西陲的秦人自称为"夏人"，嫁到其他地方的女子，被称为"夏子"。东方大国齐、韩、赵、晋等也纷纷以周代史册为模板，书写本国的历史。

历史与思想的承载方式，开始告别春秋的"口述传统"，进入"成书时代"。

各国寻求"诸夏正义"即文化地域上本国与夏有着密切关系的时候，需要一个在联结当下与过去、并能解释过去的神话式人物。于是，流散各地的孔子的再传弟子们，就把孔子作为文化圣贤建构出来，成为各国政治和文化立场的阐释者。

孔子被奉为"圣人"，大约是那些原本用来祭祀和占卜的汉字，经过他的复杂转化，可以用来传递新的神启。

① ［美］罗泰（Lothar von Falkhausen）著，吴长青、张莉、彭鹏、王刃余、张瀚墨、张闻捷译：《宗子维城：从考古材料的角度看公元前1000至前250年的中国社会》，上海古籍出版社2017年版，第462页。

首先这样做的是齐国。

在权力更迭过程中，宋国君主襄公的后裔，嫁到了齐国，生下了齐威宣王。因此齐人传续了宋人的血脉，而宋是商人的后裔。

周灭商以后，把商的贵族安置在宋国，并允许其传续商礼。根据司马迁的谱系建构，可知孔子的祖先是宋人。诸商与诸夏虽然尚远，但还是可以帮助齐国脱离诸周，与前代建立联系。

拐弯抹角地，孔子也是齐威宣王母亲之国的贤人，齐国巧妙地与孔子建立了一种文化关系。

脱离了诸周，没有周王室的权威背书，齐人必须仰赖于一个新的权威，来支持其夺取天下的合法性。稷下学宫汇集了当时最著名的学者，吸引了各国最优秀的才俊，并创建了超越商周先祖的至高文化权威——黄帝。

而孔子，也被编入齐国新的文化体系之中。

"《春秋》本是战国时代齐国所作的编年体史书，重点记录了齐鲁两国历史，同时还有周边小国的记录。成书不久，该书便被传为是孔子奉齐国田氏之命而作，用来阐释《春秋》之微言大义的，便是《公羊传》。"[①]

日本学者平势隆郎认为，《春秋》与《公羊传》就是这样被编撰出来的。

经济发展，交往增加，人们往来于各地，需要生产新的神祇，因此把大禹构建成"巡游神"。

---

① ［日］平势隆郎著，周洁译：《从城市国家到中华—殷周—春秋战国》《讲谈社·中国的历史》（十卷本），广西师范大学出版社2014年版，总第739页。

为了充分利用孔子的传奇性，孔子巡游各国，测试各国君主贤愚与否的"列国周游"故事，也被建构出来，齐人率先把孔子神圣化。

面对齐人的文化压力，韩国也组织史人编撰了史书《左传》，作为对齐国的反击，"对齐国所著的《春秋》与《公羊传》这一组合进行诋毁，用以牙还牙的方式来证明韩统治三晋之地的正当性"①。

但如果认为这些著作是真实的春秋史，就未免太天真。基本的史实，我们或许不应该怀疑，但渗透于简册中的许多观念，有的却带着明显的战国色彩。

平势隆郎认为，孔子作为圣人的这份差事也备受期待，于是齐人制造出了孔子周游列国的故事。而孔子周游的范围就是齐国虎视眈眈、垂涎已久的殷商故地。《庄子》简略而又周详地记载了孔子的周游路径：夫子再逐于鲁，削迹于卫，伐树于宋，穷于商周（宋），围于陈蔡。结合《论语》所述孔子与弟子在不同国家的对话及战国时的相关文献，可知孔子周游列国确有其事。

但毫无疑问，由于撰写者的国度不同、政治和文化目的不同，在《左传》里出现的孔子，与在《春秋》里出现的孔子，有着较大的差别。

即使是一些小国，当拥有丰富的史料和优秀的史人之后，也开始编撰以本国立场为中心的史书。

战国时代中山王国的祖先称为"鲜虞"。根据不同古籍

---

① ［日］平势隆郎著，周洁译：《从城市国家到中华—殷周—春秋战国》《讲谈社·中国的历史》（十卷本），广西师范大学出版社2014年版，总第739页。

记载，有人认为他们是白狄的一支，有人认为他们是北方外族的一支，后来进入中原。

"总之，中山国被中原诸国当作外族人。在这个意义上，中山国与秦楚有相通之处。这个中山国的史书即是《谷梁传》。《谷梁传》中涉及的地域范围比《公羊传》中的'中国'更广，除了齐、宋之外，还包含了卫、郑、蔡、鲜虞等地。《谷梁传》的特点是，除了晋之外，其余西周诸侯国都包含在'中国'的范围之内。"①

作为书写者，中山人有自己的国家立场。"《谷梁传》否定了'下克上'的理论。书中认为公侯、大夫的等级分明，不能犯上作乱，应该重兴君臣之道。因此诸侯国虽在'中国'范围之内，但以大夫身份以下犯上称为国君的魏氏、赵氏以及齐国的田氏都被踢出了'中国'的范畴。"②

孟子曾在齐国为官，因此，他也站在齐国的立场上，罔顾孔子公开宣称自己"述而不作"的事实，力图证明孔子曾经"删《诗》编《易》作《春秋》"，其目的，也是想利用孔子的文化权威，让《春秋》的生产获得某种"神性"，焕发出其他国家的史书所没有的光芒。让《春秋》里关于历史的陈述，无须证明便无比正确。

"《左传》对《春秋》的内容进行了增补，额外增加了两年的记录。《公羊传》注解的《春秋》终结于哀公十四年

---

① ［日］平势隆郎著，周洁译：《从城市国家到中华—殷周—春秋战国》《讲谈社·中国的历史》（十卷本），广西师范大学出版社2014年版，总第823页。

② ［日］平势隆郎著，周洁译：《从城市国家到中华—殷周—春秋战国》《讲谈社·中国的历史》（十卷本），广西师范大学出版社2014年版，总第823页。

的'获麟'事件,《左传》注解的《春秋》则增补了两年的内容,终结于哀公十六年。并且,在哀公十六年的记录当中,增加了'孔子去世'的内容。已经死去的人是不可能创作《春秋》的,这也就否定了《春秋》是孔子所作。"[1]

除了这些直接的证据,间接证据就是各种版本的史书在引用孔子的言论时,都只是"子曰"之类,而没有注明引用出处。

彼时,作为文化英雄的孔子被各国怀着不同的目的所利用,因此,当我们阅读这些史籍的时候,往往会发现孔子的有些言行是矛盾的。这肯定不是孔子的问题,而是各国的史官与君主们,有着利用孔子的不同出发点,如果尽数相信那些写在简册上的话,完全属于孔子,则未免过于信古。

无论《左传》《春秋》还是《公羊传》,里面的孔子都是后人为了国家的需要而拟造的"虚镜"。

但在无数"虚镜"的拟造中,各国开始把孔子当成共同的文化圣人,把孔子的言论,当成可资指导的前贤语录,成为各国知识分子用以判断君主贤愚以及执政手段是否合乎礼教规则的标尺。

"他的弟子们渐渐成为领土国家官僚的代言人,他们编撰了孔子言行录,其中有比较久远时期的东西,也有弟子们所处时代的内容,两种混杂在一起。作为言行录之一留存下来的《论语》也不例外,在将仁者、智者、勇者列出

---

[1] [日]平势隆郎著,周洁译:《从城市国家到中华—殷周—春秋战国》《讲谈社·中国的历史》(十卷本),广西师范大学出版社2014年版,总第949页。

加以称颂，或单独强调'勇'等这些为城市刚刚出现的游侠代辩的旧内容；也有突出强调'仁'，为战国时代的中国中央立场代言的新内容。"①

这些知识和思想所起到的作用，让我们联想起荷马和他的史诗，"希腊人把《伊利亚特》当作自己所拥有的无价之宝，虽然他们分属不同的氏族和阶层，而且他们所处的政治和社会环境不断变化，正是在这部史诗的基础上，所有的希腊人开始把自己视为一个整体"②。

到了战国时代，人们开始把孔子的言论，当成他们曾经共同拥有的文化财富。由孔子的再传弟子们整理的这部口语化的《子曰》或者《论语》，就成了战国时代各国关于西周共同的文化记忆，成为"汉字圈"共有的历史。

河北平山县三汲乡发掘的中山王墓，出土了几件青铜器，包括一件方壶、一件圆壶和一件鼎，上面刻有长篇铭文，内容肯定了公元前312年中山王参加伐燕战争，并表扬他的首辅大臣既称职又忠诚。"铭文使用了周代青铜铭文典型的说教式的礼仪语言，并穿插引用了经典文献的一些词句，鼓吹这一时期主流政治思想家们提出的政治理念，其中包括孔子学派的思想。"③

"要想弄清楚这种时代的孔子形象，汉代的《史记》显

① ［日］平势隆郎著，周洁译：《从城市国家到中华—殷周—春秋战国》《讲谈社·中国的历史》（十卷本），广西师范大学出版社2014年版，总第1230页。

② ［德］扬·阿斯曼（Jan Assmann）著，金寿福、黄晓晨译：《文化记忆——早期高级文化中的文字、回忆和政治身份》，北京大学出版社2015年版，第295页。

③ ［美］罗泰（Lothar von Falkhausen）著，吴长青、张莉、彭鹏、王刃余、张瀚墨、张闻捷译：《宗子维城：从考古材料的角度看公元前1000至前250年的中国社会》，上海古籍出版社2017年版，第453页。

然时间上太晚，不能直接作为参考。战国时代的《公羊传》和《左传》也是后世性色彩比较浓，不能直接作为参考。"①

进入"成书时代"之后，文字成为新的"图腾"。文字所记载的东西，成为一种永不消亡的创造物，能够抵御愤怒、刀剑以及时间的力量。

《论语》在成书过程中，存在着不断的"文本层累"过程。各国根据自己的需要，不断地对《论语》进行"文本修正"。比如，周人有祭祀先姚的传统，因为传说他们的血缘来自于女性祖先。周代的祭祀，先姚单独有庙；为了证明身份的高贵，齐威宣王把自己血统追溯到了母亲出生的国家宋；到了汉代，刘邦则同样如此。汉初，女性的地位非常高，刘邦母亲也姓刘，但由于父亲一族血缘平凡，不得已，借由母亲的血缘关系，才把自己的血统追溯到上古贤人"刘累"。因此，自高祖起，女性就在国家政治中发挥着极为重要的作用。

到了汉武帝时，为了反对祖母干政，开始贬低女性形象，包括吕雉的形象。《论语》中个别对女性论述可商榷的文字，是否于汉武帝时代才被编撰进《论语》，需要在版本学层面进行深入研究之后，才可以下结论。

《论语》自从用文字固化下来后，就不但成为孔子思想永生的媒介，也成为我们对于春秋时代记忆的支撑。

孔子所言被辑录成书，不是言论汇总这么简单，也不是时代所需，必须要有一本书来让人们更深入地了解孔子。

① ［日］平势隆郎著，周洁译：《从城市国家到中华—殷周—春秋战国》《讲谈社·中国的历史》（十卷本），广西师范大学出版社2014年版，总第961页。

而是喻示着神权与王权双双陨落，凡人的地位和价值上升，与他们获得了一样的权力——使用文字的权力、被文字记录的权力，像神一样永生光辉的权力。

在神权仍然强大的春秋时代，孔子不可能破坏礼教传统，无视神权与王权，著书立说。当然，修改《春秋》《诗经》之类，也是无稽之谈。只有到了战国，王权式微，人们的神灵观也发生巨大变化，孔子才有了被神化的可能。

文字所记之言，从前只有神、王者与君，现在，孔子也进入了这个行列。

《论语》的问世，意味着神灵不再是人们精神世界的唯一主宰，不再是人们日常生活的唯一指导。人们依赖神灵的同时，也依赖"圣人"即孔子的言论，来洗涤自身，处理各种复杂的社会关系。

人们不再一味地祈求神谕、等待神示，迷茫之时，一册《论语》就可以解惑，让人们进入自由和自为状态。

自此，人的声音响彻云霄，发出连神灵都惧怕的回响。人们仍然匍匐于神灵的脚下，但手中拿的已经不只是卜辞和《周易》，还有《论语》。

文明与神明终于并肩而立，相互渗透、交融。

时至今日，"师"们仍无论如何，仍然依靠口头讲述，传递着知识。这也许是知识的秘密得以可靠传递的最有效方法，也许是在知识的传递过程中，必须依赖"师"们依据个人的理解，对知识进行再加工。

总之，虽然人们已经不再相信"言灵"的巫术力量，但口头传统仍然强大，并在可见的未来持续不衰。

第三章

礼与孝：神明参与的规则和秩序

礼：神明参与制定的规则

孝：祖先神主导的血缘秩序

仁：祖宗为大，先父后君

学：围绕「礼」，服务「礼」

礼：神明参与制定的规则

礼，是编织社会秩序的经纬。

经线是源自祭祀的等级秩序。在周代，制定了严格的祭祀权力：天子祭天地，祭四方，祭山川，祭五祀，岁遍。诸侯方祀，祭山川，祭五祀，岁遍。大夫祭五祀，岁遍。士祭其先。

事实上，庶人也拥有着"祭其先"的权利，不过与士不同，没有庙，只能在家里设祭。

纬线则是由昏（婚）礼、葬礼以及乡饮酒、冠礼等一系列生活礼仪构成了一种普遍的社会规则，不同的社会阶层所遵循的程序是大体相似的，构成了礼仪的一致性和规范性。

儒家的核心：居于一切之上的"礼"

谈论孔子，如果不把"礼"放在首位，一切将无从谈起。"'礼'是孔子学说的核心，并且正是由于孔子的这个概念才使他成为一个革新者。"[1]

孔子的核心思想包括礼（乐）、孝、仁、学，礼是居于

---

[1] ［美］本杰明·史华慈（Benjamin I. Schwartz）著，程钢译：《古代中国的思想世界》，江苏人民出版社2003年版，第93页。

一切之上的。

礼首先指祭祀的神圣过程。于天子而言，无论祭祀天还是祖先神，都有一整套标准流程，一丝一毫也马虎不得。因此，孔子无比重视祭礼，生怕哪一个微小的环节、哪种不稳定的情绪不合乎礼的场景要求。

同理，诸侯在祭祀山川神、方位神和祖先神的时候，也有一套前人留下来的礼仪规范，敬神不虔，同样会导致祖宗发怒，降祸于后人。

礼虽然是由人制定的，但在祭祀神灵的过程中，被神灵所接受，就等于受到了神灵的肯定，人们在使用这些礼时，得到了神灵的允许。人们通过想象，猜测神灵的要求，据此持续生产与神有关的礼。

如果没有遭受惩罚，获得了好的收成，或者得到了好的祭祀结果，人们就认为这样的生产是符合神灵期待的，进而形成了生产规律。

本质上，"礼"是指"通过载歌载舞的巫术仪式来交通天地的特权"。"如果说商周艺术中的动物是巫觋交通天地的重要媒介，那么拥有一件动物纹样礼器就意味着拥有了交通天地的手段。"[1]

其次，礼才是各个阶层的行为方式规范。视、听、言、动，都必须依照规范行事。"作为形成差别或划分界限的一种手段，礼的起源被阐释为造就和谐社会与美好统治之社

---

[1]［美］张光直（Kwang-chilh Chang）著，刘静、乌鲁木加甫译：《艺术、神话与祭祀》，北京出版社2017年版，第81页。

会分工的需要。"①

对于孔子来说，"礼"甚至是唯一的。他不知道除了礼乐这种高级的秩序手段，还有什么更好的方法，可以把人们区分开来。《淮南子》说："夫礼者，所以别尊卑，异贵贱。"

除了"礼"，孔子别无所求。坊间所传问教于老子之说，都是伪造的。

内化于礼中的"乐"

儒家文化又被称为"礼乐文化"，究其原因，是"乐"很早就成为祭器，同时作为一种文明和阶层标志，进行着严格的身份区分。

几乎所有的西方哲学家都搞不明白"乐"与"礼"的关系，经常简单地用现代思维把"乐"理解为"音乐"，而不是一种强制性的秩序规则。

"乐器与阶层秩序相关的最早事例见于山西省陶寺遗址的群体墓地。"②经过长时间的考古挖掘，中国的考古学家们在约公元前 2500—前 1900 年的山西陶寺遗址墓葬中，发现了鼍鼓（鳄鱼皮蒙的鼓）、石磬和土鼓。

"乐"与"酒"，是华夏大地最早绽放的文明之朵，能够用乐来标志身份，彰显了中华文明的优异之处，食这种需

① ［美］罗莎莉（Rosalie）著，丁佳伟、曹秀娟译：《儒学与女性》，江苏人民出版社 2015 年版，第 86 页。

② ［日］宫本一夫著，吴菲译：《从神话到历史—神话时代—夏王朝》《讲谈社·中国的历史》（十卷本），广西师范大学出版社 2014 年版，总第 414 页。

求，得到了简单的满足之后，中国人就不再进行量的堆积，而是进行更广阔的开发，去满足眼睛和耳朵的美的需求。

"乐"一旦成为群体追求的天籁，社群也会就此凝聚起来。

如果单纯把"乐"理解为音乐，而与区分等级隔绝开来，就无法真正理解"礼乐"何以会成为儒家文化的核心。"乐"是权力与地位的象征，具备了身份秩序功能，与礼结合，构成了一种制度化的秩序规则。

"乐"是"礼"的重要组成部分，且内化于"礼"之中。"乐"不仅仅指阶层化和身份化了的"乐器"，还指阶层化和身份化了的"乐曲"。

当季氏"八佾舞于庭"时，一向温和的孔子愤怒地说"是可忍也，孰不可忍也！"当得知鲁国的三个掌权者皆用《雍》这种天子专属的乐来作撤祭之乐时，同样大动肝火，指责"鲁国三家"行止野蛮，不配享用"乐"这种高级文明。

早于孔子的"礼制"阐释者女叔齐认为"礼是维护国家和民众秩序的基础，'礼所以守其国，行其政令，无失其民者也。'类似的解释在《左传》中反复呈现，如'礼，经国家，定社稷，序人民，利后嗣者也'。"①

孔子所不能容忍的，是季氏不但僭用天子之乐及增加舞团人数，以下乱上，其心不臣。因为"礼不仅意味着一系列正式的法律规范和礼仪形式，它更是国家秩序得以建

① ［美］罗莎莉（Rosalie）著，丁佳伟、曹秀娟译：《儒学与女性》，江苏人民出版社2015年版，第85页。

立和维系的基础。"①

在《论语》中，孔子对郑国的音乐多次提出批评："放郑声，远佞人。郑声淫，佞人殆。"对此，程颐与朱熹均没有弄清楚孔子的用意，所释皆言不及义。

鲁桓公五年，"王夺郑伯政，郑伯不朝。秋，王以诸侯伐郑，郑伯御之"。郑庄公不朝，王以兵伐，但郑庄公自恃武力，与天子对抗，还引发了更为严重的侵凌天子事件"射王中肩"——郑庄公手下的武士祝聃一箭射中周王肩膀，让天子颜面扫地，开启了春秋之乱。

诸侯射王，以下犯上，却没有受到惩罚。郑庄公之乱，让孔子努力去找寻制度上的原因。

很显然，孔子把制度原因归咎于郑国的"乐"：郑声淫，所以郑伯佞。而要想人心归化，唯一的办法就是"放郑声"。

孔子是鲁国贵族，根据礼制，不能直接批评他国的国君，因此，以其乐"刺"之，认为是郑伯所享用的"乐"出了问题。通过判定郑伯所享用的"乐"是不节制的、放纵的，表达了"乐"的秩序作用如何内化于人的精神世界，并决定着人的行为。而只要"乐"的秩序作用仍然起效，则在"乐"所影响下的人，就会回到正轨上来。

孔子认为，"乐"的好坏是由生产者的心性决定的，并与"乐"所适用的场景相关。

《韶》，据传是舜时代的贤人所作，演奏场景是尧禅让于舜时，权力"贤贤传递"的现场。因此，"子在齐闻

---

① ［美］罗莎莉（Rosalie）著，丁佳伟、曹秀娟译：《儒学与女性》，江苏人民出版社2015年版，第85页。

《韶》，三月不知肉味也"。

吃肉，是一种味觉享受。闻乐，是一种听觉享受。但孔子却把两者放在一起来比较，极言《韶》所蕴含的善，已经让自己的灵魂从肉体上超越，到达完全忘却物质感受的境界。

随后，孔子感慨了一句："不图为乐之至于斯也！"

貌似一句闲笔，却让"乐"脱离了秩序层面的坚硬，回到感动心灵层面的温润，终于对应了西方哲学家所理解的"美"即现代人所理解的"音乐部分"。

孔子建立了最早的音乐标准，即好的音乐必是善的、和谐的。同时，孔子认为"乐"既然是秩序的标志，生产"乐"的时候，场景一定预先影响了"乐"的内涵，因此，他在闻《韶》时，感慨"尽美矣，又尽善也。"当闻《武》乐时，却说"尽美矣，未尽善也。"

在他看来，"乐"的演奏和适用场景，预设于"乐"的生产之中，也就是我们今天所理解的"主题先行"。尧舜禅让之乐，笃定和美；周武征伐之乐，必塞金戈。

因此，《韶》无可挑剔，而《武》则美中不足。

有一点我们必须非常明确，从西周到春秋，"乐"都是统治阶级的专属之物，只在王室与国君的祭祀之所或者宫廷中可以听到。多数的"乐"专属于天子，少数属于诸侯国的国君及贵族。如果没有机会参与祭祀或宴饮，就没有可能欣赏到这些独特的乐曲。

其生产与演奏，要符合"礼"的规范。从业人员，也都是特定的世袭家族。

有关"乐"的生产与演奏知识，即便"士"阶层也无缘掌握，更不用说普通的庶民或者没有进化到高级文明的"野人"。因此，"乐"这种高级的精神产品，不向统治阶层之外供给。即便到了"礼崩乐坏"的春秋时代，一些天子或者国君的专属之乐，像孔子这样拥有广博知识并享有一定特权的贵族，也无法听到。

"乐"的生产及供应稀少，诸侯国的国君像觊觎天子之鼎一样，觊觎天子之乐。一旦势力强大起来，首先要做的就是僭用天子之乐。

大夫亦群超效仿。

"作为国家象征的鼎，铸满了来自各个地域的动物纹样，其原料也包含了来自各个地域的金属。因此，在其统治范围内，帝王不仅拥有各种金属资源的使用权和所有权，而且掌握着交通天地的各种途径。"①

春秋之时，霸主们开始问鼎，表达了对王权的觊觎。

乐作为祭礼中的重要资源，秩序表征非常明显，也一定象征着某种交通天地的权力，可以视为鼎的替代物。因此，诸侯、大夫对"乐"的僭用，是分享王权、行使王事的另一重表征，可以极大地丰富在下位者对王室生活的想象，对权力占有欲的满足，通过享用"乐"，对自己的价值重新定义。

不可否认，"乐"在行使"礼"的功能之外，仍然具有文明功能即音乐的愉悦功能，能够让闻者达至秩序规范所

---

① ［美］张光直（Kwang-chih Chang）著，刘静、乌鲁木加甫译：《艺术、神话与祭祀》，北京出版社2016年版，第100页。

不能给予的感受。

孔子极度推崇《关雎》，说它"乐而不淫，哀而不伤。"但无论如何，我们不应该把作为"乐"的《关雎》，单纯看成"诗"。像许多上古音乐一样，"洋洋乎盈耳"的《关雎》之乐失传了，我们再也无法体会孔子的温暖感受与快乐心情。

在孔子的时代，民众的歌谣不可能直接以文字的形式流传，却可以在口述传统中，占有自己的一席之地。

《左传》中记载了宣公二年，宋国的服役之人筑造城墙时，大夫华元前来巡视，由于他在与郑国的交战中，曾被郑人所俘，所以，筑城者就作歌讥笑他："睅其目，皤其腹，弃甲而复。"

日本学者白川静认为，这种歌是一种咒歌，对方听到了也要作歌反击，被除咒诅。在华元的故事里，筑城者们的作歌能力显然要更胜一筹，华元只得落荒而走。

《左传》是经过史官规范化的历史书写，这些咒歌，到底是其原貌，还是经过了史人的润色，我们不得而知。我们都很清楚，《诗经》里的"颂"，是史官们严谨的书面创作，但《风》之类的作品，或许有着相异的生产路径。如同甲骨卜辞在刻写之前，存在一个"贞人笔记"一样，《诗经》里的所谓民间歌谣部分，在成为文本化、书面化的《风》之前，是否存在一个未经整理与润饰的"乡野原歌"，即更口语化和民间化的版本，我们同样有必要进行追问。

但如果我们相信文字在当时仍然是一种政治和神职权力，只掌握在史、贞、卜等少数人手里，那么筑城者就不太可能说出这些明显带有书面色彩的话语。

从武丁时期开始，商人就把用过的卜辞留存下来，让商代文明进入了"成文历史"时期，周人延续了这个传统。

有言"六经皆史"，或有夸张的成分。但《诗经》里的部分歌谣与史相关，应该是没有争议的。早期的"历史"大约有四种传播途径，第一种是用文字记录并刻写下来的占卜辞及记事刻辞，第二种是口耳相传的口述文化即与祭祀、占卜相关的各种知识，第三种是青铜器上的铭文，最后一种便是以歌谣即"诗"的形式留传下来的上古故事，比如周的先人"古公亶父"如何在周原建立周的早期城邦。

因此，《诗经》里若干描写周朝早期的故事，都不应视为民间的即兴歌咏，而是天子或诸侯国君有组织的编撰，并经过专业史人的修改完善。

《诗经》的整理与刻录，有别于卜辞的记录与留存，是一种与占卜无关的且有意书写的"历史"，记录的内容更为丰富，涵盖了社会生活的方方面面。

当然，这些"诗"，多数在当时都应该配有相应的"乐"。

礼是政治与社会凝聚的关键

最早的礼器是乐器和酒器。

美国学者吉德炜认为，到了晚商时期，反映世俗世界差别，成了青铜时代丧葬制度的核心，随葬品正是这种财富与地位的差异的体现。随葬品中的斧、矛等武器或工具，可见晚商时期和新石器时期相同，都相信死者生前所从事的工作，在死后依然会继续。

依照吉德炜的观点，王和贵族们在生前所拥有的东西，进入另一个世界之后，仍然需要拥有。乐器、酒器和食器相继成为礼器，表明另一个世界，同样需要这些高贵的器皿，以满足奢华的生活，并借此维持权威。

礼器不但是财富的象征，更是阶层和权力的象征。

鼎，这种大型食器，为何成为王权的象征？这与金属的稀缺与冶炼技术的秘密化是分不开的。据考古学家考证，炼制青铜的矿石，来自各地，开采困难，沿途需要兵士保护，大多数矿石是通过贸易交换而来。

因为金属是锋利的武器之源，是战争的利器，也是神灵世界祖先魂灵与恶神战斗的资本，因此在现实与想象的神灵世界，都代表了权力和财富。

而由于金属的稀缺性，拥有金属，则等于拥有财富、拥有权力。由金属铸造的各类礼器，外化为身份的象征。

维持艰难却必要的青铜器的生产与铸造，某种程度上是王权强化的原因。

单单是青铜铸造之物，并不能让鼎具有神性。

周人发现了文字的秘密，用以沟通天地。"汉字作为城市的文字，最早用于祭祀活动。"[1] 接着，便被铸刻在青铜器上，成为一种特殊的与神交通的媒介——"铭文"。

"文字记录掌握着统治全世界的秘诀；铭刻文字与其所记载的信息一致，因为自从有了文字，文字本身就是至关

---

[1] ［日］平势隆郎著，周洁译：《从城市国家到中华—殷周—春秋战国》《讲谈社·中国的历史》(十卷本)，广西师范大学出版社2014年版，总第642页。

重要的交通天地活动的工具。"①

由于王国联络各诸侯国与方国的道路系统并没有建立，王动员本国以及诸侯国进行战争的能力也十分有限。因此，周王利用青铜器、汉字以及一套严密的礼制来进行统治。

汉字是由周从商继承下来并垄断性地使用之后，才传播到了各国。这种汉字文化成为各国在说明其正统性时必不可少的东西，因而周王朝的权威也就自然而然地确立起来。②

青铜器是王室的代表，而汉字是王室文化权力的表达，是赖以约束诸侯国的纽带，都是服务于礼制的。

"礼仪规范反映了人们在关系网中不平等却相互作用的社会身份和亲属角色。作为一种规范和制度的主体，礼实为社会、政治凝聚的关键所在。"③

故孔子说："上好礼，则民易使也。"

孔子从来没有具体地为"礼"定义，只是根据学生们不同的问题，对"礼"在不同场景下的含义进行阐释。

比如，子贡与孔子谈论人生的最佳状态时间，"贫而无谄，富而无骄。何如？"子曰："可也。未若贫而乐，富而好礼者也。"

子贡所言及的"贫"，不是普通穷人即庶民或野人的"穷

---

① ［美］张光直（Kwang-chih Chang）著，刘静、乌鲁木加甫译：《艺术、神话与祭祀》，北京出版社2016年版，第84页。

② ［日］平势隆郎著，周洁译：《从城市国家到中华—殷周—春秋战国》《讲谈社·中国的历史》（十卷本），广西师范大学出版社2014年版，总第839页。

③ ［美］罗莎莉（Rosalie）著，丁佳伟、曹秀娟译：《儒学与女性》，江苏人民出版社2015年版，第86页。

苦"，而是指颜回这类"居陋巷，一箪食，一瓢饮"的"君子之贫"。

孔子认为，像颜回一样，"人不堪其忧"，仍然不改其乐，才是难得的精神境界。

孔子所赞赏的"颜回之乐"，从程颐到朱熹，再到近世诸儒，都没有说清楚。

孔子所指的"贫而乐"即颜回之乐，是指颜回痴迷于礼的研究与学习。知识的满足与修养的提升，高于物质的享受，终生孜孜以求于"知礼""守礼"。

即颜回之乐，在于"乐于志学，乐于求道，乐于体仁"，其终极目标，还是"知礼"，并且得以"乐在礼中"。

孔子对富者比如子贡的要求，同样是"富而好礼"。在"知礼""守礼"的路上，"士"阶层不因贫富而有差别。

孔子在另一个对话场景中，再次拿子贡与颜回对照，说颜回"屡空"而子贡则"屡中"，对于"贫"与"富"的讨论，并未超越"士"这一阶层。

"'知礼'也因此高居通晓各种具体的礼仪形式之上。就最低限度而言，'知礼'意味着懂得如何根据自我身份去建立和维系一个恰当的社会、政治秩序。而礼则是衡量所有与自我身份相一致的社会、人际关系之恰当性的尺度。"[1]

孔子亲自为颜回总结了"守礼"的四个方法，"非礼勿视，非礼勿听，非礼勿言，非礼勿动"。这也成为数千年来，儒家知识分子无论是处庙堂还是居陋室，都要奉行的基本

---

[1] ［美］罗莎莉（Rosalie）著，丁佳伟、曹秀娟译：《儒学与女性》，江苏人民出版社2015年版，第85页。

行事规则。

礼不仅是一种规则，也是一种修养，一种严守得体身份所必须习练的仪式。不但是一种外在的程序，也包含内在的道德光芒。

因此，人们以礼区分雅俗、贵贱。

如果某人不需要懂得某种群体礼仪，而群体也不需要他遵守，就意味着此人被排除在了这个群体之外。

通过礼，人实现自我，充盈自我，并最终完善自我与超越自我。人借此融入群体，并让自我的精神境界和社会评价得以提高。

孔子进一步解释，为什么一切以礼为先："恭而无礼则劳，慎而无礼则葸，勇而无礼则乱，直而无礼则绞。"

权威模式：层属关系而不是垂直关系

"礼"为何？是对每个阶层包括天子和君都有强制性约束的社会规范。

孔子的所有言行，都是围绕着王与诸侯的关系、诸侯与大夫的关系、长上与卑下间的关系来展开的，他的论述，都是告诫弟子们，这些规矩是不可逾越的，是维系贵族社会的基本规律。

孔子所反复强调的道德习俗，并非是全社会的，而是王室及贵族阶层的。孔子所要做的工作，就是让中间层的"士"，在社会变革的时代能够向上一个阶层跨越。

如果没有一个群体来维护礼、传续礼、弘扬礼，并以礼的方式来守护社会规则和价值，则会眼见传统社会崩溃，滑向失序的未来。

这是孔子力倡礼教的根本原因。

但孔子反对绝对王权，因其不符合"礼"的规制，不符合上古理想社会的统治模式。君君，臣臣，父父，子子，所谓君有君的样子，臣有臣的规则，表明每对关系中，在上位者都有其在"礼"的框架内的强制性约束，都不是绝对权力的拥有者。只有经过约束的君、臣、父、子，才构成理想的政治关系、社会关系和人际关系。"一个行道而不悖道的人，他的行为是如此地'自然'和'和顺'，而远远不是被迫而为。这样的人过着一种具有人格尊严和精神圆满的生活，并与他人互相尊重，和谐相处，同时也允许他人过上这样的美好生活。"①

"刑不上大夫"，不意味着大夫不接受惩罚，是这种惩罚不在"刑"的框架之内，而在"礼"的制度下来加以处置。比如，蒙古汗国和元代处死贵族，不能砍头，而是装在丝绸的袋子里，用棍子击打而死，不让血溅出，这就是"礼"。

在古代，国君或者贵族如果面临必死，可以自己选择死法，通常是鸩酒。除了尊重，使其有机会在神灵世界重生之外，更多的是"礼"所规定的。

"礼"是一种适用于高层级人群的高级行为规范。

"礼不下庶人"，意味着庶人阶层（"野人"更等而下之）不享受"礼"的保护，同时不受"礼"的约束与强制。庶

第三章　礼与孝：神明参与的规则和秩序

---

① ［美］赫伯特·芬格莱特（Herbert Figerette）著，彭国翔、张华译：《孔子：即凡而圣》，江苏人民出版社2002年版，第35页。

民没有祭祀权，没有家庙。没有祭祀权的阶层，就失去了"礼"的源头性约束。因此，其行为不在礼的制度框架内。

孔子的时代，是有限王权和有限君权的时代，是通过祭祀等手段划分统治范围、分而治之的时代。上下之间、左右之间赖以维系和睦的，不是暴力，而是礼，即一种确定好的彼此有明确边界的权力关系。

孔子的"克己复礼"，实际上是要求中间阶层的"士"，更多地约束自己，改变自己，甚至"消灭"自己，从而变成更完善的人，即精神上更富足、在礼制的维护上更有力更坚定的"新贵族"。

孔子所要建设的新阶层即"新贵族"也就是君子群体，成为新的道德典范，保护着文化传统与习俗，成为社会的稳定器。

成为君子，是孔子要求弟子们终身追求的目标。事实上，君子并非一种理想人格，并不是虚构出来的一种超人的精神内涵，而是一种他所熟知的贵族阶层的群体人格。

因此，他孜孜不倦地教育弟子们，如果想成为贵族阶层或者哪怕只是想有机会为贵族阶层服务，一定要有君子之志，把成为君子当成一种人生目标。

在他看来，普通人想成为君子是非常困难的，面临若干阻碍，也正因为如此，他才希望弟子们不要放弃。

克，在孔子的时代，有着消灭的内涵，而不只是现代人所理解的"克制"或者"制约"，如果我们只是用现代语词的内涵去理解春秋时代的孔子，那也只能是"被现代化"的孔子，而离真实的孔子相去甚远。

对于士阶层，孔子希望他们能够做到"克己"，这并不是自虐，也不是自贬，所谓的"克"，不过是放弃固有的阶层文化与习惯，而熟悉与掌握新的文化规则与习俗——礼的规则与习俗。

克制自己不要用过去的方式来说话做人，克制自己不要按照过去的规则行事，克制自己不要滑向欲望的深渊。

在孔子的教导下，"克己"，成为儒家知识分子的一种行为修炼方式，更是一种道德升华方式。

如果不能理解孔子时代的社会关系并非一种自上而下垂直的"权威关系"，而是一种有限权力的"层属关系"，就不能很好地理解孔子及其思想。即便到了专制皇权时代，士和民与皇帝之间的关系，也处于某种程度上的"层属关系"。

在孔子的时代，关系是层层建立的，人们只有义务服务于与自己建立一级关系的人，客只服务和服从于大夫，而不服务和服从于君。服务和服从君，是卿和大夫的义务。而服务和服从于天子，是君的义务。

在孔子的时代，忠不是绝对义务，天子、君、大夫，各有其忠，但又在特定的条件约束之下，互尽义务。

在君与亲的选择中，亲是第一的，即血缘关系超越服务关系。

子对父亲和家族、家族的义务，超过士对君的义务。如果士不服务于君，则无须对君尽义务。

君的权威有其边界，士有着更多的选择。君没有权力要求"士"和民承担更多的义务。"士"的义务是有限的。

因此，在面对生死时，血缘传续是第一位的。

如果服务于君而选择了血缘传续，是可以接受的，因为亲情大于君恩。

如果不服务于君，同样不需要忠诚于君，士和民都不承担这种过高的政治义务和道德义务。面对战乱，选择隐也是可以接受的。

所谓忠孝难有两全，只适用于直接服务于君的"士"，不适用于其他人，更不适用于民，这才是礼，也就是上下所必须遵守的秩序。

孔子是个温和的理性主义者。在神的光芒和君的威权下，靠秩序来维系社会的运转。从政治层面来说，礼制的核心，就是孔子"兴灭国，继绝世，举逸民"。

读懂这三句话，对儒家就懂了大半。

周制的关键，是这些圣人知道，任何朝代都会灭亡，因此，要事先给自己留后路，做好制度建设，即"通三统"——存夏以杞，存殷以宋，存周，以待来者。解释起来就是，把夏和殷的后人，都封在小国里，穿过去的衣服，守过去的礼乐，见到周王，也不要遵守周礼，以客人的身份打打招呼就可以了。之所以如此，是希望万一周国像夏和殷那样失去天的庇佑，也可以有一方小国，能够祭祀祖先，守住宗庙——这是比拥有现世权力更重要的"礼"。

当然，还有一个非常重要的原因，在孔子之前的人们，普遍相信一条规则：商人的土地山川，必须由商人的后代来祭祀。因为他们的祖宗神只接受商人的血食。这个原则解释了为什么"春秋五霸"只能成为盟主，而不能占有盟国的土地人民。

因此，《诗经》里描述周人的祭祀场景，通常邀请商人的祖宗神参加，"有客有客"中的"客"，就是"客神"即商人的祖先神。

这也是商和西周最重要的"礼制"之一，是由当时的宗教观和神明观决定的。

周代圣人的这种历史观与礼乐观，吸引了历代儒家知识分子想回到过去。

孔子不主张绝对义务，不主张绝对服从。

这和古代思想世界的二元架构是一致的：神权世界里的神，对现实世界并不拥有绝对权力。现实世界的君对民众也不拥有绝对权力。

孔子所说的秩序，包含了君的有限权力，对其他阶层的退让。

各守其礼，包含着各守其权力与秩序边界的含义。

天子与士各有其祭，表达着各个阶层对权力的分享。

孔子的超越性，在于他不以谋求世俗权力为人生第一要务，而是谋求和美的社会秩序，因此以"人师"的面孔出现，教人以"礼"。

在孔子看来，所有的人都要接受"礼的教育"，"礼的规则"是每个人都必须遵守的准则，帝王也不例外。

然而，帝王因为拥有巨大权力，总是为了私利想办法破坏社会的总体和谐，因此，要不断地制止帝王，教育帝王。

所谓儒为帝王师，不是争相以知识服务帝王，从而像姬妾和艺人一样，以此获宠。

帝王拥有权力，却不必然拥有道德信义，因此儒家认为，必须来监督和教育帝王，才会"道行天下"。子路问如何事君，孔子直言不讳地说："勿欺也，而犯之。"

"礼"是道德和权力的最高准则，帝王也需要用"礼"来规范其行为，知道"礼"的规则、含义并清楚如何运用"礼"的，只有孔子。因此，"知礼行道"，孔子终生致力于此。

孔子所希望弟子们参与建设的，正是这样一种文明模式，即在礼的框架下，使国家和社会有序运行，人际交往也是如此。或者，希望弟子们所接纳的，正是这样一种文明模式。

孔子的努力，就是让其弟子们向贵族的文化传统致敬，并进入这个文化传统。然后，每个弟子都成为学习典范，影响其他人也以这个规范为榜样，成为贵族文化中的一员，成为文明的一分子。

古人重视礼的程度，远远超出我们的想象。

晚至战国，遵从"礼"与否，仍然在生活中起着决定作用。鲁平公本来要见孟子，却因为一个非常小的理由放弃了。这个理由就是"后丧逾前丧"，也就是说，孟子的父亲先去世，母亲后去世，在丧礼的安排上，孟子"厚母薄父"。

乐正子知道了这件事，对鲁平公说，这根本不是孟子不遵礼啊，是他以前穷，后来略富，才在丧礼的安排上稍有差异。

但话已经晚了，孟子失去了与鲁平公见面的机会！

既然"礼"是人类行为的结构，这种行为谐和一切人的所作所为，确立他们作为人类的福祉，那么，很显然，完全依照"礼"而立身行事的人，过的就是一种有完美组织，并完全有助于人类蓬勃发展、欣欣向荣的生活。[①]

　　不知礼，无以立也。

① ［美］赫伯特·芬格莱特（Herbert Fingerette）著，彭国翔、张华译：《孔子：即凡而圣》，江苏人民出版社2002年版，第48页。

孝：祖先神主导的血缘秩序

孝的政治基础是祖先崇拜

孝的政治合法性，是与长者在族群中的领导地位分不开的。

"宗族（'族'）本身可能就是强权政治最重要的社会机构，族规是社会的基本法律。甲骨文的'族'由两部分组成，上面的旗帜及下部的箭头。"[1]

一个人、一个家庭，都无法在早期农业社会立足，因此需要一个更大的血缘网络的支持。

族，就是最小的政治单位。"这似乎指一种军队的单位，并说明了亲属关系纽带构成了军事组织的主要基础。"美国学者本杰明·史华慈进而认为，"谱系也许因此就不仅变成了军事组织的基础，甚至还变成为自上而下组织起来的农业劳动力的动员基地"[2]。

因此，家族的长者在家族内部天然地拥有权威。"一族之长不仅是一个宗族或支族的首领，也是一位军事指挥官，

---

[1] ［美］张光直（Kwang-chih Chang）著，刘静、乌鲁木加甫译：《艺术、神话与祭祀》，北京出版社2016年版。

[2] ［美］本杰明·史华慈（Benjamin I. Schwartz）著，程钢译：《古代中国的思想世界》，江苏人民出版社2003年版，第26页。

他对族内日常事务及军事事务的指令均须严格执行。任何对族长的反抗势必遭受严惩，会被处以刖刑或极刑。"[1]

除了传授农业以及狩猎经验，族长还负责掌管和分配家族财产，在家族内部，是一个拥有实际权力的首领。

本杰明·史华慈认为，从龙山文化的墓葬来看，确实体现着祖先崇拜，"祖先崇拜也许确实对于中国的超常强有力的政治秩序的概念作出了贡献"[2]。

礼法之"法"，最早来自于宗族内部，是约束族人的规范。

当然，这些"法"并不是成文法，而只是一些口头传递着的规则，由族长指定特定的人来记述、执行，并世代相传，且不可挑战。

靠着这些规则，族长行使着管理权力，树立家族权威。

对于祖先神的崇拜，或许从"龙山文化"时代（约为公元前 2500 年至公元前 2000 年即距今 4000 年前）就已经开始。所谓的祖先神，"他们是这样的鬼神：继续与他们活着的后代保持着有机的联系。作为跨越生死阻隔的家族共同体的一位成员，他们在那个共同体之中继续扮演着家庭成员的角色，并在氏族中仍然保持着原有的重要地位"[3]。

祖先崇拜体现在祭祀方面，就是让宗庙成为城市的中

---

① ［美］张光直（Kwang-chih Chang）著，刘静、乌鲁木加甫译：《艺术、神话与祭祀》，北京出版社 2016 年版。

② ［美］本杰明·史华慈（Benjamin I. Schwartz）著，程钢译：《古代中国的思想世界》，江苏人民出版社 2003 年版，第 20 页。

③ ［美］本杰明·史华慈（Benjamin I. Schwartz）著，程钢译：《古代中国的思想世界》，江苏人民出版社 2003 年版，第 20 页。

心，"在商王的宫殿区：最重要的当然是'宗'，也就是太庙，里面放置着商王历代祖先的木主"①。

在商早期，在神灵世界拥有无上权威的是"帝"，商王占卜，问询的主要对象就是"帝"。

"帝"在神灵世界拥有领导地位，卜辞中只有"帝"可以命令雨神、雷神、风神，"帝"在神明世界的位置，对应着商王在现实世界的位置。通过祭祀"帝"，商王的威权也得到强调——无论是神灵世界还是现实世界，拥有威权者只有一个。

进入晚商，商王不再信任"帝"。

原因是帝不再听从商王的祈求，而商王自然减少了对帝神的祭祀。非但不配合，帝神有时候还捣乱。"在某些情况下，'帝'会向商王朝的祭祀中心或其他城邑降祸，甚至会命令敌方来攻打商王朝，而商王祖先却从不会这样做。"②

从某种意义上说，"帝"属于公共神。吉德炜认为，周人说自己得到"帝"的帮助，来征伐和取代商，是有其宗教逻辑的。

商王从占卜经验中，也渐渐总结出规律：给予其支持、庇佑其统治的，更多的是祖先神而不是"帝"。

"这不仅说明商王对其祖先越来越信任，更加依赖祖先的神力，漠视'帝'的存在，同时也说明商王日渐认识到

---

① ［美］张光直（Kwang-chih Chang）著，张良仁、岳红彬、丁晓雷译：《商文明》，辽宁教育出版社2002年版，第119页。

② 金洋：《吉德炜的甲骨学研究》，《知网空间·学位论文库》，2015年5月。

'帝'意是难以揣摩的，占卜他的意图通常都是徒劳无功的。"①

到了商末的帝乙和帝辛时代，商王甚至直接僭用"帝"的名号来光辉自己的身份。

商王对于"帝"的信任让位于对祖先的信任，"帝"这个无所不能的非人格神，被与商王有着血缘关系的祖先神所取代。

世界知名甲骨文研究专家、美国学者吉德炜认为，商代宗教是对祖先的祭祀，关注的是死者与生者之间的血缘关系。这其中体现出的逻辑用"世代主义"来描述更为准确，即以相关世代的祖先神明的等级来设想和感知世界。

"在商代的占卜实践中，祖先的年代越久远，就越受到尊重，神力越大，权力范围越广，所接受的牺牲也越多。这样的'世代主义'观点表明，死亡从某种意义上来说，是世系等级上的一种提升，这种提升赋予祖先更多的神力。"②

吉德炜根据商代卜辞把商王祭祀的神明分为六类，分别为帝、自然神、先公、开国前先王、先王、先妣等六类。而自然神、先公、开国前先王是至高神，先王、先妣则为祖先神。"自然神、先公、开国前先王这些至高神之间的界限并不明显，他们有许多共同的功能。这些神明通常不直接影响商王的个人活动，而是通过影响天气、收成和战争等对整个国家或王朝造成影响。这些至高神处在中间的位置上，虽然不像'帝'那样可以号令自然环境等的变化，

① 金洋：《吉德炜的甲骨学研究》，《知网空间·学位论文库》，2015年5月。
② 金洋：《吉德炜的甲骨学研究》，《知网空间·学位论文库》，2015年5月。

但其地位依然要比祖先神要高，对天气和收成仍能造成很大影响。"①

祖先神的"神力"虽然不如至高神，但祭祀的过程，体现了血缘间的亲疏秩序。这样的分别，直接衍生了宗法社会的血缘规则。

"直系先王和旁系先王之间的区别对于商代祭祀十分重要。商代祭祀直系先王而不祭祀旁系先王的行为不仅加强了王室先王及其后继者的权力，也巩固了直系继承的制度，使得现任商王及其儿子的政治地位合法化。"②

祭祀神明时也根据血缘亲疏而有不同，映照了现实世界的人际关系。

"祖先过世得越久，他在整个世代体系中的地位就越高。地位较高的世代祖先的权力是在日益非个人化的方式中进行的：过世时间较短的祖先可能会对在世的商王降下灾祸，但是过世时间较长的祖先通常通过影响收成、旱灾或敌方入侵等活动来影响整个商王朝。这表明地位高、权力大的祖先已经不再具备人格特点，他们已经成了抽象的概念，他们因为自身的世系等级而变得重要。宗教是社会的产物，商代宗教也不例外。商代祖先的宗教等级反映的就是商代的社会系统，世代主义、祖先崇拜等都来源于生者的权力分配。"③

越早逝去的祖先神，与"帝"和其他自然神的关系越

---

① 金洋：《吉德炜的甲骨学研究》，《知网空间·学位论文库》，2015年5月。
② 金洋：《吉德炜的甲骨学研究》，《知网空间·学位论文库》，2015年5月。
③ 金洋：《吉德炜的甲骨学研究》，《知网空间·学位论文库》，2015年5月。

密切，神力自然也就越大，这是商王推演出的逻辑。

这样的逻辑进入人间世界，就推演出越长的长者，其地位越尊贵，年纪越大，越接近于祖先。当长者接近逝去的时刻，就是长者与祖先神团聚的时刻，是即将拥有神力的时刻。不言自明，也是他们即将正式成为祖先神的时刻。

商代宗教与商代国家的起源及其合法性是密不可分的。通过对占卜数据进行分析，商王对祖宗神分级，从而促进了商代祭祀制度的重大变革，那些商王所信任与依赖的祖宗神灵，会得到更多的祭祀。

商王依据这些数据，创造了对于嫡长子继承有利的祖先崇拜与祭祀体系，商王主要通过祖先的意志而不是帝神的意志来维护统治。商王不但是人间世界与帝神沟通的桥梁，更是与祖宗神沟通的桥梁。

前者令商王成为人间主宰，后者令其成为宗族主宰。周代奉行封建制，本质上还是依靠商人的这套神政体系，周王不但是人间世界的王，更是所有封建领主的宗主，代表这些领主与祖宗神沟通，并代表祖宗神对活着的后代进行统治。周代的封建制，封建主不但依赖神权进行统治，更主要依赖宗法权进行统治。

"商王倚仗他们的祖先，而祖先也同样依靠商王所提供的祭祀牺牲而获得力量。商人在祭祀中投入得越多，祖先所赋予他们的力量就越大。维护自身的王朝统治和王室宗教祭祀的强烈渴望，促使商人不断增加自身的物质财富和军事力量。青铜和马车的制造技术上的革新，可能对商王朝战胜其邻国起到了一定的作用，但最终还是其对祖先的信任，即对国家核心价值的信任，使商王朝的统治得到合法化。"①

通过祭祀、祈祷，神灵回应着商王的要求。而商王被神灵满足，进一步强化了现实世界对商王的期待和信任，增强了王权的力量。

所以，商王不断增加对祖先的祭祀，不断得到祖先的回馈，也不断收获世俗世界的支持与崇拜。

而为了取得更多信任，获取更多权力，商王也需要神化自己，其手段就是对神权的垄断。

祖先率先成为王室的保护神，并进而向其他阶层延伸。具有神秘性和超能力，并在祭祀与奉献牺牲活动中与后世子孙相呼应的祖先，不只成为王室的崇拜对象，也成为其他阶层的崇拜对象。

祖先崇拜首先是统治阶级的宗教，但被其他阶层所模仿，成为全体人民的宗教。崇拜与敬重祖先，成为中华民族的文化习俗。

"即使在普通人的祖先崇拜活动中，祖先们也拥有超自然的品质，正如许多现代学者对于中国民间宗教的描述表明的那样。"②

当商王面对诸多问题束手无策，需要求助于祖先的时候，其他阶层的选择更加窄化——没有"帝"和自然神来提供帮助，祖先神和动物神（民间动物崇拜的根源。商王

---

① 金洋：《吉德炜的甲骨学研究》，《知网空间·学位论文库》，2015年5月。
② ［美］本杰明·史华慈（Benjamin I. Schwartz）著，程钢译：《古代中国的思想世界》，江苏人民出版社2003年版，第23页。

与周王也是动物神崇拜者，青铜器上的花纹多以动物纹样为主，他们认为人可以借助动物交通神灵）成为他们必须求助的对象。

"作为一种广泛的宗教取向，祖先崇拜将亲属关系集团作为社会秩序的一种范式——作为一种关系密切的角色网络——凸显了出来。"①

在现实世界掌握生产经验、物质资源和军事权力的祖先，在逝去后成为祖先神，像商王的祖先保佑商王一样，保佑着每一个信奉祖先的家族。

这意味着活着的人都有机会成为祖先，成为影响和决定现实世界命运的神。

《左传》中经常使用"孝享"一词，来表示对祖先的祭祀。孝，不只是一种血缘之间的人际礼仪，也具有某种神性，在祖先神的监督与约束下成为日常规范，当人人都在祖先神的注视下誓守这种规范，当成一种自觉行为，孝就成为普遍流行的"血缘宗教"。

《诗经》里的一首诗（《诗经·小雅·楚茨》），描述了人死后也会变成祖先神的经过。在葬礼上，逝者的一位后人扮成他活在人间时的样子，与自己的亲人告别，在这一仪式中，逝者与生者间的关系，是一种神与人在人间或者神界重逢的关系。逝者见证了自己的被祭祀和被崇拜，而生者则通过这一仪式，看到了未来的自己。过程的演练，也让更年轻的子孙，深信这样的场景会循环往复地不断出

---

① ［美］本杰明·史华慈（Benjamin I. Schwartz）著，程钢译：《古代中国的思想世界》，江苏人民出版社2003年版，第21页。

现，长者们以及自己，终有一天，会成为祖先神，在另一个世界像生者一样生活、受到尊敬，并努力照拂生者的幸福。

祖先崇拜的表面是敬祖，但隐含着未来的自己，也会成为"祖先"的一员。每一个生者，都有机会进入神祇网络，被供奉与祭奠。

"中国的城市似乎就是以从属于王家谱系以及相关的贵族谱系的祖先崇拜为中心。这曾经使得某些学者推测，统治者人为设计了一种祖先崇拜的宗教，用作王权合法性的基础。"①

孝，也成为家族内部长者权力合法性的基础。"祖先崇拜支持着长者的司法权威。"②

孝的秩序规则是礼在血缘关系上的表现

孝是基于血缘与祖先崇拜的家庭和宗族秩序，是维持传统社会运转的文化和道德基底。紧紧守护着礼，成为儒家的终极目标。

在商代，王权统治主要依赖血缘关系组成的庞大网络，"王室成员被赐其'族'，并在王都之外享有食邑，他们组成了商代的贵族统治阶层"③。王间接管理着若干城、邑，直

---

① ［美］本杰明·史华慈（Benjamin I. Schwartz）著，程钢译：《古代中国的思想世界》，江苏人民出版社2003年版，第20页。

② ［美］本杰明·史华慈（Benjamin I. Schwartz）著，程钢译：《古代中国的思想世界》，江苏人民出版社2003年版，第21页。

③ ［美］张光直（Kwang-chih Chang）著，张良仁、岳红彬、丁晓雷译：《商文明》，生活·读书·新知三联书店，2019年版，第184页。

接管理者，都是王的"族人"，即与王有着血缘关系的血亲或姻亲。

在神政权力时代，王拥有祭祀权即神权，不需要世俗管理权。因为一切世俗管理权都必须臣服在神权之下。

当我们阅读古代文献，发现王或君只负责祭祀、占卜，并不管理日常事务的时候，不要大惊小怪。彼时，世俗管理是王或君的祭祀共同体中贵族们的职责，而王或君，则只负责与各类神灵们打交道。

"每一城邦的政权均由强大的家族掌握。其势力在于战车的数量、宗教特权（有权举行某些祭礼、跳某种舞、唱某种特殊颂歌）等，亦在于其悠久传统及与王室之关系，还在于所拥有的徽记与财宝（青铜器皿、玉器、石钟与铜钟等），为了使既得权力相传下去，自穆王（周代，公元前10世纪中叶）起即奉行如下习俗：在用以祭祖的青铜器上刻上授爵与封赠仪式的记录。"①

中国的社会结构是依靠模仿形成的，王法天，形成顶层神政权力。"诸侯国之组织（'国'字表示围上城墙的城邦）仿效王室组织，在国君之侧，有'大夫'与'卿'。"②

围绕天子而形成的权力集团，在君的周围依样画葫芦，只是服务人数减少、权力也同样缩减。

"'卿'一词的古义显示出侍从与宗教职能的双重性质。

---

① ［法］谢和耐（Jacques Gernet）著，黄建华、黄迅余译：《中国社会史》，江苏人民出版社1995年版，第49页。

② ［法］谢和耐（Jacques Gernet）著，黄建华、黄迅余译：《中国社会史》，江苏人民出版社1995年版，第49页。

此词原指大祭礼的主持者。显贵家族首领,'卿'或'大夫'为'公'(诸侯国的国君)尽职,其职务上乃是世袭制。这种家族在获得职务的同时,亦领受城邦之外的土地(称'邑'或'采邑')。'大夫'与'卿'的属下为'士',出身于幼辈家族,其主要职能是在战车队中服务。"[1]

"士"不是由社会分工形成的阶层,而是囊括了由于嫡长子继承制产生出来的规模庞大的支系——根据大小宗制,"士"们或者是次子(泛指嫡长子之外的儿子)、庶子,或者出生于小宗,不断被边缘化,不能世袭父祖辈的爵位与封邑、只享受有限的祭祀权与财产权,不能进入核心权力层,社会地位不断下沉。

所谓的大小宗制,是中国宗法制度的基础,家族祭祀分两类,一为大宗(王室与王侯宗室者),另一为小宗,后者与整体维持一致。"主祭司为在每个氏族内部历代始终受尊崇的一位立族祖先的直系后裔,其继承人的整个世系均如此。而小宗的族长仅仅允许于其府宅中崇拜直系亲属的四代祖先(父亲、祖父、曾祖父、高祖父)。在所有贵族家庭中,至少从商代末年起,其通例是正宫王后的长子将继承职务与祭祀特权,这样就可以解释对于立太子和立正宫的重视程度了。"[2]

大小宗制度是嫡长子继承制的核心,所有的次子、庶

---

① [法]谢和耐(Jacques Gernet)著,黄建华、黄迅余译:《中国社会史》,江苏人民出版社1995年版,第49页。

② [法]谢和耐(Jacques Gernet)著,黄建华、黄迅余译:《中国社会史》,江苏人民出版社1995年版,第49页。

子们，都不断地被抛入小宗，与大宗渐行渐远，"五服"之后，终与大宗成为路人。

与大小宗制相配套的，是"五服制"，通常指丧礼上根据与逝者的亲疏关系而穿的丧服。与逝者最亲的，穿"斩衰"，用最粗的生麻布制作，断处外露不缉边；与逝者血缘次近的，穿"齐衰"（音资崔，zī cuī），用粗麻布制作，衣裳分制，断处缉边；再次即为"大功"（亦称"大红"）、小功（亦称"上红"）和缌麻。

缌麻亲之外，就出了"五服"。《礼记·大传》说："四世而缌，服之穷也，五世袒免，杀同姓也，六世亲属竭矣。"即便后世的帝王及其宗室，也概莫能外。

血缘传递的亲情动力，六世而竭。

周代的封建，最开始的时候封国的国君与天子还是血亲，"五服"之后，与天子间的血缘纽带基本断裂，就连基本的礼仪也不要了，数年不朝、不贡，天子通过朝贡制度建立起来的统治分崩离析。到了战国时期，天子与诸侯之间的血缘凝聚，早已经完全耗尽了。因此，一些与周天子完全没有血缘关系的大国开始谋求从合法性上脱离诸周，与诸商或者诸夏扯上关系。

封国也同样如此，诸侯国君的权力被分散，有的丧失宗主地位，被"卿"或"大夫"夺取。

因此，随着大宗在时间的长河里不断由"族"内向外推开小宗，在"族"之后，产生了"家"。

"'家'的含义随着时代的发展而变化。这个词最早出现在商代，它的意思应当是'宗族'或者'宗庙'。周代，'家'

发展出作为次等贵族'大夫'的家庭或土地的含义，与'室'相对。'室'指王族的家庭和土地。最后，到战国时期，它终于出现了我们所熟悉的家人、家庭以及仆从的含义。"①

孔子对孝的设定，是从家庭关系开始的。家庭是实施祖先崇拜的基本单元，是践行孝道最合适的人际场景。

礼框定人神秩序、政治秩序、社会秩序，而孝框定家庭、宗族秩序。

家庭是礼教的训练场，是实施人际秩序规范性约束的基本结构。

"就儒学而言，值得注意的是，孝道不仅仅是有限的、适用于家内领域的个人美德。例如，在《论语》中，孝道被视为政治领域中'君子'美德物质的根源所在，'有子曰：其为人也孝弟，而好犯上者，鲜矣；不好犯上，而好作乱者，未之有也。君子务本，本立而道生。孝弟也者，其为仁之本欤'。家内领域的孝道为人们在政治领域中的道德感召力奠定了基础。"②

族长的权威模式被"家"所模仿，大家庭的男性长者成为"家长"。"家长"是家庭内部执行礼教的监督者，是模块化和家庭版的"族长"。

在无数的"族"和"家"内部，起凝聚作用的，仍然是礼。葬礼的作用超过其他所有的礼，起着向共同的祖先

---

① ［英］魏根深（Endymion Wilkinson）著，侯旭东译：《中国历史研究手册·上》，北京大学出版社2016年版，第152页。
② ［美］罗莎莉（Rosalie）著，丁佳伟、曹秀译：《儒学与女性》，江苏人民出版社2015年版，第141页。

神致敬，共同获得祖先福佑，同时区别亲疏、嫡庶、大小宗的重要作用。

"在祖先崇拜中发现的社会秩序，其强有力的典范作用也许深刻影响了整个'精英文化圈'中的社会政治秩序和宇宙秩序中的宗教观，在家庭内部，亲属成员无论是在此岸世界还是在彼岸世界，都在一个角色关系网络中而被凝聚到一起。理想上讲，该网络是由宁静的、和谐的鬼神、仪式礼节支配的。在这里秩序的价值最为重要。作为一种宇宙的隐喻，它表示了在高高在上的神的权威之下，以家庭性的和谐而凝聚起来的实体与能量的世界。作为一种社会政治秩序的模型，它所反映的是一种以清楚界定的角色和地位，并且从理想上讲是通过神的体系而凝聚在一起的网络。"[①]

祖先祭祀，维系的不只是一个家或者宗族，而是更大的血缘群体，许多人甚至早已经出了"五服"，但仍然与"本家"有着共同的始祖。祭祀可以让他们在仪式上唤起血缘苏醒，意识到他们有共同的祖先和共同的秩序文化。

孔子强调孝，其实还是强调家庭和家族内部基于礼的框架之上的秩序，只有在孝的约束下，祖先祭祀才能遵礼而行，丧礼才能区别尊卑亲疏，秩序规则才能得以显现。

"'礼'的终极目的是要赋予等级制与权威以人情的魅

---

① ［美］本杰明·史华慈（Benjamin I. Schwartz）著，程钢译：《古代中国的思想世界》，江苏人民出版社2003年版，第30页。

力，但肯定也意味着要维护并澄清它的基础。"①

秦汉以后，诸侯无国，大夫无邑，"族"渐渐分裂并淡化，"尊祖者既衰而不来，事亲者又厌而不尊……礼始尽废矣"②。虽然在尊祖敬祖的仪式上，各地都有松懈，但祭礼的核心始终没变。历朝历代都遵循上古礼，"明初的律令，对于祭祀祖先时能够祭祀多少代，有相当清楚的限制；品官祭祀四代，平民只能祭祀父母及祖父母；明初的律令，也特别规定，只有品官才有权在被称为'家庙'的建筑内祭祀祖先。但是，对于在坟墓旁建立祭祀礼堂这种宋朝的习俗，明朝的律令并不禁止"③。

对祖先神的敬奉，不但涉及孝道，还涉及健康、财产与生命安全。在民国以前，人们认为疾病来源，主要是神尤其是祖先神的惩罚。而财产是否兴旺、寿命是否长久，也得益于祖先的护佑。

因此，对祖先的香火供奉与祭祀，便是首要的生活内容。

许多平民没有家庙，但祭祀祖先的内在动力与社会习俗十分强大。因此，便建筑了相类的场所，为了规避政令的惩罚，起了一个新名词"祠堂"。

祠堂是平民的祭祀场所，虽然同样起着号召族人的作

---

① ［美］本杰明·史华慈（Benjamin I. Schwartz）著，程钢译：《古代中国的思想世界》，江苏人民出版社2003年版，第68页。

② 科大卫著，卜永坚译：《皇帝和祖宗：华南的国家与宗族》，江苏人民出版社2010年版，第92页。

③ 科大卫著，卜永坚译：《皇帝和祖宗：华南的国家与宗族》，江苏人民出版社2010年版，第92页。

用，但与"家庙"相比，在祭祀规格上，仍然有着重大差别。

无论历朝历代，祭祀权成为一种特权。只有成为官员，才有资格建"家庙"。国家通过控制授爵、授官，来控制社会，规范秩序。"宗族成员一旦获得科举功名，就建立起家庭礼仪。"[①] 首要的就是建起"家庙"，团结宗族。有能力建盖"家庙"的，自然地成为宗族领袖，在宗族内部甚至地方，产生巨大的号召力。

"家庙"在昭示社会身份、团结族人、凝聚血缘力量方面，起着至关重要的作用。

孔子谈孝时说道："孝弟也者，其为仁之本与？"其深意在于家庭是秩序的温床，在家庭内部恰当地处理上下关系、长幼关系，在处理更为复杂的社会关系时，就能游刃有余。"正是在家庭之中，人们才能学会拯救社会的德性，因为家庭正好是这样的一个领域。其中，不是借助基于家族纽带的宗教、道德、情感的凝聚力，人们接受了权威并付诸实施。正是在家庭内部，我们才找到了公共德性的根源。"[②]

孝是塑造臣民责任意识的基础

孔子反复向士阶层强调要行孝，除了孝是礼的一部分、是礼在家庭秩序上的反映外，还有着另外的原因。

从诸侯对周天子、到大夫和卿对诸侯，随着血缘的淡化，在下位者对在上位者的尊敬与依从，只与习惯有关，而不再是基于家族内部的权力共治。

到了春秋时代，"原先社会本以宗室祭礼为其基础，此时军事因素居于绝对优势，因而社会性质便有所改变。事实上，不仅诸侯国之间的传统关系形式受到影响，而且城邦中大家族之间的关系亦深受影响，因为社会制度是一个整体。约从公元前 600 年起，贵族社会的危机迹象便接踵而至。公元前 6 世纪时，事实上便出现了新政制，其目标是加强君主权力与独立地位，公元前 594—前 590 年之间，鲁国出现早期形式的农业税，郑国则于公元前 543—前 538 年之间实行这种税制。为君主提供兵源的旧式赋役趋向于以供应兵器和粮食来代替"[①]。

这意味着君主不再依赖于卿、大夫甚至士，而可以自由地任用其他人员为自己提供服务。"（统治者）在策划削弱地方世袭贵族权势的时候，急于到地方世袭贵族统治的圈子以外招募贤才。社会的流动性增加了，在行政管理和

---

① ［法］谢和耐（Jacques Gernet）著，黄建华、黄迅余译：《中国社会史》，江苏人民出版社1995年版，第634页。

军事管理两个领域内出现了新的机会。"[1]

孔子清醒地看到了这一巨大的社会变化,因此,当旧贵族无法依靠血缘纽带与国君维系礼制关系时,孔子希望培养一个新的贵族阶层,他们虽然没有贵族的出身,但却完全恪守着贵族的礼仪,保持着贵族的精神追求。这个新阶层就是由"学"而改变的"士"们。

君或贵族在任用"士"或者擢拔"士"进入统治集团的时候,因为没有血缘关系可以依赖,并不了解其是否可以胜任,也不了解其是否忠诚。因此,考察其在家内领域对待尊长的态度,可以类比到其对待君或贵族的态度中来。

家是一面小的卑下对待尊长的镜子。在家内领域的合格或优秀者,一定可以在家外领域也有优秀的表现。

这面镜子,就是孝。

"依照孔子的观点,观察一个人的行为是否符合孝道,必须以他如何为父母办理丧事作为检验的标准。子女对父母的孝道在施行世袭制的国家,被应用到了一切的臣属关系之中。孝对于官员(孔子也曾为官)来说,是最基础的美德。它能诱发其余的美德。一旦通过了考验,也就是具备了孝这一美德。如此一来,官僚制中最重要的等级义务——无条件的纪律的履行便有了保障。这一点理解起来非常容易。"[2]

---

[1] [美]本杰明·史华慈(Benjamin I. Schwartz)著,程钢译:《古代中国的思想世界》,江苏人民出版社2003年版,第59页。

[2] [德]马克斯·韦伯(Max Weber)著,洪天富译:《儒教与道教》,商务印书馆1995年版,第206页。

当一个"士"还没有服务于君或者贵族的时候，我们无从考察其品行，也无从了解其处事的态度，因此，家内领域的人际关系映照，可以帮助我们更好地认识一个人的品性。

"在家庭领域内，亲子关系中的'孝'和兄弟关系中的'悌'往往又转化为政治领域内的塑造臣民责任意识的基础。培养'孝'的观念同样是塑造人性的开端。"①

另外，孝道还包含着对祖先神的态度。而祖先神是保佑生活秩序及社会秩序的神秘力量，如果敬奉祖先神，则同样会敬奉更大的权力神灵天或帝，而天或帝是保佑天子的神灵。

换言之，对祖先神的敬奉，意味对神灵体系的敬奉。而对祖先神的轻慢，意味着对所有神灵体系的轻慢。

因此，对"士"在家内领域表现的考察，有管中窥豹的作用。

以家为核心，人们对待尊长的态度、对待神灵的态度，一一向外展现。外界通过考察孝这个基本面，就可以对一个人有较为全面的评价。

"儒家道德呈现出家庭的优先次序，家庭美德是实现公共美德的必要条件。一个不孝顺的儿子（或女儿）也将是一个不值得国家信赖的人，确保国家和谐长久的一种方法就是通过培养孝顺的子女来创造可靠的国民。一旦夯实了这个基础，公共秩序也将随之稳定。或者在当前政治环境

---

① ［美］罗莎莉（Rosalie）著，丁佳伟、曹秀娟译：《儒学与女性》，江苏人民出版社2015年版，第46页。

下，醇厚的家庭美德能够缓和诸多社会矛盾。"①

何为孝？子曰："父在，观其志；父没，观其行；三年无改于父之道，可谓孝矣。"

看似是在谈论一个新的话题，实际上谈的仍然是"礼"。在孔子看来，孝是礼的一部分，是礼在家庭、家族即血缘环节的"礼"。无改于父之道，与周朝遵奉"先王之言"，逻辑上是一致的，都是对祖先话语的尊崇。

孝，是礼在血缘关系上的秩序表现。

"孝道的核心始于对父母的奉养，但孝道的范围却远远超越了家内领域而扩展到整个国家。在汉代典籍《孝经》中，孝道始于家内领域中对父母双亲的侍奉，在政治领域中通过报效国家而达到顶峰，最终使父母和家族血统得以显扬，'夫孝，始于事亲，中于事君，终于立身。'简言之，孝道是竭尽全力报效国家之广义政治美德的预演。"②

孔子反对绝对服从，无论对于君还是对于亲。因此，孔子所倡导的孝道，"并不提倡绝对顺从或屈从于父母的意愿。例如，舜在婚姻上就违背了不讲道德之父亲的意愿，但舜却被视为孝道的典范。孝顺父母更多地表现为做恰当或符合礼义的事情而不是不顾一切地顺从父母的意愿。与婚嫁礼俗相反，舜没有告知父亲自己将要迎娶尧的两个女儿。在没有男性后嗣的情况下，舜对于父亲意愿的违背是

---

① ［美］罗莎莉（Rosalie）著，丁佳伟、曹秀娟译：《儒学与女性》，江苏人民出版社2015年版，第177页。

② ［美］罗莎莉（Rosalie）著，丁佳伟、曹秀娟译：《儒学与女性》，江苏人民出版社2015年版，第142页。

合理的。舜虽然没有服从父亲的意愿，但却做了恰当且符合礼义的事情，因而他是最为孝顺的"①。

如何完美地尽孝，孔夫子在不同的情景下有不同的教诲。

比如曾参是个孝子，他的父亲曾点脾气特别不好，动辄殴打曾参。有一次曾点拿木棒把曾参打昏了，他起来仍然跪在地上不跑。

孔子痛斥曾参愚昧，不让他进门。曾参不解，孔子说，你如此尽孝，只会毁了孝。你父亲脾气不好，他打你你就跑，不然，把你打死，他能独活吗？

孔子又说：事父母，几谏。不主张完全顺从。

"遵循孝道的子女有责任违背父母的意愿，就如同正直的臣子必须反对君主错误的旨意。荀子认为：'孝子所不从命有三：从命则亲危，不从命则亲安，孝子不从命乃衷；从命则亲辱，不从命则亲荣，孝子不从命乃义；从命则禽兽，不从命则修饰，孝子不从命乃敬。'正如荀子所阐释的那样，真正的孝道必须以符合社会整体的期待为先，而不是父母的个人意志。

从道不从君，从义不从父。同样，根据《孝经》中的相关内容，子女有责任劝诫父母，如同正直的大臣有责任劝诫君主。②"

既然孝的作用如此之大，孔子及儒家都认为孝亲优先

---

① ［美］罗莎莉（Rosalie）著，丁佳伟、曹秀娟译：《儒学与女性》，江苏人民出版社2015年版，第142页。
② ［美］罗莎莉（Rosalie）著，丁佳伟、曹秀娟译：《儒学与女性》，江苏人民出版社2015年版，第142页。

于事君。民国以前，官员丧亲，需要"丁忧"，即辞官回到祖籍，为父母守制27个月。人们通常认为这是为了"尽孝"，其实不然。"丁忧"的背后，还隐含着儒家与君权的对抗——"为父绝君"。

官员们在这个特殊时刻离开皇帝（因为是家天下，即便在州县做官，也是为皇家服务），来报答父母之恩，实际是想表明儒家知识分子认为血缘之情重于俸禄之养，父母之恩重于君臣之义。

家庭是传统知识分子的道德与治理能力实验场，当没有机会服务于政府时，通过修身而齐家，几乎是儒家知识分子的必由之路。因此，当别人问孔子，不能为政，是否就无法实现人生价值时，他轻松地回答：孝乎为孝，友于兄弟。施于有政，是亦为政，奚其为为政？

孔子服务于政治权力，所追求的是秩序即礼，而在家庭私域，只要能践行礼，就仍然在维护秩序即"为礼而活"。

入仕，从来不是孔子的终极追求，守礼遵礼传礼才是。在孔子看来，"为恢复政府权威的道德基础所需要的基本品质，将会在家庭关系之中发现。如果说，儒家对于优良行为的'示范效应'作用具有真实的信仰，那么，和睦家庭的榜样可以把它的影响辐射到周围的环境之中，即使人们不在政府中供职也同样如此"[1]。

孝道是古代典籍的永恒主题。

孝是子孙对祖先的崇敬。某种意义上，也是对自我血

---

① ［美］本杰明·史华慈（Benjamin I. Schwartz）著，程钢译：《古代中国的思想世界》，江苏人民出版社2003年版，第101页。

统的认可。孝的基本内涵是家庭内部等级制的生动展现。

"儿子在 30 岁之前几乎见不到父亲。他小时候和妇女住在一起,然后去舅舅家里学习'礼'。只有当他完成学业之后,才能开始执行仪式,得到父亲的接纳,并在两人之间建立起一种神圣的联系。尊重和崇敬远比慈爱或亲密重要。父亲像诸侯一样是上天的代表,两者的关系应当是疏远而严苛。"[1]

凯伦·阿姆斯特朗的这番话,建立在张光直对商代甲骨卜辞研究的基础上。张光直认为,商代的王是由父系与母系轮替来做的,后王名义上是先王之子,实际上是其"甥"。时间长了,"舅"与"甥"的关系便异化,双方互相"以甥为子"。

但周代已经不实行这样的制度,因此,理解他的如上话语,不能广而用之。他的如下话语,则切中肯綮,在周以后的家庭生活中,父亲仍然是主要的教育者与道德权威。

父子之间通过疏离保持父亲的威严,尽管牺牲了亲密与友好,但却维护了礼。《论语》中礼的体系要以等级制与权威的网络自身为前提,并意在强化这一网络。"[2]

至少在春秋时期,人们认为孝不像现代人所理解的那样,是一种生命的感恩与亲情的感动,而是"'礼'在父子间创造了一条孝顺的纽带"。[3]

---

[1] ［英］凯伦·阿姆斯特朗（Karen Armstrong）著,孙艳燕、白彦兵译:《轴心时代：塑造人类精神与世界观的大转折时代》,海南出版社2010年版,第174页。

[2] ［美］本杰明·史华慈（Benjamin I. Schwartz）著,程钢译:《古代中国的思想世界》,江苏人民出版社2003年版,第69页。

[3] ［英］凯伦·阿姆斯特朗（Karen Armstrong）著,孙艳燕、白彦兵译:《轴心时代：塑造人类精神与世界观的大转折时代》,海南出版社2010年版,第174页。

仁：祖宗为大，先父后君

仁的选择：儒者的三重路径

仁，是礼的精神内核，是孔子反复要求"士"群体必须追寻的终极道德标准。

在汉字中，"仁"的出现实际上比较晚。根据林毓生的研究，在现已发现的甲骨文和金文中没有出现"仁"字，它的出现应该晚于西周（公元前 1122—前 771 年）。"仁"在《尚书》中出现了 5 次，在《诗经》中出现了 2 次，而在《易经》中出现了 8 次。"仁"在上述经典中的边缘性和它在《论语》中的核心地位形成了鲜明的对比。在《论语》中，"仁"的出现超过了 100 次。[①]

"仁"在《诗经》里的语境相似，虽一为郑声，一为齐歌，其意却大体相同。这也说明经由周鼎传播的汉字，在"汉字圈"里基本保持了同样的含义。

郑人的"洵美且仁"也好，齐人的"其人美且仁"也罢，都对田猎者在狩猎过程中的优雅态度，表示了称许。

---

① ［美］罗莎莉（Rosalie）著，丁佳伟、曹秀娟译：《儒学与女性》，江苏人民出版社 2015 年版，第 40 页。

两位田猎者的"仁"，是指他们即便在田猎过程中，仍然依礼而行，并不因为在野外而放纵自己。田猎之礼，大约上古自有其规，比如在岸不杀幼兽、孕兽，在河不置细网，像商汤一样，"欲左者左，欲右者右，欲高者高，欲下者下，吾取其犯命者"。

上古之礼，总是遵循自然之道、和谐之道，这也是孔子极力恢复古礼的道德动机。

弟子反复问"仁"，孔子不断予以回答，但每次的答案都不一样。但是，这并非孔子善变，而是"仁"的表征多种多样，但归根结底，一切"仁"皆出于礼。因此，当颜回问什么是仁的时候，孔子回答：克己复礼，则归仁矣。

哲学家芬格莱特认为，这句话之所以有力量，是因为孔子认为所谓的"仁"，不但要有自我克制能力，并且要以礼为旨归。

芬格莱特对孔子的理解，比许多中国儒学学者更贴近真实的孔子。

"孔子只是观察和报告事情的真相：'仁'其实就是一个人决定遵从'礼'，至于如何成为仁者，并没有一步一步地分析。只要他真正有志于'仁'，瞧，'仁'就来了。"①

芬格莱特接着说："只有随着'礼'的发展，'仁'才会

---

① ［美］赫伯特·芬格莱特（Herbert Fingarette）著，彭国翔、张华译：《孔子：即凡而圣》，江苏人民出版社2002年版，第51页。

有相应的发展。'仁'也就是在'礼'中塑自我。"①

有限王权与春秋秩序

孔子是有限王权的拥护者。

在他理想的秩序世界里，无上的权力归于天，其次归于祖先神（王和诸侯、贵族以及士庶们的祖先），然后才部分地归于王、诸侯、大夫、士。这个秩序框架，是由商王和周王确定，并遵循了数百年的。

孔子不关心庶人和野人，他所面对的是"士"这一阶层的困境，想帮助这个群体做些改变。因此，孔子的"救世"不是普度众生，而是限定于"士"这个离自己最近的权力边缘群体。用美国学者本杰明·史华慈的话说，老子关心上等人，因此谈道；孔子关心中等人，因此谈礼；荀子关心下等人，因此谈法。他认为，诸子百家，其实都是针对不同的社会阶层在说话，无争而有鸣。

在一些研究者看来，孔子时代的"德"并不是我们今天的道德、品德之意，而是一种超能力，一种巫术体验，同样是能够与神灵沟通的特殊本领，只有极少数被神灵垂青之人，才能具备这种能力。

而在西周，拥有这种能力的当然是周文王、周武王。

周人也希望这种特殊能力像基因一样，可以世代相传。

"德，从起源上讲，这个术语也许与内在的精神——巫

---

① ［美］赫伯特·芬格莱特（Herbert Fingarette）著，彭国翔、张华译：《孔子：即凡而圣》，江苏人民出版社2002年版，第48页。

术性能力有联系，正是由于这种能力，君王或萨满才能影响他人的行为。"[①]

商汤身上具有的"仁"的属性，也是一种巫术性能力，否则，就难以解释为何以其仁心，就可以有"犯命者"自投罗网，成为他的猎物。

这些巫术性能力，被孔子从神性光芒中"脱敏"，由神的赐予，变成依靠学习与自省就可以获得，因而，拥有"德性"和"仁心"的人，一定程度上接近圣贤，也成为某种"神选之人"。

依照王的授权模式，邦的君主再根据血缘关系与支持者的力量，将其他权力分层授予给自己的追随者。王、联盟的领主、领主的下臣，分别享受不同层次的神权和城邦及土地管理权。

贵族、士的政治权力和对城邑、封地的管理权力，不是来自于王，而是来自于神圣的血缘联盟，来自于祖先的赐予。

因此，尊王，但却并不臣服于王，只有当服务于王的时候，才遵从相应的礼制要求，去履行职务规则。一旦不再"为王劳作"，则王只是一个精神象征，不需要遵从特定礼仪，不需要为王尽无限义务。

孔子所在的春秋时期，国家形态仍然是贵族联盟，统治形态还是神政模式。

天子作为天神的人间代理人，主持祭祀，但行政权与

---

① ［美］本杰明·史华慈（Benjamin I. Schwartz）著，程钢译：《古代中国的思想世界》，江苏人民出版社2003年版，第99页。

神权部分分离。周王并不是王朝土地的拥有者，更不是实际管理者。

周王名义上对国家拥有统治权，但事实上，管理权被剥离出去，交付与周王有血缘关系或者支持周王的诸侯和方国国君手里。

商代和周初，都是这样一种神权与政权层级分离的状态——王拥有部分祭祀权和名义上的"商土"和"周土"统治权，诸侯拥有部分祭祀权和名义上的"国"的统治权，到了大夫这一阶层，神权与政权再次分离，一直到邑。

士们是统治阶层里，只享有部分祭祀权而没有具体城邑管理权的群体，服务于大夫、卿，只有极少数精英中的精英，才有机会与大夫或卿并列——经过孔子授之以百家之学，精通礼仪与政事的弟子冉雍，也不过刚刚能服务大夫或国君，"可使南面"。

理解孔子，要始终把春秋时代看成是"城市国家"或者"城邑国家"，而不是战国时代的"领土国家"。

而孔子所崇尚的"周礼"，也是公元前880年至前850年左右"礼制改革"之后，祭仪等级化之后的礼仪化和专业化的一套秩序规则。尽管与此前略有不同，但本质上，还是遵从"祭仪国家"的权力分散原则。即天子和国君拥有祭祀权，而部分或大部分行政管理权交由世卿或世袭大夫手里。

从这个概念来说，所谓"溥天之下，莫非王土"的"王土"，实际所指为"名义之土"。

孔子经常向弟子讲述治国为政之道，所谓的"国"，大体与商代和周初的城邑相似，战车百乘，就可以称之为"国"了，与现代国家的含义大相径庭，与商代和周初的"邦"是一致的。许多西方学者在谈到春秋战国之际列国的关系时，总以"国际关系"来统括，是对"国际"一词的泛化，理解是错误的。

春秋时期，天子始终是国家的神政权威，如果用现代语词来理解当时的"国际"关系，则如今的"省际关系"或可类比，也可以用稍早的"邦际关系"来看待。

孔子终生所做并教诲弟子孜孜以求的，是用"礼"来维护秩序，并尽量通过每个人的"克"即谦让、容忍、抑制，而恢复西周中晚期以"礼"约束一切的良好局面。

"仁的教义"：是"礼"的道德外化形式

仁，是对待礼的态度，或者一种礼的道德外化形式，是内心对待礼的崇敬感、荣誉感，是一种以己心来对待他人和外物的平等感。

"仁"不会独立存在，而是在与他人的沟通与互动中表达。在此过程中，把所习得的关于礼的知识，恰当地运用到他人身上。"仁"不只是恰当的行为，还包括恰当的言语、表情、态度、观念。

"礼"因为带有强制性，必然会让人产生束缚感。但如果以仁的方式来实践礼，则有如春风吹拂寒冰，机械的、坚硬的礼，也会软化起来，像水一样，流入人的内心。

"仁"能激发善，激发美，激发内心的关怀。我们借由

"仁"与他者发生联系，影响他人，团结他人，感召他人，共同去实践礼、遵守礼。

不能与"他者"建立某种关系，则礼即秩序就没有意义。同样，没有礼即秩序约束，则内心的善便无从释放，遵从礼的愿望就无法实现。

我们基本上可以认为，孔子的价值体系是建立在坚持"贵贵原则"以及"亲亲原则"和"贤贤原则"基础之上的，坚持"由己推人"，如果自己都不能接受的行为和价值观，也不苛求别人接受。把"仁"从圣贤对外物的慈爱态度，变成向内的修炼。

"在孔子之后，'仁'由早期经典中对特殊性情和才能的描述性术语转变为感同他者、爱护他者、谋求整体利益的独特道德品质和能量。"[1]

孔子被誉为"圣贤"，可以随心所欲地达到"仁"的境界。但他的弟子包括无数后世的儒家知识分子，普遍认为"仁"是一种极难掌握的"释善"过程，某种意义上，我们甚至不得不说，"仁"是一种"善的炼金术"。因此，有的学者认为，"孔子的'仁'，就其内在本质而言，是超乎定义的。有了'仁'，处理人的内在性的新术语出现在人们面前"[2]。

宋代的儒家知识分子不相信有完全的"善"。他们是传统中国价值观的坚守者，坚信所谓阴阳平衡才是最好的

---

① ［美］罗莎莉（Rosalie）著，丁佳伟、曹秀娟译：《儒学与女性》，江苏人民出版社2015年版，第44页。

② ［美］本杰明·史华慈（Benjamin I. Schwartz）著，程钢译：《古代中国的思想世界》，江苏人民出版社2003年版，第99页。

身体与世界秩序，因此，善恶平衡同样是最好的道德秩序。他们在描述"仁"的释放状态时，用了一种现代化学观点，认为"仁"的释放有一个蒸腾临界点，超过临界点的善念，就是"仁"。而临界点本身，则是内心的善恶在争斗。善念在临界点面临沸腾与冷却的灵魂煎熬过程，就是"格物"。

在儒家的教义中，"仁"意味着成熟和理想人格。[①]

对礼的遵守，可以是"法"的即严酷和惩罚性的，也可以是"仁"的即宽怀和慈爱的。

被孔子改造过的"仁"，是一种"中国人文秩序模式"。"仁"不是泛泛的对人和事物的态度，而是对待遵守礼教的态度，是对秩序的一种人性的理解。更严格地说，"仁"，是在上位者面对在下位者作礼的选择时，普遍宽恕的态度。

礼教是约束一切人的，但王和贵族是居于领导阶层的特权阶级。特权阶层更要接受"礼"的约束，在行为过程中释放更多的"仁"。

"仁"是一种道德奢侈品，是在上位者所必备的道德品质。爱人，不是普通人的职责，是在上位者包括王和贵族的职责。孟子的名言，"老吾老，幼吾幼"是在向王进行道德喊话，希望王能够"由己推人"，不要总想着发动战争，因为战争会使很多民众丧失生命，造成老无所养，幼无所抚。这同样不是对普通人的道德感召，而是对在上位者的统治合法性的约束。

"仁"，包含了宽恕即恕的内涵，在上位者要能够体谅

---

① ［美］罗莎莉（Rosalie）著，丁佳伟、曹秀娟译：《儒学与女性》，江苏人民出版社2015年版，第44页。

在下位者的困境，要能够换位思考，理解与接受在下位者与他们一样，爱其亲，尊其长，渴望健康长寿。"仁"，就是以爱的心态去看待和理解，并以爱的心态去处理在下位者的高尚行为。

孔子所遵从的"礼"，是一种模式化了的天人秩序。天有暴雨狂风，有水旱灾害，有虫灾饥馑，但这些是无法违抗的，因此，对于秩序的遵从并不是平等地看待一切，所谓"尊尊"或者"贵贵"，就是必须优先尊重高高在上的天和神，遵守先祖们所制定的敬天和祖宗神的礼制规则。

这是传统社会的基本价值观，即如果天的暴怒是人所无法违抗的，则王也如是，父也如是。古代中国人认为，人与神是相互依存的，如果人不存，则神亦不存。因此，神也要善待人。

神会根据自己的一套道德规则，为民们选择好的君主。而好的君主则要体恤为其提供服务的民众。

孔子的理想秩序，是在上位者虽然拥有特权，但对于在下位者也需要关爱和体恤，需要彼此建立一个互相尊重的框架，这就是"礼"。

虽然孔子很少谈到神，但对神充满敬畏。以他的逻辑，礼，不只是约束在下位者，也约束在上位者，甚至约束神。

神的主体，在晚商就是祖宗神，如果没有子孙香火，则祖宗神无法在冥世生存。同理，缺乏王的祭祀，天帝也无法存在。缺乏民的支持与劳作，王也无法存在。没有臣和民，则王不存。没有子，则父不存。没有在下位者，就不会有在上位者。这一套互相依存的天人秩序，在战国发展成为孟子的"民本思想"。

孔子的知识体系完全围绕礼而建立，他的"仁"，也完全围绕礼而展开。他的学说体系，也均是关于"礼"在不同层面如何遵守的阐释。把"贵贵原则"放在首位，承认特权，承认上位者的统治地位，但也要求在上位者合乎礼教。

因此，孔子不但是"礼"的守候者，更是古代文明的守护者和传统社会秩序的守护者。

"礼"非一味宽和，忍让，并非完全自我放任的无政府主义。触犯礼教，是不被宽恕的，恕也自有其条件。

如果礼教可以触犯，则社会秩序崩溃，"率兽食人"。

从终极目标来看，"礼"与"法"，并无根本上的冲突，都是以"尊王"为核心，为了维护王权秩序。

两者的差异何在？绝大多数学者都没有看明白，更不可能说清楚。

在不破坏"政出于王"的前提下，"礼"与"法"都是维护王室、贵族尊严的一种秩序规则。

"礼制"观念，体现了早期神政体系中，血缘纽带的重要性，因此主张有限王权。

到了战国，"法家"们所要做的事情，是把所有的权力都交给王，剥夺诸侯、大夫的权力，让诸侯和大夫从祭祀权和部分领土管理权的分封者，变成王的服务者。从食邑的领主，变成领取王或诸侯薪酬的官僚。

一切权力归王，是战国以后，诸侯国君与"法家"们竭力要做的。

到了六国灭、秦国兴，一切权力归帝——始皇帝，完成了王对贵族群体权力（祭祀权和领土管理权）的剥夺，贵族也像其他群体一样，成为听命于王的、政治上与士们处于同一阶层的权力从属者，在神政管理体系中的位置也渐渐被士们所取代。

某种意义上我们可以说，春秋战国之变，一面是君想变成王，一面是士想变成贵族，两股力量合流，最终促成了天下一统。

儒家与法家之争，本质上是一场道路之争。儒家虽然主张"尊王"，但主张王权有限并支持分权——包括祭祀权和管理权。法家主张一切权力归王，死也要把贵族拉下马，让贵族和士一起，成为王的服务者和应召者，而不是天然地享有某些权力。

孔子所努力的目标是让士成为贵族从而服务于君，而法家所努力的目标是消灭贵族让士直接服务于君。

对于贵族阶层而言，儒家的原则是加入，法家的原则是毁灭。

所谓的儒法合流，不过是双方都各退一步，在尊王这一共同价值不冲突的前提下，法家主张法律面前人人平等，不存在特权阶级。而儒家通过斗争，让法家们把对贵族和知识分子的特权法律化，置于法的保护之下，既遵守了"法律面前人人平等"，又保障了贵族和知识分子的利益。

儒家认为知识是种特权，读书人要有脸面，主张给儒者团体以特殊对待——后世直到清代，监生成为县官的学生，见到县官不跪，无须提供赋役和劳役，都是儒家的胜利——知识分子群体，是取代旧贵族的新贵族，必须也同样给予其尊严，同时，倡导儒家知识分子"仕"的理由是在皇帝身边监督皇帝、提醒皇帝，不让皇帝犯错误，才是最高也是样板性的"忠"。

同时，儒家极其慎重地把"家"从王的神政权力束缚下，解放和独立出来，允许由父权来统治"家"，而不是普遍的"法"和"皇权"。儒家的权力观中，家是构成世界最重要的独立单元，面对外部世界的侵犯，父子可以相互保护，"父为子隐，子为父隐"。

当"家"从王的权力下脱离出来，才谈得上生活的意义，那些父子（女）、夫妻间的感人细节才谈得上温暖，最终，人生才拥有价值。

而法家要求法律面前人人平等，即一切以法律为至尚规则，实际上是把除王以外的天下人，都当成了王的奴隶，所谓的法，不过是王用以约束和惩罚天下人的合理借口。

因为法不是天下人制定的，是王制定的。

在法家的统治规则里，王把一切意志法律化，要求天下人依照规则行事，则天下人必须人人熟知法条，稍有不慎，就堕入法网，成为罪民。

儒家认为王无权惩罚天下人，罚的权力在天，在神，而不在王。王虽然是天的人间代理人，但天罚由天亲自实行，不由王代替，人人畏天，而无须人人畏王。

法家把人对天的敬畏，变成了对王的敬畏。

所谓畏法，不过是一种新的治理术——即把对人的直接管理，变成对条文的直接管理，让天下人自己去对照条文，并遵守条文，从而成为顺民。

秦亡之后，人的价值被从法的桎梏中解脱出来，儒家的学说受到广泛接受，就与历史逻辑自洽了。

"仁"即爱人的观念，无论高高在上的王，还是乡野之中的民，都将其当作润滑人际关系、建立社会秩序的根本，成为普遍的中国文化和道德价值。

"在儒家的传统教义中，人类道德品质中的友爱、无私被视为'仁'最典型的特征。当被问及何为'仁'时，孔子回答'爱人'，孟子也反复强调'仁者爱人'，而荀子将其恰当地表达为'仁爱也故亲'。儒家将'仁'由感同式道德或独特品质提升为一种达到道德成就顶点并包容一切的美德，这样的提升使儒家教义作为一种'仁的教义'得以区别于其他所有学说。"①

仁与爱人：儒家的人道关怀

"仁"包含对于"礼"的服从，只有符合"仁"德的人，才可以做到没有焦虑。

"仁"还涵括了所有其他的德性。孔子从各种不确定的视角出发加以考察，从而澄清了"仁"的基本性质，而孔子始终认为，在其核心部位总是存在着某种无法把握的东西。当他的弟子列举各种值得赞扬的行为模式作为"仁"的例示时，孔子肯定会赞扬这种行为，但他不愿意将它们

① ［美］罗莎莉（Rosalie）著，丁佳伟、曹秀娟译：《儒学与女性》，江苏人民出版社2015年版，第44页。

等同于"仁"。最终他还说，自己也不敢声称够得上"圣人"或"仁人"的身份。[1]

如果孔子都不敢自称"仁人"，那么，无论这个词在《论语》中出现多少次，弟子和后继者们可能都无法很好地理解，"仁"究竟为何物。

因此，孔子举了具体的例子，来教导学生们，如何用"仁"的态度，来应答面对现实的选择。商末，面对帝辛暴政，帝辛的三位血缘亲族也是重要的大臣给出了"仁"的三条路径：

"微子去之，箕子为之奴，比干谏而死。孔子曰：'殷有三仁焉'。"

为了更好地理解孔子所称许的"仁"的"三条路径"，让我们来看看文天祥的故事。

公元1276年，元军南下灭宋。太皇太后谢道清自知无力抵抗，命令向元军统帅伯颜奉上传国玉玺和降表，开城投降。被元军留置营中的文天祥，中途趁乱逃跑，举兵抗元。（公元1278年）12月，在五坡岭（今广东海丰北）被俘，押往大都，关入狱中。

在不断的劝降中，文天祥在狱中的岁月，变得耐人寻味。

先是唆都，劝降无果；接着是留梦炎，被写诗辱骂，讪讪而归；随之而来的，则是阿合马和孛罗，其结果可想而知。

再接着，来的就是一个神秘人物——他的弟弟文璧。

---

[1] ［美］本杰明·史华慈（Benjamin I. Schwartz）著，程钢译：《古代中国的思想世界》，江苏人民出版社2003年版，第121页。

文天祥的二弟文璧，号文溪，比文天祥小一岁，与文天祥同登进士。守惠州，不敌，以城降于元，为元朝临江总管。文天祥幼弟，于其被执后选择了隐居。

这回，文天祥终于表现出了其复杂人性的另一面。

弟弟劝降，当然他也不会一时松口，但场面却很融洽，充满人情味。

两人商议把文璧的一个儿子文陞过继给文天祥，因为文天祥的儿子们都相继死去，"不孝有三，无后为大"，向后一望，除了空名，还应有一个承继香火的人，不管文天祥是活是死，都可免无后之忧、不孝之责。

无论战争还是其他因素，都不能影响人们"亲亲"原则之上的血缘激响。

文天祥的父性突然回归，给这个在远方的继子文陞写了一封家信：

"汝祖革斋先生以诗礼起门户，吾与汝叔同产三人。前辈云：'兄弟其初，一人之身也。'吾与汝生父俱以科第通显，汝叔亦致簪缨，使家门无虞，骨肉相保，皆奉先人遗体，以终于牖下，人生之常道也。不幸宋遭阳九，庙社沦亡。吾以备位将相，义不得不殉国；汝生父与汝叔，姑全身以全宗祀。惟忠惟孝，各行其志矣。"

大意是，你祖父以诗礼起家，生了我与你叔叔兄弟三人。我和你的亲生父亲都是通过科举才显贵起来的，你叔叔也成为有名望的人物，说实在的，我们兄弟三人，没给祖宗丢脸，三个人都算是光宗耀祖了。可是，大宋朝遭遇厄运，国家灭亡了。我愧居将相之位，从道义上讲，必须为国家而死；可是你的亲生父亲以及你的叔叔，需要保全自己，这样才能让我们的宗脉延续下去。兄弟三人，有的尽忠，有的尽孝，各自去行使各自的使命。彼此有使命，就去完成他，这才是男子汉大丈夫应有的志向。

这封家书写得情意绵绵，荡气回肠。

在情理之中，也在情理之外。

说其在情理之中，因为此时柔情脉脉的文天祥，才是一个有血有肉的人。

说其在情理之外，则文天祥不再以怒目金刚形象示人，而是展现了性情的另一面，说话入情入理，分析头头是道，尺度拿捏得宜。

兄弟虽人生殊途，但他却不一味要求其他人像自己一样活着。因为人的社会地位是不同的，所要尽的社会责任也不同。

因此，各走各路，同时各自尊重。

与这封家书情感氛围相似的，还有一首应该是写给其弟文璧的诗《闻季万至》：

去年别我旋出岭，今年汝来亦至燕。
弟兄一囚一乘马，同父同母不同天。
可怜骨肉相聚散，人间不满五十年。
三仁生死各有意，悠悠白日横苍烟。

诗的意思大约是，去年我和你在岭南分别，今年你也来了北方。咱们弟兄现在的情况可与当年不一样了，你当了官，骑着大马，我却成了囚犯，咱俩都是一母所生，咋会命运这么不同呢？说这些都太矫情了，还是叙叙旧吧。兄弟俩不可能永远在一起，有聚，就有散，我们才活了不到50岁，岁月还是太短了。咱们兄弟三个，各得其仁，各得其所，这也是天意吧，苍天悠远，算是给我们一个安慰。

在诗里，文天祥调侃弟弟和自己的人生际遇，但同时能够坦然面对，人生各自所负的义务和责任不同。所以，各得其所，是最好的结局。

文天祥生命的最后时光，"仁"的外溢更为明显，亲情流露更加感人。

1280年秋，在监牢中的文天祥收到女儿柳娘的来信，得知女儿还活着，他喜不自胜，又悲不能抑，写信给家人，剖析自己的境遇：

"收柳女信，痛割肝肠！人谁无妻儿骨肉之情，但今日事到这里，于义当死，乃是命也，奈何，奈何！"

信里表达的意思很明显，人谁无儿女之情？谁又是铁石心肠？可是，于义当死，这就是他的命。唉，怎么办啊？怎么办？

一句"于义当死"与"奈何奈何"，隐含"生祭"事件对他的逼迫，确实让他没有退路可走。

文天祥为此作《得儿女消息》一诗：

故国斜阳草自春，争元作相总成尘。
孔明已负金刀志，元亮犹怜典午身。
抗脏到头方是汉，娉婷更欲向何人？

痴儿莫问今生计，还种来生未了因。

面对今世，以状元自耀、以丞相自许的文天祥，也无可奈何，只好将对女儿的舐犊深情寄予来生了。

在狱中煎熬日久，文天祥的性情也随之改变，看淡了慷慨激昂的千秋大义，对于亲情，反而给予了更多的关注。

对于兄弟之间不同的人生选择，也表现出了通达的态度。

文天祥此间有一首诗，应该同样是写给其弟文璧的，诗名《寄惠州弟》：

五十年兄弟，一朝生别离。
雁行长已矣，马足远何之。
葬骨知无地，论心更有谁。
亲丧君自尽，犹子是吾儿。

时有好事者，针对兄弟二人的境遇，以诗记之：

江南见说好溪山，兄也难时弟也难；
可惜梅花如心事，南枝向暖北枝寒。

原来，文天祥号文山，文璧号文溪，溪山指兄弟两人；文天祥曾写过"江上梅花都自好，莫分枝北与枝南"的诗，所以，用南枝与北枝借指两人的关系，也暗喻两人自此分别走上人生的岔路。

可以说，这首诗所表达的意思，同文天祥《闻季万至》所欲说的大体相似。

果然"兄也难时弟也难"，在无可选择的时刻，只能各走各的路，各自尊重彼此的选择。

对于文天祥兄弟的殊遇，时人十分理解。有资料记载：

至元间，宋文丞相有子，出为郡教授，行数驿而卒，人皆作诗以悼之。闽人翁某一联云：地下修文同父子，人间读史各君臣。独为绝唱。

"人间读史各君臣"，一句话，道出了时人对文天祥及其弟弟、儿子的态度，也道出南宋士民对元朝的态度：

长者为宋遗民，年轻的人，没有什么政治负累，大可以成为元朝的臣子，历史车轮不可改变，只好父子各事其君。

面对劝降，怒目而视的文天祥，在除己之外的人的仕元态度上，表现出了难得的宽容。

历史学家姚大力先生说，文天祥究竟是一种什么样的立场呢？是要保护汉民族吗？其实他只是一种"遗民"立场。遗民立场主要有以下的要求和特点：

1. 不在新的朝廷做官。

2. 不要求从事敌对活动。

3. 此身份仅限于在旧朝廷做官的人。

4. 身份不遗传。

姚大力先生的意思是说，认可别人的政治态度及生活方式，而不是强迫别人接受自己的方式和态度，并非是文天祥的宽容，而是当时的一种常识。

文天祥只是遵从常识而已。

美国学者白谦慎先生在《傅山的世界》一书中谈及遗民问题时，同样明确指出，遗民"及身而止"，即只局限于自己，不要求别人，其身份更不传续于后代。

许多今人缺乏这样的常识，所以，在谈及文天祥兄弟时，才会有许多误区。

因此有必要再来说说上面提及的"三仁"。

"三仁"典出《论语·微子》，孔子有感于微子、箕子、比干三人至诚恻怛之行，赞叹说这三人的选择堪称"仕"的典范。商末，比干谏纣王不成，舍生取义，杀身成仁；传说商代最后一个国王纣的叔父箕子在周武王伐纣后，带着商代的礼仪和制度，远走他乡，到了朝鲜半岛北部，被那里的人民推举为国君，并得到周朝的承认，人称"箕子朝鲜"。微子，也是商末贵族，多次劝谏纣王，见"纣终不可谏"，于是同太师箕子、少师比干商量怎么办。箕子认为"今诚得治国，国治身死不恨；为死，终不得治，不如去"。

微子觉得箕子说得对，就远离纣王逃到他自己的封国"微"。周武王灭商后，微子持祭器，来到武王军门前，左牵羊，右把矛，膝行而前，向武王说明自己远离纣王的情况。周武王很感动，"复其位如故"，仍为卿士。

后来，周公以成王命封微子国于宋，即今商丘一带，微子成为宋国国君、始祖。

孔子"三仁"之意，指的是比干死国以成仁，谓"仁"也；箕子远遁为遗民，亦为"仁"也；微子忍辱居于微，待时机成熟，再重出江湖，终成宋之君主，更是"仁"也。

三条不同的道路，都是仁者所为。

杀身者，以身成仁；远遁及立国者，均以传续殷商一脉血缘成仁。而微子有宋，功德最大。盖可保全宗庙，使祖宗有祀。用春秋流行的观点，则微子的行为，能够保证祖宗们的冥世生活不被中断。

三人若都似比干，虽得一时痛快矣，却也亡种灭族，无后嗣留传，无宗庙祭祀，虽有仁义之名，又有什么用呢？

元朝的刘将孙在《养吾集》中记述，文天祥曾经给弟弟写信，说："我以忠死，仲以孝仕，季也其隐。"对自己的"三仁"之喻，作了一个详细的解释。

三个兄弟，各得其仁，人生之至善也！

具体说来，南宋及元之交，人们对忠、义和仁的理解，与今人有很大不同。回到当时的社会环境中，来看待文天祥以及宋遗民，还有选择其他政治态度的人，可能会更客观，也更中肯。

文天祥的生死时刻，也到了最后关头。

临死时，文天祥衣服里夹了一封给亲人的信，信中说："孔曰成仁，孟曰取义，惟其义尽，所以仁至。读圣贤书，所学何事，而今而后，庶几无愧。"

文天祥求仁得仁，终得其所。

普通士庶，依赖祖先神的照拂而获得健康福禄，如果子孙后代全部死亡，祖先神断了香火，没了祭祀，才是最大的不孝和不仁。

因此，血缘传续优先于杀身成仁。

"在将家庭关系视为所有社会关系核心的儒家世界里，做人的起点始于孝道。在最基本的层面上，'仁'作为人性中慈爱的一面，必然始于对父母的关爱和奉养。'孝'是君子道德品质的发端和根源。"①

无论谈"仁"还是谈"孝"，都与显赫家族之血脉的延续无法分离。以文天祥兄弟三人对仁的实践过程来看，为了孝的理由，而保全生命，实在是至仁之举。

孝的最高表现形式——祭祀，延续了祖先们的冥世生活，使生命的意义得到肯定，也使死亡的意义得到肯定，并使人类在通过死亡成为祖先神这个链条上，持续得到原动力，一直向前。

---

① ［美］罗莎莉（Rosalie）著，丁佳伟、曹秀娟译：《儒学与女性》，江苏人民出版社2015年版，第46页。

学：围绕"礼"，服务"礼"

孔子所说的"学"，与现代的"广泛学习"不同，应该框定为"与礼有关"的知识。在他所处的时代，学，仍然在礼的框架之内，是围绕礼的知识展开的口头传承。

孔子的知识，完全是围绕礼而生产的。他的兴趣只在于礼，因此，他获取的知识，也是以礼为核心的。传授的知识，也同样以礼为核心。

学而成圣：战国的"文化之神"

作为一个伟大的口述文化的传承者，孔子与荷马有诸多相似之处，用口头语言传递着具有神启性质的深刻洞见。

随着科技的进步，长期板结不变的国家形态与社会结构，也开始随着土地的拓荒而松动，出现新的处女地。

文字传递媒介，包括鼎、卜辞等，也开始向四方扩散。

作为东方的鲁国，是最早接受汉字影响的周的盟国与血亲之国，周公的后人，其封国就是鲁国。慢慢地，像周王室一样，鲁国也出现了掌握书写权力的职业群体，"（他们）可以吸取既往经验并能预测后期行动的结果"[1]。与

---

① ［美］张光直（Kwang-chih Chang）著，刘静、乌鲁木加甫译：《艺术、神话与祭祀》，北京出版社2016年版，第91页。

汉字的书写有关的知识，被与鲁国国君关系密切的血亲家族所掌握并垄断，成为与卜人、贞人同等重要的新贵族。

周代青铜器的铭文变长，文字的使用到了比较高级的阶段。史人们能够把更多汉字编排组合在一起，表达复杂的意思。有理由相信，此时的周王室，已经有了较为成熟的历史记录，但因为没有刻石或者铭于青铜器上，所以没有存留下来。

孔子的时代，大量的知识并不能书写与镌刻，而是口耳相传。口头文化是具有统治地位的文化，所有的经验、教训，都是通过口头来进行的。文字书写还仍然是一种局限于王、诸侯、大夫以及为其所服务的"史"的职责及专属能力。像孔子之类的人，想通过私人著述来表达思想，是对"礼制"的严重触犯。

在孔子的时代，符合"礼"的知识传承行为，只能是"述而不作"。"述"，或许是唯一的理想，而"作"的使命与能力，则仍然局限在宫廷史人身上。

知识主要通过口头传播在家族内部小范围传开。

在这一点上，孔子或许与西方的荷马是一样的，都是伟大的口头文学或者思想、文化的生产者与传播者，几千年来，却一直被研究者们所忽视。

"在这样的文化（口述文化时代）里，保持知识的唯一媒介就是讲述者的记忆，而人们获取知识的途径就是这位讲述者遵循既定的形式完成讲述的程序。重复在这里绝不是不应发生的事情，反而是该文化内部结构所必须的。如果没有重复，知识得以传承的进程便会中断。①"

《论语》不断谈及某些关键词汇，甚至在某些问题上弟子不断发问，孔子反复解答，而且答案不一，都是口述文化所特有的现象。"只有当传达的东西是已知和熟知的情况下，它才有可能保存在文化记忆当中，在书写传统里则完全相反。"②

集各类知识而大成的孔子，很可能是鲁国较早掌握了语言秘密的大师，是面向社会的卓越口头传播者，有着广泛的影响力。"作为一位'文化英雄'，孔子所拥有的独一无二的地位的确是罕见的，在任何其他古代文明之中均找不到恰当的对等人物。"③

他熟谙语言的妙处，懂得每一个字的细微差别，并善于讲故事，把国家运行的秘密、贵族群体得以维持与王族的关系、得以获得鼎、铭文以及与王室赏赐与帮助的秘密，通过故事的方式告知弟子们——经过选择的"士"，这些普通阶层中善于学习的人、乐于进取的人。

"荷马史诗的传承与传播不是借助书籍文化和阅读文化，而是借助隆重的朗诵文化来完成。"④

孔子的弟子和再传弟子们，像荷马时代的希腊人那样，

---

① ［德］扬·阿斯曼（Jan Assmann）著，金寿福、黄晓晨译：《文化记忆——早期高级文化中的文字、回忆和政治身份》，北京大学出版社2015年版，第98页。

② ［德］扬·阿斯曼（Jan Assmann）著，金寿福、黄晓晨译：《文化记忆——早期高级文化中的文字、回忆和政治身份》，北京大学出版社2015年版，第97页。

③ ［美］本杰明·史华慈（Benjamin I. Schwartz）著，程钢译：《古代中国的思想世界》，江苏人民出版社2003年版，第61页。

④ ［德］扬·阿斯曼（Jan Assmann）著，金寿福、黄晓晨译：《文化记忆——早期高级文化中的文字、回忆和政治身份》，北京大学出版社2015年版，第298页。

有组织地传承和传播孔子的言行，他们集传承、解释和传授于一身，他们既精通语言，又擅长教育。

除鲁之外的其他国家，对于汉字的熟悉，都要晚于鲁国。破解汉字的秘密，同样要晚于鲁国。同理，这些国家的"师"们，掌握这些知识并向小众阶层传递的时间，要远远晚于孔子。在庄子的《天下篇》中，确认了这个判断。庄子说："其在于《诗》《书》《乐》者，邹鲁之士多能明之。"

因此，借助鲁国在文化上的先进地位，鲁国的文化向周边国家渗透，而孔子的演说与观点，也广为周边国家的人所熟知。

《论语》通过对"礼"和其他儒家价值观的坚守，不但在"城邑国家"时代犹如文化灯塔，进入"领土国家"时代，仍然像荷马史诗一样，起着"行为百科全书"的作用。

孔子在这种文化传播过程中，被周边的国家誉为圣人。首先是齐，接着是其他国家。

因此，到了战国的时候，孔子被各个国家的载入史册，并代表各个国家的观点，向世人"述说"。借助圣人的身份，各国的主张更有合法性。而这种圣人的塑造，也让孔子离开了传统的角色，成为一个超越性的师，一个伟大的人。

对"士"这一阶层来说，孔子的伟大之处，或许便是用"礼"即贵族世界的祭祀、敬祖、相互间礼让、共同行事时的规则，来要求更下一级的群体，让他们明白，王与贵族之所以更高贵，除了血统之外，还有礼仪。

随着时间的推移，封建之时的国君近亲，渐渐成了无服宗亲，变得与陌生人差不多，他们完全只顾自己的利益，而罔顾国君。国君不得不想办法抛开他们，在血缘亲族之外去寻找更得力的助手。

对于大夫来说，也是如此。

孔子对弟子们的培养，正是为了迎合这一趋势。

超越自我：为时代培养精神贵族

春秋时代，旧贵族成为秩序的破坏者。

"东周时期的文献显示，掌握过去知识的人，可以吸取既往经验并能预测后期行动的结果。这种能力对各国的统治者来说，价值深远。"[1] 作为王权维护者，孔子决意行动起来，培养一批"新贵族"来服务于王权。

孔子认为，解决旧贵族侵凌王权的问题，需要社会流动。

世界上存在着旧神，创造了以礼为核心的秩序。

孔子是一尊新神，从多个知识家族、多个生产中心，把相关的知识汇集、整合，向新的社会阶层传授，并要求这个阶层遵守与传续这些知识，以知识为武器，守护和服务旧世界。

孔子决意在传统的贵族爵位制与分封制之后，制造新的权力阶层。即让一部分人通过拥有知识，掌握国家管理的秘密，从而帮助权力拥有者进行管理——这些管理包括，认识汉字，撰写祭文并刻在青铜器上，监督祭祀并参与祭祀，检查祭祀的正确性与合法性。

---

① ［美］张光直（Kwang-chih Chang）著，刘静、乌鲁木加甫译：《艺术、神话与祭祀》，北京出版社2016年版，第91页。

在青铜器上撰写铭文，是春秋时代一个重大的文明事件，标志着春秋各国与周一样，掌握了与天进行沟通的能力与方法，掌握了过去只由周王室才知晓的与神交流的神秘通道。

孔子通过强大的理解能力与记忆能力，整合了多个职业的文化知识，把商周的文字秘密全部破解，这包括祭祀（对神的理解和认识，如何与神沟通）、占卜（知天命，获知天的意旨，并预测未来）、作战知识（击手、御手和射手的知识与能力）、乐与礼的关系（了解各种乐所代表的礼制内涵、文化内涵，了解不同层级的乐，其演奏人数多寡及乐曲）、文字与书写（掌握了史人和书人的知识，知道了文字的编排密码，以及深奥的汉字背后的文化与政治寓意，知道如何书写，掌握书写的方法和规律）。

在掌握这些家族内部流传的、秘不示人的，甚至只有王室和诸侯才拥有的知识之后，孔子成为一个演讲家，把这些知识告知那些愿意学习的人，从而用知识取代神权，用普通的人取代了巫、卜、祝，利用这些知识来服务于诸侯和大夫。

孔子选择在"士"这一群体中发掘有为之士，来进行教育与培养，力争让他们成为新贵族，来取代旧贵族，服务于君。

但新的阶层与君和贵族并没有血缘关系，权贵们为什么要信任新兴阶层？为什么要把权力交付于他们？

为了获得旧权贵的认可，他创造了新的价值观，以约束新的知识阶层。

孔子告诉君和贵族，这个"新贵族"群体有着旧贵族们所没有的品质：仁、忠、义、信、德、耻。这是第二关系（有别于亲缘关系）所必须具有的特征。对于以血缘关系为纽带的旧的权力体系来说，忠是不需要的，因为血缘天然地把君、贵族结合在一起。

这远远不够。由"学"而晋升上来的"新贵族"与国君、大夫没有血缘关系，要想获得国君和大夫们的信任，必须学习和掌握旧贵族所熟知的"礼"。

他告诫这些士人，学会传统秩序赖以维系的与礼有关的知识，明了在贵族人群中，人们如何彼此相处，如何对待君上、同僚、亲友、同类、自然，如何对待战争以及百姓。

他的弟子们掌握了这些知识之后，才被诸侯、大夫所雇佣，成为中层社会中的一员，并渐渐拥有了权力。

孔子的开创性还在于，他为"新贵族"群体提出了新的要求——成为君子。

君，最早的意思是"有地者"，是人间世界的上位者，而君子，是一个复合名词，我们可以理解为"像君一样德行高尚的人"。

孔子所反复强调的道德习俗，并非是全社会的，而是诸侯及贵族阶层的。孔子所要做的工作，就是让中间阶层的"士"，在社会变革的时代，能够向上一个阶层跨越。

孔子的所有言行，都是围绕着王与诸侯国的关系、诸侯与大夫的关系、长上与卑下间的关系来展开的，他的论述，都是告诫弟子们，有些规矩是必须坚守的、不可逾越的，是维系贵族社会运转的基本规律。

孔子，是破解了神的秘密、掌握了社会运行与统治方法的伟大之人，是那个时代知识的揭秘者与生产者，是新时代的"神"。

对于"士"这个非贵族群体而言，向更上一层级的进军，是与生俱来的渴望，但在血缘社会，人不可能无缘无故与王室或者贵族产生血缘关系，随着封国的减少，以及一些大国国土面积的增加，原来依附于诸侯的服务群体，开始成为专门人才，凭借个人能力为王室、诸侯及大夫服务。但是，如果不了解这个群体的行事规范，则无法进入这个文明的圈子。

理解了孔子的这个安排，就能真正理解仁、孝、忠、信。

仁，是君子取信于君的关键：他们代君行事，管理国家的核心能力是什么？这个群体的管理理念是什么？在什么样的理念指导下去管理？那就是仁。仁，就是代替君去爱人。

孝，是一种服务的家庭演练。在下位者必须以某种形式服从在上位者，才能取信于在上位者，从而分享权力和财富，获得更高的社会地位。

按照孔子的观点，"忠"和"信"也是非常重要的原则。"一个人必须根据其在家庭中所处的身份地位，或者更大范围上的社会的身份地位，勤勉地、恭敬地为他人服务，譬如作一个君主的大臣。"[①]

芬格莱特所指的"一个人"并非涵盖了所有个体，而

---

① ［美］赫伯特·芬格莱特（Herbert Fingarette）著，彭国翔、张华译：《孔子：即凡而圣》，江苏人民出版社2002年版，第83页。

是指"士"这个特殊群体中的"学者",他们通过"学"而掌握了贵族阶层或者上层社会的"礼"即行为规则,从而有机会跨越血缘传统而服务于贵族或君,改变只有因为血缘关系拥有天然为贵族和君服务资格的贵族群体把持政权的格局。

在孔子的时代,口耳相传,仍然是主流传播方式。口耳相传甚至成为一种仪式,一种秘密的古老的知识传授方法,一种延续了几千年的经验与技术传播形式。"称为'孔子语录'的《论语》来说,它之所以能让我们产生如此强烈的影响,最为关键的原因就是在这本书中,孔子在对弟子们进行教诲时,采用了接近于口语的形式——白话式的警语。"①

总之,孔子与荷马一样,是伟大的行吟者,伟大的演说家,伟大知识与传统的传播者与生产者。

"春秋末期城市不断增加,城市间的人口移动也变得频繁,用传统形式培养的人际关系来管理城市已经越来越困难。于是孔子论述了世间要想以新的人际关系为基础运营城市都需要注意哪些方面。"②

这些新价值的归纳、总结、传述,是孔子作为师的职能。在一段时间之后,这些具有普遍意义的见解,成为社会通则,通过口头传播,被士群体所接受。

创造新见解的孔子,被士人们目为圣人。

---

① [德]马克斯·韦伯(Max Weber)著,王容芬译:《儒教与道教》,商务印书馆1995年版,第175页。

② [日]平势隆郎著,周洁译:《从城市国家到中华—殷周—春秋战国》《讲谈社·中国的历史》(十卷本),广西师范大学出版社2014年版,总第1230页。

天子与圣人均受命于天，而各有其职。天子受命，对人世间进行世俗统治，圣人受命，使世界充满美德秩序。

通过学习而获得的德行、知识，首次超越血统与特权。

"一个高尚的人（君子）的概念就是要达到这一点，他这时已经不再只是一个残存的贵族，依恃自己的出身和礼仪教养而在延续着一种不合时宜的社会秩序，而是这样一个人，他灵魂的博大战胜了他那不显赫的命运，而他那实践的智慧的深度使他能够成为一个人师。对于一个将要成为人们领袖的人来说，并不是君子或贵族的世袭特权使他获得资格，而只有个人德行的品质才能值得尊敬，无论是一个统治者也好，还是一个人师也好。"①

成为君子：建立新的文明模式

成为君子，是孔子要求弟子们终身追求的目标。事实上，君子并非一种理想人格，并不是虚构出来的一种超人的精神内涵，而是一种他所熟知的贵族阶层的群体人格。

因此，他孜孜不倦地教育弟子们，如果想成为贵族阶层或者哪怕只是想有机会为贵族阶层服务，一定要有君子之志，把成为君子，当成一种人生理想。

在他看来，普通人想成为君子是非常困难的，面临若干阻碍，也正因为如此，他才希望弟子们不要放弃。

让更多的普通人成为君子，与贵族阶层有同样的精神

---

① ［美］狄百瑞（William Theodore de Bary）著，何兆武、何冰译：《东亚文明：五个阶段的对话》，江苏人民出版社1996年版，第3页。

理想与智慧内心，与贵族阶层一样，成为更高尚的人，是孔子志于广收天下英才而教之的初心。

让君子意识成为社会中层的追求目标，在精神上扩大贵族群体，社会道德水准就会处在较高的水平上，从而可以建设更好的社会。

孔子希望弟子们被一种文明模式所同化，用"礼"来处理一切关系，以"礼"即贵族间的行为模式，来规范自己，从而成为精神贵族——即虽然在社会层级上与真正的贵族有所区别，但在内心的境界上、在外化的行为方式上，在处理与君、与贵族关系时的态度上，都与真正的贵族没有分别。

学是附属于礼的，是学习和掌握礼的知识，并实现跨阶层传播。

孔子遵从"礼"，不愿意看到传统秩序崩溃，但也看到依靠血缘天然具有权力的贵族们，不能很好地服务于王，不能帮助王很好地治理国家，因此，寄希望于统治阶级的下层，一向是庶出、小宗、只能做些辅助性工作的"士"们，通过了解服务神的规则和服务君的规则即礼，从而部分地拥有权力。

孔子仍然是崇尚"贵贵"原则的，即尊重和敬畏血缘、尊重贵族获取权力的传统，但同时希望可以"贤贤"，让"士"们部分地拥有权力，以更好地维持神权和王权体系。

理解孔子，必须把孔子的所有观点，都放在维护神权、王权和"贵贵"体系上来，才会使理解更接近真实、更接近历史原貌的孔子。孔子不是革命者，而是社会变革的策动者，是改造执政阶层、向执政群体输送新鲜血液的"师"，他要求"贤"们即通过学习而拥有为国君和大夫服务本领的"士"们，要通晓统治阶层的规则，并且要尽力勤勉、忠诚，以便获得国君和大夫的信任，因为只有这样，才能部分地取代贵族权力，让"贤"和"贵"共同为在上位者服务。

孔子是个保守主义者，也是个创新主义者。在维护秩序方面是保守的，但在由谁来维护秩序方面，是创新的。

孔子通过"学"，让统治阶级底层的"士"，这些庶子、小宗之后、出了"五服"的旧王族与大夫的旧亲族，能够重新跃升到统治阶级上层。

因为这也是孔子的困境——传说他是失去权力的、没落的大夫之后，尽管能够短暂地成为大夫，但却难以获得长久的信任。通常来说，权力仍然在国君的亲族手里即世卿贵族手里，而不是有才能的但与国君的血缘更远或者毫无血缘关系之人的手里。

孔子希望建造这样一个社会，尊重血缘，但不完全依赖血缘。不尊重血缘，则国君与贵族的权力合法性无法维系。但完全依赖血缘，血缘间的亲情纽带松弛之后，贵族的统治能力下降，也不能很好地"尊王"。

社会出现问题的根源是贵族群体，因此，孔子的所有努力有二，一是劝谏贵族群体遵礼，二是鼓励士人阶层向学。劝谏是希望贵族群体有更好的服务能力，鼓励是希望向执政集团输送新鲜血液，改变旧贵族群体的面貌和结构。

孔子的学，不是对知识的单纯向往，也不是对文化的崇尚，而是，知识是唯一改变血缘纽带的利器。因为知识之中蕴含着权力的密码——关于神、关于王、关于文字、关于祭祀、关于占卜、关于戎，所有这一切与统治有关的秘密都隐藏在知识里。

知识即权力，在孔子的认知和行为中，体现得更明显。

这种权力不是福柯的"影响力"，而是与权力获得、运行、维系有关的真实的权力，拥有了这些知识，再很好地运用，就能够帮助国君维系统治。

直到唐代，统治阶级的构成，血缘仍然是主体。除了功臣集团，权力的拥有者，主要是与皇帝有血缘关系的贵族。到了宋代，贤者群体才大规模地通过科举进入统治集团，改变了中国数千年之久的"贵贵"格局。

孔子所传之"六艺"，均是权力运行的核心秘密，都是与服务神和服务国君相关的核心知识。

学，《说文》解释为"觉悟"，与我们今天所理解的单向知识传授，存在一定的差异。据传在西周的辟雍，"学"的内容全部与"礼"有关，一是学"军礼"，二是学敬奉师长之礼。

到了孔子的时代，"学"的内涵有所扩展，但也还是全部与礼有关。

礼，严格来说是祭祀上帝、祖宗神与其他神祇的一整套宗教规范，主要包括吉礼、凶礼、军礼、宾礼、嘉礼；

乐，也称"乐礼"，是与服务神和王有关的专门知识，涉及祭祀、宴饮、朝会、出行、凯归。乐还涵盖了文舞、武舞等礼仪性舞蹈；

书，现代人通常理解为书写。但根据金文的造字初意，认为"将咒禁用文字书写下来，叫书"。因此，书明显带有神职性质，"书是在圣域的境界秘密地藏起的祈祷词，以之为咒禁"①。在孔子的时代，书还与占卜有关；

数，自古以来对此解释就不尽相同，但从孔子五十学《易》而知天命来看，理解为"蓍数"或者更为妥当，即与占卜有关的知识和仪礼。与纪年、星象有关的相关知识和仪礼，也应该属于"数"的范畴；

射，主要内容是"射礼"，"竞射是在神事之际所举行的以修祓为目的的仪礼，是辟雍仪礼之一"。在周代的辟雍之祭，"周王亲自捕鱼射禽献给神灵，又行竞射之礼，这也是奉纳仪式的一种。比赛形式有骑射和船射。竞射的目的是净化祭祀场地及令参加者献盟誓"②。春秋之际，据说也指技术性的射箭能力和礼仪，包括大射、宾射、燕射、乡射，虽然存在结果上的竞争，但孔子主张寓德于射、寓礼于射。《论语》中说："君子无所争。必也射乎！揖让而升，下而饮。其争也君子。"天子或者国君举行籍田礼时，也要同时举行"射礼"；

御，主要内容是"御礼"，其初文表示"将牢固地缠结在一起的丝线束当作神灵的依附之物，向其礼拜，以防御、祓除祸殃。"③到了春秋，"御"延伸为"驾驶车马"的意思，

---

① ［日］白川静著，陈强译：《汉字的世界》，四川人民出版社2018年版，第91页。
② ［日］白川静著，吴昊阳译：《汉字：汉字的发展及其背景》，海峡文艺出版社2020年版，第71页。
③ ［日］白川静著，陈强译：《汉字的世界》，四川人民出版社2018年版，第98页。

无论王者之御，还是将军之御，都需要掌握一整套的行车礼仪。据说御者之礼包括鸣和鸾、逐水曲、过君表、舞交衢、逐禽左。

因此，孔子的"有教无类"，并不是跨越阶层的。是统治阶级内部的权力再分配，不是根本性的革命，而是造成一定的"权力流动性"和"阶层流动性"，让统治阶级下层，有机会通过能力进入上层。

如此而已。

礼是一套敬神秩序以及对其进行仿制的敬人秩序。其原初模式，是对神的尊崇、敬奉和服从，其表现方式是祭祀。而第一层模仿是敬王，接着是敬贵族（包括祭司、巫、贞），再接着引入家族和家庭层面，全方位的仿制。

离开了对神的崇尚、敬奉和服从，对王和父敬奉与服从的合法性就完全消解了。仿照的样板消失了，则仿照的必要性就消失了。

毫无疑问，孔子并不包容"绝对自我"。但孔子却认同并支持为了某种终极目标而脱离一切社会关系，成为一个与终极目标相连接的"绝对自我"——隐。外国的学者们不了解"隐"对于孔子的重要性。在孔子看来，士通过"学"以及培养"仁"的内心的最终目的是维护"礼"，而具备了这种能力，就可以为君提供从前只有贵族才可以提供的服务。但选择权始终在"士"们的手里。有道则仕，无道卷怀。

在孔子的价值世界中，自我始终是超越的："学"不是功利性的，"仁"也只是内心美好世界的修建，而"礼"对于"士"的服务没有强制要求，这一切，并不构成对于社会服务（现代人的理念）与服务于君的绝对服从。因此，"士"们是完全自适和自洽的。

孔子要求由"学"而知的"士"们，把握自我与君的关系。当关系建立，必须一切以君为核心来行事，则"事君似谄"。而如果这种关系没有建立，则与君之间没有任何义务，既不需要忠，也不需要义。

到了孟子的时代，孔子被异化。孔子被与他的时代和他的思想拉开了距离，脱离了其真实样貌，并离开了他所坚守的价值，成为新兴阶层的代言人，并利用其"圣"的身份与神和王对话。

结束了只有神和王的时代，出现了神、王、圣三者并立的时代。

新兴阶层利用孔子圣者的神圣地位，与神同样享有被祭祀权，与王者一样，享有统治权即利用其"话语"指导行政运行的权力，建立新的社会和家庭秩序的权力。最后逼迫王者也臣伏于圣者之下，成为神在人间的代言人，并遵从圣者的规则来统治现实世界。

圣者超越王者，成为新的神。知识权力超越世俗权力，成为神权之下的最大权力。

孔子已经不是孔子，而是新的神——圣者。"战国时代，首位称王的齐国君主为威宣王。在他的政权下，其祖先田成子与鲁国的孔子备受重视，威宣王将自己的祖先推向政治最高位，将鲁国的孔子定义为天下第一圣人，然后借孔子之口讲述历史的规律并预言未来的王者。列国的各种人物借助孔子圣者的地位，来自说自话，根据自己和时代的需要，来自由地阐释孔子和他的《论语》。"①

　　神一旦产生，就不再属于自己，而属于创造他的人。

---

① ［日］平势隆郎著，周洁译：《从城市国家到中华—殷周—春秋战国》《讲谈社·中国的历史》（十卷本），广西师范大学出版社2014年版，总第787页。

第四章

儒家的超越：中国的文明台阶

与神权进行宇宙主导权力的争夺

与君权进行思想权力的争夺

与贵族进行知识权力的争夺

与神权进行宇宙主导权力的争夺

商人尊事鬼神，畏天敬祖。

他们相信有一个伟大的神灵，在虚空中俯瞰着一切，无所不知，无所不能。靠着无上的力量，管理与统辖着人间世界。

上帝具有摧毁一切的力量，也有给予一切的能力，因此，纣王面对诸侯作乱、狼烟蜂起，内心并不恐惧，照样酒池肉林，歌舞升平。笃定地说：我生不有命在天。

天命不永

纣王此语的意思，代表了商人的价值观：人之富贵生死，并不由人自己来决定，也不由他人来左右，而是遵从天命。

在他看来，既然天命让商王拥有权力，统治四方，就应该是一份永久的赐予，而不会突然中止。

天下为何由王而治？不回答这个问题，则王权的合法性无法得到合理解释。

商代的人间之王在得到巫族、贵族的支持之后，提出治民之权是由天所授，准确地说，人间之王是由天之主宰上帝的授权，来管理人间世界，这一权力来源的解释，被称之为"君权神授"。

天的神圣与帝力的不可违抗，决定了人间之王的位置不可动摇，更不能质疑。

商王所从事的每一项活动，都可以视为是在帝的授意和支持下完成的。

天命由上帝所赐予，而上帝不会亲自管理人间万物，授命于人间之王来代替自己，对人间实施间接统治。

但人间之王却没有与上帝进行沟通的能力与权力，必须借助于巫。巫在中国古代的祭祀活动中发挥着重要的作用，一般认为他们能够作为"人神交往的媒介"。[①] 西方学者称之为"灵媒"。

在商代，巫是帝神与商王之间传递彼此意志的中间人。

这也导致了商王并不拥有绝对权力，某种程度上，王只是祭祀时的大祭司、占卜时的监督人。

大巫们有一套话语体系与仪式，可以把人间之王的愿望上告于帝，并把帝的意志转告给王，同时，制造上帝的旨意，传递给民众，让他们遵守。

而洪水、山火、雷击、电殛、地震等等，都是给不听从帝命的人间之王的惩罚。

对于普通民众来说，疾病、灾祸，则同样是因为触怒帝或者祖先的后果，要想消灾，必须由他们通过祭祀向帝或者祖先求情，而他们也必须从此依照巫们的警告，去过一种受约束的生活。

因此，在商代中早期，王做出决定以后，并不能立即

---

① ［美］张光直（Kwang-chih Chang）著，郭净译：《美术、神话与祭祀》，辽宁教育出版社2002年版，第157页。

生效，还要参考龟卜、卿士和庶人的意见。

学者赵羲指出，龟卜所代表的巫权在其中起关键作用。不论以商王为代表的王权，或者以卿士和庶人为代表的氏族权力是否同意，只要龟卜赞同就是吉利；反之，如果龟卜不同意，无论商王、卿士和庶人是否同意，都是凶险之兆。[①]

李光霁总结说，商代的神权大于王权，也大于王权加族权，神的意志处于最高地位；族权对王权有一定的制约作用，限制了王权，但王权可以依靠神权的支持压倒族权。[②]

在商代，王的统治架构中，最高级的事务官"师保之尹"，就是最大的巫。

我们所知的著名王权辅佐者伊尹，即为地位尊贵的巫师，他与周朝的周公一样，被奉为儒家的早期思想者。

商代晚期，"王兼为巫之所事，是王亦巫也"[③]。人间之王获得了巫师的权力，并成为"众巫之长"（张光直等学者持如是观点）。与帝的沟通，不再需要假手于人，人间之王自己就可以完成。但通常情况下，人间之王会命令巫师按照自己的意愿行事，巫师们也基本上都会遵守。

这时，看似已经没有什么力量能够制约人间之王。

绝对的权力滋长了人间之王的欲望，人间之王已经不

---

① 赵羲：《祭祀对人类早期文明的重要作用》，《中央民族大学学报》（哲学社会科学版），2015年增刊第42卷。

② 李光霁：《商朝政制中的神权、族权与王权》，《历史教学》，1986年第2期。

③ 陈梦家：《商代的神话与巫术》，《燕京学报》，1936年第12期。

必考虑巫师、贵族与庶民们的意志与利益，完全为所欲为。

由巫师和贞人、卜人代表的神权、由人间之王代表的世俗统治权、由贵族代表的方、城、邑、邦，本来可以和平相处，作为相对超越世俗利益的一方，巫师、贞人和卜人代表的神权可以成为调和者，调解王权与贵族之间的冲突与矛盾。

但人间之王一身二任之后，贵族权力受到压制，他们不得不一边与人间之王虚与委蛇，一边寻找新的机会，来挑战人间之王。

终于，当姬姓方国联络其他方国与贵族共同起来反对人间之王帝辛的时候，方国之君与贵族们发现，改变命运的机会到了。

商纣王自恃有帝予之命，就可以主宰人间世界，但人心并不接受人间之王拥有超出人类的权力，他们认为人间之王应该有自己的权力边界，并接受神的约束。

周王代商而立后，开始认真思考商亡的原因。

以德配天

周王也曾是商的方国之君，他们也曾经笃信商之王命在天，但在他们反抗商王并获得成功后，开始反思这一悖论：商王曾得天命，以为可以万年永续，没想到周王还是能够代商而立。

因此，周王必须回答这个疑问：商王的悲剧，有一天是否也会成为自己的宿命？

面对事实，周王不得不接受了这样的逻辑——天命不永，亦可更改。

而究竟是什么力量影响了天命的庇护？

周王给出的答案是：德。

也就是说，周王认为，虽然有天命加持，也不能任意而为，必须实行德政。

德政之一是，像早期商王一样，坚持有限王权，分散祭祀权力，周王拥有天地、四方、山川的祭祀权，诸侯即方国之君拥有祭祀方国区域之内四方、山川的权力。

另外，从人间之王、方国之君到大夫，都有祭五祀的权力，即祭祀"户、灶、中溜、门、行"五神的权力。

士与大夫有别，只能祭祀自己的先人。在一个宗族中，祭祀权同样集中在宗子手里，支子没有祭祀权，如果想要祭祀先人，必须征得宗子的同意。

也就是说，周王通过不再独享祭祀权力，对祭祀权力进行了再分配，以此获得方国之君与大夫们的支持。

分散祭祀权，也让不同的部族根据自己的传统来进行祭祀，并发展本部族的文化。

德政之二是，周王还主动对自我进行权力约束。周王不再认为天命是永续不变的，天不再是不顾人间意志的全能神，而具有了人格色彩，拥有德政的国王、具有德行的君主，才能得到天的宠爱，因此，提出"以德配天"的新观念。

以姬旦即周公为首的周朝贵族，已经进行了政治模式的深入思考，周灭商，手段也是以暴制暴，但此种模式一且确立，其他方国或城邑同样会设法灭亡周，则社会将动荡不已，周而复始，陷入绝望的暴力轮回。

周公旦提出，天命虽在，却唯命不于常。既然天命无常，那么谁能获得天的护佑，拥有治理天下的权力？答案则为：不是天在随意抛掷骰子，而是天能够具有明确的选择标准，即，德政。

皇天无亲，惟德是辅。

也就是说，周公旦认为天是公正无私的，天命的降任也是有其特定原因的，天并不偏私于任何人与任何家族，谁实行了德政，拥有了德名，获得了德声，天就会让谁拥有治理天下的权力。

周公旦把德的实施，具体为一句话：明德慎罚。

德的构建

在周公旦所构建的德的体系里，神仍然是至高无上的。"明德"所要做的第一件事，就是敬天。

在商人的天神世界中，帝是独立于所有族姓之外的，多数情况下，商王并不能直接与帝沟通，需要借助于商王的祖先神，再由商王的祖先神把祷告与恳求传递给帝。

理论上说，天神体系之中，有许多王族的祖先同在，也有其他人间大族的祖先，但上帝并不会特别眷顾某个王族或者宗族的祖先，而是游离于其他神灵之外，保持独立统治宇宙的能力。

而一旦人间之王有什么事情触怒了上帝，上帝有时也并不会直接惩罚人间之王，而会授权给人间之王的在天祖先，由他们间接施予惩罚，或者由他们恳请天帝处罚其人间后裔。

因此，在敬天之余，首要的就是敬祖。

从逻辑上来说，如果所有的祖宗成神之后，都具有与帝沟通的能力，则人间之王就沦为了普通人，因为所有部族的祖先神都可以通过影响帝，来间接影响人间之王。那么，王族、巫族和贵族将不再拥有神权的优先性以及人间世界的管理权。

因此，王室、巫族和贵族们利用掌握的文化权力和神权，制定了这样的规则：冥世生活仿照人间生活。人间的高贵者，到了冥世同样高贵，在人间世界统治下的所有人，到了冥世，照样接受他们的统治。

周公旦还确立了开国之君的绝对权威，即遵先王之命。"先王之命"的不可改变，同样是一种敬祖行为，改变可能会惹得祖宗发怒，后果堪虞，小则招祸致病，大则国危社倾。

自西周以降，遗训、遗言作为"礼文"，礼仪化的特征非常明显，成为政治经验传承的重要方式，比如，周文王留给儿子姬发的遗训就是"中"，恳切地告诉儿子：呜呼！发，敬哉！要求儿子认真遵行，不要松懈。为了周朝的安宁与发展，希望他始终保持着诚敬的态度。而给另一个儿子周公旦的遗言中，则恳请他能够"保小子于位"。

在西周，民在鬼神的灵雾里显露出来，被视为供奉神灵的根本。天子是否行德政，重要的一项指标，在于是否"保民"。

礼的飞跃

《礼记·曲礼上》里说："鹦鹉能言，不离飞鸟；猩猩能言，不离走兽；今人而无礼，虽能言，亦禽兽之心乎？夫唯禽兽无礼，故父子聚麀。是故圣人作，为礼以教人。使人以有礼，知自别于禽兽。"

也就是说，人不是一种生理形态的存在，而是能够制定和遵守特别规则的"大写的人"。

这个特别规则，就是礼。

《礼记·礼运》里说："故人者，其天地之德，阴阳之交，鬼神之会，五行之秀气也。"同时又说："故人者，天地之心也，五行之端也，食味别声被色而生者也。"

早期的儒家思想家们慧眼独具，指出人是天地万物的中心，是五行周始的开端，是能够感知世界最美好事物的伟大生灵。

之所以如此，是人拥有并奉行着礼。

学者孔德立认为，"层级礼乐制度是西周统治者的得意设计，把神道设教转换为政治制度安排，从而为神道设教转化为人道教化做好了准备"[1]。

---

[1] 孔德立：《道不远人——早期儒家礼仪之道的形成》，《南京大学学报》（哲学·人文科学·社会科学版），2014年第1期。

在早期儒家思想家的认知中，礼简直是人间世界拥有秩序性的唯一法定。

《礼记·曲礼上》中说："道德仁义，非礼不成；教训正俗，非礼不备；纷争诉讼，非礼不决；君臣上下，父子兄弟，非礼不定；宦学事师，非礼不亲；班朝治军、莅官行法，非礼威严不行；祷祠祭祀、供给鬼神，非礼不诚不庄。"

离开了礼，人间世界将无法运行。

礼的重要性超过了其他一切规则，无论敬神还是尊王，都需主动或者被动地围绕着礼来运作。

在孔子看来，人生成功与否，标准就是是否遵守了礼，并教导自己的学生：非礼勿视，非礼勿听，非礼勿言，非礼勿动。

也就是说，在孔子的世界里，礼应和了天命。

在孔子的思想谱系里，天的意志虽然是需要敬畏的，但在礼的匡制之下，一切都变得彬彬有礼。人间世界的美好价值，通过礼影响到了天神，神权世界自有的一套价值规律与行事法则，从此遵从于人间世界的价值规律和行事法则。

在礼的熏染下，天命也并不是惩罚型的，是亲切可知的，与人的心灵是可以相通的，含有浓郁的理性主义、人文主义特性。

以孔子的视角来看，人间世界美好秩序的建立、个人品行的陶冶，都需要礼来进行规范。

没有礼的介入，则人仍然是野蛮的物种。而神的惩罚，也同样是野蛮血腥的。

仁的成就

然而，礼也毕竟只是一种规则和程序，经由礼，人们到底将要达到什么样的境界？获得什么样的满足？拥有什么样的生活？

孔子的回答是：仁。

在礼崩乐坏的春秋乱世，孔子保持着一种超然的心性：不怨天、不尤人、下学而上达。我知者，其天乎！

在他看来，礼的重建，只是西周美好秩序重建的开始，其最终目的，还是仁的实现。

在孔子的神、人世界里，礼是人的灵魂标志，是人所特有的禀赋，经由礼这一特殊熔炉的锻造，人才能重建完美的自我。

而完美秩序与完美自我的大同世界，就是仁。

《礼记·冠义》里说："凡人之所以为人者，礼义也。礼义之始，在于正容体，齐颜色，顺辞令。容体正，颜色齐，辞令顺，而后礼义备。以正君臣，亲父子，和长幼。君臣正，父子亲，长幼和，而后礼义立。"

人间世界的权力，受到了人伦的制约，意味着神权也不再是无所顾忌的，不再是任性胡为的，同样要受到人伦道德的约束与规制。

通过一系列思想建构，儒家思想家把神权放置于人类道德的约束之下，让善恶作为天神行使神权的标准，也让王权更替，有了人人敬畏的道德法则。

欧洲文艺复兴时期，思想家们把人文主义当作反对宗教禁锢的旗帜，颂扬人，蔑视神，提倡人权，否定神权，其思想资源之一，就来自中国的儒家。

与君权进行思想权力的争夺

"知天命"：直接与天交通

孔子晚年说过一句重要的话：五十而知天命。

现在的人只知道"天命之年"代表五十岁，却不知道这句话一说出，在当时简直石破天惊。

在孔子之前，"知天命"是王者与巫人、贞人之事。

由于只有人间之王才能拥有祭祀天的权力，成为沟通天与人间世界的使者，因此，人间之王的权力，来自天授。

人间之王们也受命于天，凭借天的权威来实施统治。因为人是微不足道的，如果人间之王也是普通的人，就不足以统治和命令他人。

到了秦代，由于秦王接受了法家的治国理念，不再依靠天来进行政治统治，"天命观"受到损毁，人间之王身上的神秘光环消退。

秦朝实行新制，今人认为是时代的进步，但在当时却引起了非常大的混乱。一直在"神治"的神秘下生活的人们，并不习惯新制的阳光，人们认为与神相比，人总是卑微、不足为信且缺乏权威的，由人制定的规则，缺乏制约力量。一有机会，人们便要挑战这些新规则。

因此，回到春秋时代，由于天的神秘性，人们惧怕"天罚"，惧怕灾祸，对于天和"天命"都有敬畏，所以，人间之王才因为具有与天和帝沟通的能力，并代天行使对人间世界的管理权，普通人才不敢对人间之王的位子有所觊觎。

汤武革命，所举之旗，也是"天罚"，即代天之命去惩罚失德之王。

方国之君如果想取代人间之王，只能借天的名义来行事，并让人们相信他是受命于天，不然，人们定会群起而攻之。

与人间之王相比，方国之君也是受命于天的，除了没有祭祀天的权力，其他祭祀权与人间之王大体相似。所以，方国之君受天之命挑战人间之王，是可以接受的。

但贵族就没有这个权力。

春秋战国时期，人间之王的权威不再，诸侯们开始兴风作浪，性质与商周更迭一样。

到了秦以法代天，用人类制定的规则来代替天命治理人间世界的时候，人间之王的不可挑战性就失去了天的保护。人们不再惧怕天的惩罚，不再担心没有"天命"护佑，连陈胜、吴广、刘邦这样的社会底层人士，都可以揭一竿而天下雄起，对王权进行挑战。

早期儒家思想家均认为天虽不言，但总有一些方法，可以将天的神圣意志传递到人间世界，猜知的方法之一，就是用大龟占卜。

大龟占卜之法，是贞人、卜人们的独家秘传，方国之君与贵族，均不得与闻。某种意义说，不但方国之君与贵族们没有思想权，连人间之王也一样没有思想权。人类一思考，上帝就发笑。人间之王与所治之民根本不需要思考，只能遵从上帝的意志行事。

但事实上，人间之王还是会有自己的政治与文化主张，通过贞人与占卜，获得上帝的确认与许可，然后以上帝的意志来行使，事实上是垄断了思想权。

孔子自己并不是贞人，却说自己可以"知天命"。这就等于说自己也掌握了与天交通的特殊通道，可以与天对话，知道天的秘密，也知道天将如何安排自己的命运。

周文王创《易》而知天命，翦商兴周。

孔夫子学《易》而知天命，行仁布道。

在孔子的学思体系中，"知天命"是成就君子的必要条件。既然人间之王的思想权力可以被仁人志士所替代，既然"天命"可由民间的思想家经自己的努力所探知，那么，"知天命"的手段是什么？

一个字：学。

这也是孔子授徒的关键，通过教会人们"学"，让人们可以自己感知天命，自己来获得生存的意义，让自我获得德与智，通过学而成圣，在学中获得"天启"，聆听天的指示。

孔子五十而知天命，即五十岁的时候掌握了易理，可以像卜人、贞人一样，通过占卜而获知天意。与天对话的通道，不再由贞人、巫和王世袭垄断。这等于宣告，只要笃志于学，天也可以选择除王与贞人之外的人"知天命"。

董仲舒说孔子是"人间素王"，原因之一就是孔子可以自己"知天命"，自己产生思想，这样的能力，在殷周都是只有贞人、卜人和人间之王所拥有的。

天道中断，克己复礼

知天命，是孔子儒家思想与王权进行思想权力争夺的根本所在。

为何孔子如此大胆？敢于凌越和侵夺了属于王者与贞人们的权力，大声地喊出自己可以"知天命"？

一向以礼为行事守则的孔子，并非大逆不道，而是时势使然。

春秋时期，王室衰微，诸侯纷起，并经常僭越王礼行事，周王室已经没有能力制约与管束，天下进入"无王时代"。

按照周礼，天子要定期"巡狩"天下，接受诸侯的礼敬。诸侯也要主动朝见周天子，有关资料记载：比年（两年）一小聘，三年一大聘，五年一朝。但自从春秋初期开始，天子力量衰微，诸侯不朝见天子，而是根据彼此势力的大小，互相会见。

据文献统计，春秋 242 年间，遵行周礼最勤笃的鲁国，朝见周王仅 3 次，派使者问候周王仅 4 次。

按照周礼，诸侯之间不应该私自相见，但因为国力弱小，为了生存，各小国不得不与强大的诸侯国搞好关系，鲁国朝见齐国达 11 次，朝见晋国达 20 次；派使者聘问齐国 16 次，聘问晋国 24 次。

最过分的是郑国。

郑的祖先也是周王后裔，郑武公在协助周平王东迁洛阳的时候立了大功，所以周平王特别感激，就把其封地改封在新郑。武公死，庄公即位，即是方国的侯，又在朝中做"正卿"，权倾天下。

通常在介绍郑庄公的时候，说他是周的"卿士"，是非常不准确的。

东周的天子，也不需要亲自执政，王室执政者的官位称"正卿"，相当于后世的宰相。郑庄公的位置可以说是一人之下，万邦之上。因此，他才可以凭借"正卿"的权力，代表周王，以不朝之名向宋发难。后来周平王与郑庄公交恶，担心郑庄公权力过大，威胁到周王室的安全，同时也为了报答虢公的支持，所以才去"正卿"之职，设两名"卿士"，以右为首，达到分权的目的。

周平王虽然本质上想削弱郑庄公的权力，但表面上却不承认，还要维持虚假的团结与信任，于是王室最伤面子的事情出现了。

《左传》记载："王贰于虢，郑伯怨王。王曰：'无之。'故周郑交质：'王子狐为质于郑，郑公子忽为质于周。'"

因为平王预谋分其权，郑庄公非常不高兴，对平王颇有怨言，平王为了掩饰，当着郑庄公的面说：没有的事儿，我还是非常信任你的。为了表示诚意，主动把王子狐送到郑国去当质子，郑庄公也把自己宠爱的儿子忽送到周王室当质子。

堂堂天子，身份已经降到与诸侯相同的地位，竟然与诸侯互相质子。这在周的历史上，还是第一次。

从此开始，周王室的威望日渐下降。

《左传》记载："王崩，周人将畀虢公政。四月，郑祭足帅师取温之麦；秋，又取成周之禾。周郑交恶。"

平王薨，他的孙子周桓王即位。眼看郑庄公坐大，就想剥夺郑庄公的"卿士"之位，把权力全部归于虢公。郑庄公勃然大怒，派大夫祭足率领军队把周王在温地的麦子给收割了。到了秋天，又收割了周王在成周即王都附近的庄稼。

周桓王大怒，免了郑庄公卿士的职位，而郑庄公则不再去朝见周王，周桓王以此为由，率蔡、卫、陈三国之师伐郑问罪，与郑军战于繻葛（今河南省长葛东北），结果被郑军打得大败。

令周王始料不及的是，郑国的大夫祝聃一箭射中了周桓王的肩膀，周王狼狈而逃，天子威风扫地。

到了春秋末期，天下之政，中国之事，皆大夫专执之。也就是说，诸侯也从王权的挑战者，变成了"礼崩乐坏"的受害者。大夫则像从前的诸侯凌虐君王一样，以其人之道，还治其人之身，凌虐诸侯。

当然，上行下效。宰官们利用手中的城邑管理权，凌虐大夫。

还以郑国为例，郑庄公去世后，郑国陷入大夫执政、肆意废立诸侯的混乱境地。

郑庄公死后，祭足拥立公子忽即位，是为郑昭公。但宋人想拥立有宋国血缘的公子突即位，就引诱祭足到宋，然后把他抓了起来，威胁他不拥立公子突就杀了他，祭足贪生怕死，就答应了宋人的要求。于是郑昭公出逃，郑厉公即位。

郑厉公看祭足权势太大，就想杀掉他，但请的刺客，是祭足的女婿。

不幸的是，祭足的女儿获知此事，就向父亲告发了自己的丈夫，于是祭足杀其婿而陈其尸，郑厉公被迫逃亡。

祭足于是与大夫高渠弥再迎郑昭公回国。但昭公与高渠弥有隙，高渠弥生怕郑昭公报复，找了个机会把昭公杀害了。之后，和祭足一起改立郑昭公之弟公子亹为君，史称郑子亹。

大夫专政，与周天子威权陨落一样，也是由于诸侯无能。祭足死后，齐桓公的大臣认为祭仲已死，郑国无人，才敢于出兵干涉郑国内政。

孔子看到了这些丑恶现象，不再相信由王而传的"天命"，而是自己主动去"探知天命"。

既然由王而传的"天命"通道阻塞了，那么，作为儒家思想家的孔子，就奋然犯险，承担起了思想之王的重任，去探索拯救乱世的"天启之声"。

在孔子看来，靠军事力量来维系天下太平成本太高，也太残酷，人们利欲熏心，争相破坏礼乐制度，但从王到侯以及每个人，都是"礼崩乐坏"的受害者，只有通过克己，然后恢复礼，才能回到从前的美好世界。

克己，成为恢复礼制的唯一可能。

因此，孔子思想的核心，并非中庸，亦非仁，而是"克己复礼"。仁是一种善的临界状态，存于心而未发，但积于腑已蓄势。我们可以说仁心导致了好的结果，但仁就像一双鞋子，自己并不会行走，"克己复礼"才是君子践行天道的双腿。

也是唯一的路径。

孔子周游列国，正是把"克己复礼"之道传授四方的仁道实践。

面对乱世，天子无奈，诸侯束手，恢复礼乐之道的重任，非孔子已经无人可以担责。

争夺思想权力，为天下之民找到回归礼乐世界的光明大道，已经成了孔子不可推卸的历史责任。

君子谋道不谋食

面对人间之王在世俗世界的强悍，孔子非常看重道的建设，以此作为尘世的最高思想准则，与人间之王争夺思想权。

在孔子的价值追寻中，道是最重要的。他曾经非常严肃地说："朝闻道，夕死可矣。"

在他看来，道的存在，要大于生命的存在。闻大道，则死而无憾。未闻道，则虽生犹死。

生命的意义在闻道，生活的意义，同样也在于追寻道。子曰："君子谋道不谋食。耕也，馁在其中矣；学也，禄在其中矣。君子忧道不忧贫。"

道是统领万物的最高价值，是约束人间世界的唯一准则。

那么，什么是孔子的道？

是礼。换言之，是秩序。

在孔子的秩序世界中，礼是约束一切的力量，是让人间之王收敛任性的权力与接受约束的最高准则。

孔子不是旧制度的破坏者，也不是旧制度的附庸者，而是一个温和的改革者，他认为要恢复道的权威，以此罩在人间之王的头上，用道而不是人间之王制定的原则来统领世界，约束人民。

那么，道的基本原则又是什么呢？

是"尊尊""亲亲"。

孔子承认人间之王的利益，但强调人间之王要接受天道的约束，要在"天道"之下进行统治。

所谓"尊尊"，就是尊重尊贵之人，同时，尊贵者也要接受约束，按照秩序法则去做，做只有尊贵者才能做的事情。

而尊贵者能做什么，不能做什么，不是他们自己能够决定的，要由儒家思想家制定"礼"来规范他们的行为。

"亲亲"，则倡导在血缘范围内的互相帮助与关怀。在孔子看来，血缘是超越一切的，人类基本的爱，都是来自于亲人之间。人类基因具有天生的亲和性，基因间的彼此示好，是一种情感无法扼杀的天性。

《礼记·大传》把"尊尊亲亲"的逻辑阐述得非常清楚：亲亲故尊祖，尊祖故敬宗，敬宗故收族，收族故宗庙严，宗庙严故重社稷，重社稷故爱百姓，爱百姓故刑罚中，刑罚中故庶民安。

"亲亲"的目的，是尊祖。祖先在神的行列，并有与天神沟通的能力，不尊祖，则会被神降灾。

"亲亲"原则出于古代社会对于疾病与灾害的朴素认知，

不"亲亲"，则无人敬祖先，祖先的发怒，轻则使后人罹患疾病，重则发生大的灾殃。

"尊尊"，首要的尊是尊敬人间之王，而人间之王是沟通人与天神的使者，尊敬人间之王，就是尊敬天神。

在春秋时代的人们看来，这样的朴素法则，是人间世界存在的根本道理。

但孔子认为，无论"尊尊"也好，还是"亲亲"也好，都必须是双方接受和承认的，没有谁天然地居于高位，必然地凌驾于他者之上。

因此，他制定的规则就是：君使臣以礼。臣事君以忠。而如果君失其德，不接受礼的约束，则道不同，不相为谋。

也就是说，"尊尊"不是无原则的，有道之王，则尊。无道之王，则隐。

孔子不是鲁夫莽汉，在解决邦无道的问题时，提出了相对温和的方案：邦有道，危言危行；邦无道，危行言孙。

也就是说，仕与不仕的选择权不在王与诸侯，而在君子。

如果国君无道，儒家君子不需要牺牲自己的生命，选择离开即可。春秋时代，国还不属于人民，只属于国君。在这种情况之下："邦有道，则仕；邦无道，则可卷而怀之。"君子也要善于保存自己，因为自己不只属于"我"，还属于父母，属于祖宗神灵。

孔夫子毕竟是君子之师，不会以道德言辞陷人于水火之中，也就是说，不强迫别人以道的名义一味唱高调，让人不必要地牺牲生命，所以，他一步一步阐释了行道的路径：邦有道，谷；邦无道，谷，耻也。为了强化这一主张，他反复强调：邦有道，贫且贱焉，耻也；邦无道，富且贵焉，耻也。

儒家与道家的根本不同，是面对邦有道时的态度，在道家看来，人间之王的有道无道，与自己的个人追求毫无关系，为了生存，人尽量消隐自己的优点，展现自己的缺点，而使自己不受害。

但儒家不同，如果邦有道而不为天下做贡献，是种可耻的行为。因为任何有道之邦，都需要儒家思想家来按"礼"的要求进行治理，或者说，没有"礼"的介入与推行，则"有道之邦"就不可能出现。

而面对无道之邦时，儒家与道家的态度基本是一致的，道家是无为、避世，儒家是道不行，乘桴浮于海。

也就是说，发现国不行道，就不要勉强，不再领取无道之邦的俸禄，不再与人间之王为伍，暂时保全自己，等待合适的时机来临，再行天道。危邦不入，乱邦不居；天下有道则现，无道则隐。

既然天道才是最高的思想准则，那么，也就容易理解为何礼可以约束人间之王，可以约束人间世界。因为礼是神示，是祭天时候的必需程序，是在天神的旨意指导下的行为规则。

遵从礼，就是遵从天的意志。礼起源于祭祀，王权的确立，就在于对天神的祭祀权的独占。

因此，礼是超越人间世界的，是不可违逆的天道。

正因为遵从道，以礼为最高的秩序原则，孔子才赢得了弟子们的尊敬。

子贡说："夫子之文章，可得而闻也；夫子之言性与天道，不可得而闻也。"

孔子一生一以贯之的，就是道。

在这个道的指导下，上至王、君、大夫，下至士庶，都各守其职，各安其位，按照礼教的要求，遵从各自的法则行事。

在孔子的努力下，儒家思想通过儒与王在现世的分身，把思想权力夺在手里，儒家以天的名义行道，王权以天的名义守道，各守其礼，各安其职，共同打造理想世界。

君子之人到君子之国

孔子及其弟子们争夺思想权力并不是为自己，而是为道。通过克己复礼这双脚，让仁这只鞋子走遍生命的每个角落，并逐渐内化，在自己的内心变成德。

儒家告诫人间之王，"天命不永"，但天命也有自己的运行规律，那就是以德为标杆，有道君王，必须遵守这个价值导向，否则，就会失去天命的护佑。

儒家同时通过学这个工具，要求人间之王不断地接受儒家思想，接受礼的约束，接受仁的道德标准，用这些来引导王的行为、涵育王的心性，使人间之王把追求仁、实现道德内化当成一种自觉追求。

德的内化首先是儒家知识分子们的人生必要功课。孔子认为：君子怀德，小人怀惠。因为追求不一，价值观不一，才让君子小人分别处于不同的道德世界。在劝告弟子子夏的时候，也郑重地说："汝为君子儒，毋为小人儒。"

中国一向持怀柔政策，以德服夷，以待远人，其文明意涵，是人间之王已经道德内化为君子，而国家也内化为"君子之国"。不断提高道德内化的境界，力争达于"至善"的道德高处。

《礼记·大学》里明确指出："大学之道，在明明德，在亲民，在止于至善。"

作为一种至高无上的追求，至善之境到底该如何到达？

孔子认为，学是唯一的路径。

孔子说："好仁不好学，其蔽也愚；好知不好学，其蔽也荡；好信不好学，其蔽也贼；好直不好学，其蔽也绞；好勇不好学，其蔽也乱；好刚不好学，其蔽也狂。"

既然学是唯一的路径，那么，无论人间之王，还是大巫贵族，想到达至善之地，都必须像普通人一样，走进学的殿堂，接受学的磨炼。

任何人都不可能超越了学而直接到达至善，这样一来，人间之王与大巫、贵族就都必须与普通人一样，站在同一条起跑线前，共同致力于学。

学是驯化人间之王与大巫、贵族的温和工具。在儒家思想家看来，通过学，人人可以成为尧舜。

也就是说，所谓的圣人并不是天生的，而是后天通过学来涵育的。在世俗社会里，圣人与人间之王的地位是同样值得"尊尊"的。

一旦成为圣人，就有了与人间之王分庭抗礼的可能性。因为圣人也具有半神的属性。

虽然人人皆可成圣，但此路过于艰辛，因此，孔子觉得普通人不必都有如此高的道德追求，可以把目标放得略低一些，成为比圣人略逊一筹的君子。在孔子的眼里：圣人，吾不得而见之矣；得见君子者，斯可矣。也就是说，成为君子，就足够可以当作人生的终极目标了。

在成为君子的路途中，是人生最美好的感受：我欲仁，斯仁至矣。

把"志"当成破除俗世约束的超越手段。

孔子说："三军可夺帅也，匹夫不可夺志也。"

在他看来，内化的道德与行动联接的根，是人的志。没有了志，人们很容易像墙头草一样，随风而舞。而有了志，才会"穷且益坚"。到了战国时期，孟子更把志置于一切思想的顶端，认为有了志的涵育，才能够"善养吾浩然之气"。

孔子的志都很具体：志于道，志于学，志于仁。

孔子的圣人之志主要表现为：老者安之，朋友信之，少者怀之。

钱穆先生对这句话作如是理解：我愿对老者，能使他安。对朋友，能使他信。对少年，能使他于我有怀念。

但孔子的终极之志，却另有表达。

且看他与弟子们谈论志的时候，所述之志的态度：孔子问弟子之志，子路回答说："千乘之国，摄乎大国之间，加之以师旅，因之以饥馑；由也为之，比及三年，可使有勇，且知方也。"

夫子哂之。

在他看来：为国以礼，其言不让，是故哂之。

也就是说，子路没有在治理国政的过程中，注重礼的作用，没有突出文明的力量而是一味强调军事力量。

又问冉求的志是什么。冉求回答："方六七十，如五六十，求也为之，比及三年，可使足民。如其礼乐，以俟君子。"

也就是说，他可以让一个纵横各六七十里或五六十里的国家在三年内富裕起来，但却没有能力让民众知礼，这件事，要交给更有德行的君子来办。

孔子认为，小邦也是国，如果没有礼的介入，很难说是正确的治理方式。

孔子再问公西赤，他说："非曰能之，愿学焉。宗庙之事，如会同，端章甫，愿为小相焉。"

公西赤的回答很谦逊：我不敢说能做到什么，但非常愿意学习每一件要做的事情。比如在宗庙进行祭祀的时候，或者是诸侯会盟，以及君王朝见天子的时候，我愿意穿着礼服，戴着礼帽，做一些与祭祀有关的工作。

孔子指出，公西赤没有把祭祀放到应有的高度来重视，祭祀并不是小事，而是事关国家荣誉、事关文明与野蛮的大事。

当问到曾点的时候，曾点说："暮春者，春服既成，冠者五六人，童子六七人，浴乎沂，风乎舞雩，咏而归。"

夫子喟然叹曰："吾与点也。"

曾点的志，并非闲情逸致，而是祭神敬神之志，是在追求一种"祭神时全身心放松的快乐"。

"风乎舞雩"，是春天和煦的风中，跳着祈雨的雩舞。

感受上天的恩泽，感受参与祭神游艺的人们那种发自内心、无须教化的快乐。

在孔子看来，至高快乐，是完全发自内心地对神灵的信奉和赞美，不需要诱导，不需要强迫，把自己交给神灵，交给春天的风，交给快乐的舞步。

"冠者五六人，童子六七人"，并不是相加的关系即十几个，而是相乘的关系，共有七十二人。传说孔门有"七十二贤"，或与孔子的"舞雩之志"有关，而并非确数。

这是一个庞大的舞团，在献给神灵的音乐中，童子和冠者跳着神秘的舞，沉浸在与神灵的交通之中，怡然自得，几至无我。

孔子希望在自然的纯净之水里洗浴，在乍暖的春风里手舞足蹈，在这种浑然忘我的状态中，感受神的存在，尽兴之后，唱着歌儿回家。

孔子认为最值得称道或者更高级的志，其实是回归人的原始状态即赤子状态，心灵更接近神明，更纯粹自然。

在后世儒家学者的世界里，把孔子之志异化为个人的职业志向，降维为个人事业完成的狭小追求。陆九渊说："人惟患无志，有志无有不成者。"他所说的志，还是一个人生的行走目标，或者仅仅是克服困难的一种方式和手段。

而王阳明也说："志不立，天下无可成之事。"同样是把孔子的"舞雩之志"局限在一个有限年华内事功如何完成的维度上。

把时刻"内省"当成道德检讨、净化灵魂的必由之路。

成君子，成圣人，都没有捷径，必须时刻检讨自己，通过道德内化进而进行灵魂内省，子曰："吾一日三省吾身，为人谋而不忠乎？与朋友交而不信乎？传不习乎？"

通过这样的行为检讨与思想追问，才有可能达到君子之境：君子博学而日参省乎己，则知明而行无过已。

在孔子看来，内省是通过自律与自我检讨，实现君子与小人区别的过程：君子求诸己，小人求诸人。

那么，内省到底要省些什么？

在孔子看来，最主要的是品行的端正，即是否合乎礼的要求。

其次是良好的生活习惯：益者三乐，损者三乐；乐节礼乐，乐道人之善，乐多贤友，益矣。乐骄乐，乐佚游，乐宴乐，损矣。

然后是坚守信义：上好礼，则民莫敢不敬；上好义，则民莫敢不服；上好信，则民莫敢不用情。

接着是以身作则：其身正，不令而行；其身不正，虽令不从。

想要成为君子，光自省是不够的，还要慎交友："毋友不如己者。"对朋友的选择，会影响自己的定力，进而影响自己的行为。因此，他提出：益者三友，损者三友。友直，友谅，友多闻，益矣。友便辟，友善柔，友便佞，损矣。

内省，就是对自我的克制。孔子给出了一条"君子金律"：己所不欲，勿施于人。孔子把这句话进一步展开：夫仁者，己欲立而立人，己欲达而达人。能近取譬，可谓仁之方也已。

也就是说，真正的仁，一定是以自己能否接受、自己能否给予较高评价、能否践行为标准的。简而言之，就是推己及人。一切只要求别人而自己不做或者做不到的标准，都是"贼的标准"。

只给别人设置高要求，而对自己单独设置低要求甚至对自己无要求的人，则为"贼人"，可群起而攻之。

内省最严苛的标准，是慎独。孔子说："是故君子戒慎乎其所不睹，恐惧乎其所不闻。莫见乎隐，莫显乎微，故君子慎其独也。"

当没有任何外在监督、没有任何外在力量制约的时候，真正的君子仍然要时刻检讨与修正自己，与内心残存的利做斗争。

在不同的年龄段，有不同的自省律令：少之时，血气未定，戒之在色；及其壮也，血气方刚，戒之在斗；及其老也，血气既衰，戒之在得。

然后，就是德的外化：言必信，行必果。

经过儒家的思想驯化，人间之王必须修身、内省，才会让统治合法化。其基本原则即"古之欲明明德于天下者，先治其国；欲治其国者，先齐其家；欲齐其家者，先修其身；欲修其身者，先正其心；欲正其心者，先诚其意；欲诚其意者，先致其知；致知在格物。"

儒家以这些来检视人间之王的行为，要求人间之王时时对照，改善自己的执政方法与修身手段，以"至善"的标准来建设人间世界。

贵族们因亲而贵，孔子和弟子们因礼而重。

日久则亲疏，时移礼不变。

血缘五世而竭，礼制百世不易。

知礼、学礼、守礼、护礼。天下纷崩，礼在孔门。

至此，儒家完成了与王权争夺思想权的斗争，以礼和仁为阳光雨露，浇灌"安、信、怀"的理想世界。

与贵族进行知识权力的争夺

春秋之前，"学在官府"。即知识是由王族与贵族们世袭和垄断的，只在阶层内部流动，不会向社会传播。

知识权力完全掌握在人间之王和贵族、特定世袭家族手里，通过知识的垄断，他们获得某种优越性和优先权。

比如，由于垄断了祭祀的知识，大巫就可代表上帝与人间之王合作，获得荣华富贵。比如，垄断了关于乐的知识，乐师家族就可以代代相传，通过向人间之王和宫廷提供音乐服务，得到较高的社会地位和较多的经济收益。

但随着"无王时代"的到来，原来依附于人间之王的知识阶层开始衰落，一些知识逐渐向诸侯阶层扩散。

《论语·微子》篇记载了周天子宫廷中乐师们的出走状况：大师挚适齐，亚饭干适楚，三饭缭适蔡，四饭缺适秦，鼓方叔入于河，播鼗武入于汉，少师阳、击磬襄入于海。

服务于宫廷的乐师团队风流云散，各奔东西：

大乐师挚到了齐国；二乐师干到了楚国；三乐师缭到了蔡国；四乐师缺到了秦国；打鼓的方叔流落到黄河之滨；摇小鼓的武入居汉水之涯；少师阳和击磬的襄移居于海边。

正因为人间之王不再垄断专有人才，诸侯才有机会僭越礼的约束，开始享受原来只有人间之王才能享受的知识服务，比如原来只有人间之王才能听的音乐。

王权凋零，世掌周史的司马氏也流落到了晋国，以后又分散到卫、赵、秦诸国。

一时间，靠出售各类专门知识而谋生的阶层产生，私学开始兴盛。

孔子也广收门徒，打破贵族知识垄断，让知识下沉，进入士阶层，通过与贵族争夺知识权力，让天命不再是命运唯一的决定因素。

学的价值凸显出来，士阶层通过学，获得了超越阶层的机会，打开了阶层上升通道，也架起了人人皆可成圣的天梯。

教而无诲：打破"天命"决定一切的樊篱

孔子招生学生不设门槛：自行束脩以上，吾未尝无诲焉！

什么是束脩？

郑玄认为，这是古代的年龄称谓，即 15 岁以上的人，开始行束带修饰之礼，所以，把这个年龄称之为束脩，意即只要年过 15 岁，报名就可以成为孔子的学生。

汉代还有一种说法，指人的妆容。《后汉书》里用束脩一词，指称对面容的约束修饬。

朱熹则训为学费。束是量词，脩，指肉脯。并说肉脯是古代人际交往中，最普通的一种薄礼。

孔子曾任鲁大夫，根据礼的需要，出席不同的场合，要穿不同的衣服。他还有一辆车，出席重要的会见活动，也要坐车去，这样才符合礼。

而维持一个贵族起码的体面，即符合礼的要求，光靠学生送的肉脯显然并不够用。

让孔子能够坚持把私学办下去的，一定还有其他经济来源。

因此，孔子收学生的门槛，应该是两个，即郑玄的年龄为 15 岁，另外加上朱熹的送 10 捆肉脯。

孔子并不能超越自己的时代，他所面向的阶层仍然是士，因此所谓的有教无类，也局限于不同的士族子弟。他的私学招收的学生并不是普通的国人，更不招收住在乡下的野人，而是招收住在城里属于士阶层并有志于学的人。

收肉脯是不可或缺的拜礼，是一种程序正义，不可省略。就像颜回死后，有人建议孔子卖掉马车为颜回举办葬礼一样，虽然于情可感，但却于礼不合，因此，被孔子拒绝。

礼即正义。

礼不但是一种高贵的知识，是人间之王和贵族的行事规则和日常规范，更是祭祀上不可忽视的重要程序，因此，凡与礼有关的事情，在孔子这里，从不马虎，更不将就。

孔子所收的学生，柴也愚，参也鲁，师也辟，由也嗲，也就是说，他们各有不同的缺点，高柴愚笨，曾参迟钝，颛孙师偏激，仲由鲁莽。但在孔子的教育下，都成了一时英杰。

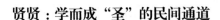

贤贤：学而成"圣"的民间通道

儒家认为秩序的最高法则就是礼，而礼的基本要义则是"尊尊""亲亲"。

但"尊尊""亲亲"很明显在把社会撕裂成两半，一边是对固有权力的维护，一边是对基因法则的认同。在"无王时代"，政治权力与知识权力都在下沉，如果任由"尊尊""亲亲"法则来维系社会秩序，很可能将长久处于乱世之中，"复礼"将会成为一个梦想。

因此，孔子通过私学体系，开创了"贤贤"模式，在"尊尊""亲亲"之外，加入了"贤贤"，通过致力于学，让有志于礼、有志于仁的儒家知识分子，有机会进入重要管理岗位，实现克己复礼的终极大业。

《周礼》介绍，周王室教授贵族子弟的课程，乃教之六艺，即：一曰五礼，二曰六乐，三曰五射，四曰五驭，五曰六书，六曰九数。

孔子授徒，教的也是这些。其目的是让学生掌握贵族子弟所学的技能，同时了解贵族子弟的知识结构，最终能够与贵族子弟争夺知识权力。

单纯地模仿贵族学校的课程，在孔子看来是不够的，孔子通过学，大量掌握了从前一些世袭家族的垄断知识，以口耳相传的方式传授给学生。

从教育的角度来看，正因为孔门私学有这么多自创课程，有如此新鲜的第一手知识，才吸引了大批士前往孔门，跟随孔子治学。

经过孔子的改造，教学内容充满着人文主义色彩，其教书育人的目的，是要把学生培养成君子。在《论语》中，谈及君子的条目，共达一百零七条。

颜回说："夫子循循然善诱人，博我以文，约我以礼，欲罢不能。既竭吾才，如有所立卓尔。"

孔子培养君子，也把学生们视为君子，一有机会，就不遗余力地推荐自己的学生。

冉雍的父亲是个社会声誉不佳的人，一些人包括孔子的学生对冉雍也难免另眼相看，孔子就说："犁牛之子骍且角，虽欲勿用，山川其舍诸。"

事情大约是这样的，孔子与弟子去郊外远足，看见一头毛色发红、柔顺漂亮、犄角光滑的小牛，学生们都说这头牛特别适合当祭祀用。孔子觉得机会来了，就故意说：小牛虽然是难得一见的祭祀上佳之物，但可能是耕牛之子，做祭祀是否不大妥当？

学生们纷纷回答：做祭祀用的是这头小牛，又不是生下它的耕牛，干嘛要考虑生它的父亲是谁呢？

孔子这才感慨地说：你们也看到了，一头适合祭祀的牛，只与它本身有关，如果我们舍弃不用，山川之神也舍不得啊。

孔子的话，不但是对冉雍的鼓励，也彻底推翻了"血统论"，让社会贤才们从不利的家庭背景下挣脱出来，成为有用的英才。

冉雍不负老师所望，成为"孔门十贤"。孔子对他给予了高度评价："雍也可使南面。"意思是冉雍完全可以做一个贵族的家宰。

孔子之爱学生，一以贯之地体现了他的价值观：不问贫富，只问仁义礼信。不看贵贱，只看贤愚。

《论语》中记载，子谓公冶长：可妻也。虽在缧绁之中，非其罪也。

然后以其子妻之。

文章的语境大体是孔子集中评论了一些学生们的品行，首先谈到公冶长。当时，公冶长正在狱中。但孔子却说：所谓的罪名是强加给他的，并不是他本身犯了什么错。公冶长是个可依赖的人，会是一个好丈夫，我愿意把女儿嫁给他。公冶长出狱后，果然依其所言。

在评价南容的时候，子谓南容："邦有道，不废；邦无道，免于刑戮。"

然后以其兄之子妻之。

孔子认为南容是个合格的儒家知识分子，遇到有道之君，他能抓住机会。遇到无道之君，他也会适时地离去，远离灾祸。因此把侄女嫁给了他。

对那些德行有亏的学生，他也从不护短。

《论语》记载："季氏富于周公，而求也为之聚敛而附益之。子曰：'非吾徒也，小子鸣鼓而攻之可也！'"

鲁国的季氏非常富有，却还聚敛不止。孔子的学生冉求为虎作伥，帮助季氏搜刮民众。孔子气愤地说："这家伙不配做我的学生，你们可以鸣鼓声讨他。"

如此地爱憎分明，如此地正邪两立，这样的夫子，培养了一大批忧道不忧贫的学生，在"礼崩乐坏"的春秋时期，可谓叹为观止。

子路曾经是个与孔子的人生追求完全相反的人。《史记》中这样描述他的过往："子路性鄙，好勇力，志伉直，冠雄鸡，佩豭豚，凌暴孔子。孔子设礼稍诱子路，子路后儒服委质，因门人请为弟子。"

也就是说，子路曾经是个鲁莽粗鄙之人，做事很夸张，头戴装饰有雄鸡翎的帽子，佩着野猪皮做的剑鞘，还总是欺凌孔子。但孔子觉得他品质并不坏，就巧妙地说服他，于是被打动的子路穿上儒服，请求进入孔子之门就学。

《韩诗外传·卷六》载："子路治蒲三年，孔子经过，再三感叹。一叹其恭敬以信，二叹其忠信以宽，三叹其明察善断。"对子路的政治才能给予了很高的评价。

即便与学生同行，孔子也不故作高深，唯我独尊。子路经常制止他的行为、批驳他的言论，他也不以为忤，虽然仍有辩白，但还是会心悦诚服地接受。

据《孔子世家》记载，季桓子的家臣公山不狃被派担任费宰。然而仅仅过了三年，公山不狃与季桓子产生矛盾，到了不可调和的地步。公山不狃联合阳虎作乱抓住了季桓子，季桓子用计逃脱，阳虎兵败逃往齐国。

公山不狃邀请孔子去帮助他治理费邑，孔子很想前往，但被子路阻止。

晋卿赵鞅的家臣佛肸（bì xī）被赵委任管理中牟，但他却投靠了别人，招致赵鞅的攻伐。佛肸想邀请孔子去治理中牟，孔子又欲前往，再次被子路制止。

子路一生忠勇，舍生赴义，死前高呼"君子死，冠不免",被砍成肉酱。孔子听到这个消息,就再也不食肉糜。

孔子不是革命者,并不讨厌富人,但对富人有着高标准。子贡问曰:"贫而无谄,富而无骄,何如?"子曰:"可也。未若贫而乐,富而好礼者也。"

他的学生子贡是个富人,在与老师讨论做人的标准时说,如果一个人虽然贫穷但却不谄媚,一个人虽然富有却不骄横,是不是就值得称道了呢?

孔子回答:当然可以。但最好的境界,还是虽然贫穷却仍然快乐,虽然富有却重视礼仪。

孔子的这句话对后世影响很深,金钱是唯一可以与行政权力相抗衡的力量,为了维护"尊尊",孔子认为多有钱也不该逾越基本的社会约束即礼。

孔子不反对经商,不排斥富人,只要求他们遵守礼的规定,不要破坏社会秩序。

在孔门就学,只要有能力,就会成为一个贤德知礼之人,不但可以掌握知识权力,也可以掌握政治权力,甚至可以拥有从前贵族才有的权力,用自己的学问造福民众,造福社会。

他们通过学而成君子,甚至通过学而成圣人。

孔子推重的"贤贤"原则,既打破了贵族对权力的独有,也打破了唯有世袭与血亲才能传递权力的传统认知。

"尊尊"是维护政治伦理,"亲亲"是维护家庭伦理,但如果只有"尊尊"和"亲亲",则社会就如死水一潭,这并不是孔子想要的理想世界。

因此,他在"尊尊"和"亲亲"之外,提出了"贤贤",

"贤贤"意味着社会阶层流动。在孔子看来，大同世界里，这三个因素缺一不可。

这才是儒家真正的超越性。

君子行道：儒家致学的最高境界

既然天降大任于孔子，那么孔子也责无旁贷地勇挑重担，带领士君子替天行道，替天弘道。

鲁哀公与孔子进行政治对话。当问及如何评价当时在位的执政之人时，孔子不客气地指出："今之君子，好实无厌，淫德不倦，荒怠傲慢，固民是尽，午其众以伐有道，求得当欲不以其所。"

在孔子看来，当时身在高位之人，大多是贪得无厌，行为不检，对政事荒怠，对民众傲慢，搜刮民财而不知约束，违逆族众之意而去征伐有道之国，为满足自己的欲望而不惜背弃大道。

孔子认为，正是这些当政的权贵为了一己私欲破坏了礼制，造成了价值崩溃与社会危机。

在孔子的评价体系里，所谓君子，就是言行保持一致，践行忠信，终身行道。

理想中的君子，为人谦和，博学多闻，严格要求自己，不去做无谓的争论，总是以行道为终极目标。

对君子，孔子抱以诚挚的期待。

对当权者，孔子一向持怀疑态度。

在《论语·季氏篇》里，孔子批评冉有说："求！周任有言曰：陈力就列，不能者止。危而不持，颠而不扶，则将焉用彼相矣？且尔言过矣。虎兕出于柙，龟玉毁于椟中，是谁之过与？"

孔子原话大意是：冉求啊，上古的史官说过，能施展自己才能，就接受职位；如若不能，就应辞去职务。在别人站立不稳的时候，你不去护持。在别人将要摔倒的时候，你不去搀扶。那要你做什么用呢？老虎和独角犀被放出了笼子，珍贵的宝物在匣子里被损毁，这是谁的过错啊？

在这段对话里，孔子想尽可能地阐明这样一个道理：士君子的作用就是帮助那些没有能力管理国家的人，就像向导帮助盲人一样。

作为天命的一部分，必须有君主成为国家的象征，但君主往往像猛兽一样可怕，必须用天道来约束他们，像把猛兽关在笼子里一样。

孔子招生授徒，并不是为了谋生，不是为了区区几块猪腿的束脩，而是召集天下有志于学者，孜孜以求，通过问礼、求道，最后获得超越现实社会的思想力。

后世儒家知识分子把这一行为视为一种求道方式，即聚天下英才而教之，当成传播思想的有力途径，也当成一种积极的人生追求。

儒家知识分子从来都不是暴力的鼓吹者，是用知识和思想来帮助君王治理天下的建设者。但儒家并不附属于王权，而是选择与自己的价值观相近的人，能够接受自己的儒家主张的人，从道不从君。

孔子不遗余力地发展私学，不遗余力地教育学生，终使儒家大行其道，阻碍阶层流动的世卿世禄制度最终瓦解。

普通士人可以通过自己的政治、军事和文化才能，登堂入室，"贤贤"原则使他们成为国家重器。

世卿与世禄者生而荣，生而贵。

孔子与弟子们学而荣，学而贵。

借助学的力量，推动"贤贤"成为新的政治准则，士们以卑抗尊，成为知识贵族。

第五章

《论语》：华夏民族的文明宪章

弘道传志：知天意而行仁道

对于孔子来说，游说四方，而不得一君赏识。眼看道德沦丧、天下将崩，但儒家学说却无法在行仁布道中发挥应有的作用。

那么，作为士者师的孔子，不得不反求诸己：自己存在的作用是什么？自己所努力追寻的价值，到底意义何在？

当门徒茫然，二三子患于丧之时，孔子用话语和行动宣布：自己早已经知晓天命，并接受了天的选择，将传道于世。

这是中国的士第一次抛开天子与巫族，直接宣布与天建立了联系，通过学这样的手段，用自己的感知，体察了天的想法，并明确获知得到了天的信任和选择，在巫族与天子之外，开辟了天与人沟通的第三条也是更重要的一条路径。

自此，儒家知识分子可以直接听取神明的声音，受命于天，同时服务于天。

子为木铎：天将降大任于斯人

孔子周游列国，困于匡，困于卫，困于陈蔡之间，曾经七日不火食，藜羹不糁，弟子皆有饥色。

面对这样的窘境，有些弟子不免有些怀疑：夫子维护礼制的仁政之旗到底能扛多久？

孔子没有灰心，认为曙光就在前头，因为他已经体察了天意，知道天之未丧斯文也。如果不能洞悉天的意志，不能明确天的期待，不能省察天的喜好，孔子可能也会对自己、对道丧失信心。

但是，既然心灵与天能够沟通，能够凭一己所学而通过种种人间征兆来体察天意，既然认为天地皆大仁，必以仁心待万物，必以仁德为万事法则，那么，深刻理解仁之要义的孔子，不论经历多少挫折，当然都会愈挫愈奋——既然接受了天的选择，只有一路向前，不能停歇。

早期儒家思想家的超越性，即在于与神权争夺话语权，让士通过学而感知天命，并为天所选、负天之任。

由学而知，而知即知天命，在当时仍是神权的范畴，因此，学的过程，也是褫夺和分享神权的过程。

孔子的所作所为，非惟天所独见，人间世界也有人看在眼里，并心向往之。

孔子至卫，经仪邑，一个封人知孔子至，恭敬地前往拜见：君子之至于斯也，吾未尝不得见也。

在这位封人看来，君子至仪邑，是地方的荣幸，如果不去拜见，将是地方的耻辱——不识君子、不敬君子、不拜君子，说明仪地都是野人或小人。

拜见孔子，并与孔子恳谈一番之后，封人感慨地对随从孔子出游的孔门弟子们说："天将以夫子为木铎。"

在封人的眼里，孔子的周游，并非为自己谋取官职，也并非为弟子及孔门谋求食禄，而是被天所选，为天所派，负天之命，四处奔走，为天之木铎，敲响乱世的警钟。

这句话意味着，封人明白，孔子所言，并非只是代表着孔子的主张，而是蕴含着神明的主张。孔子所行，也并非仅是他的一己之意，同样隐含了神明的意志，孔子确实可以知天命，天通过孔子在向人间世界传递着明了的信息。

封人把天与夫子联系起来，说明经过孔子的发明传扬，儒学已经成为一种可以传递天意的学问，儒家的主张里，渗透着天的意志，神以及天，已经选择了孔子，选择了儒家，作为天在人间世界的思想代表，也由此证明儒家与王权争夺神权的努力，已经得到了天的认可。

孔子的一生，虽然困顿寒蹇，但毫无疑问是天降大任于斯人。

有了肩负天命的自信，有了对所负天道的自信，孔子才能处危不惊，居乱不惧。被困于匡，弟子惶惶，夫子亦如丧家之犬，但夫子内心笃定："天之未丧斯文也，匡人其如予何？"

乍看上去，孔子的这句话缺乏可靠的内在因果关系：天是不会毁灭斯文的，匡人对我也是无可奈何的。

天不丧斯文与匡人无奈我何，似乎完全是两回事，但孔子深知，这实在是一回事：坚信自己所行与天之所欲，本质上是一样的。传续礼教斯文，离开他，将无人可担此重任。

因此，这句话就是黄钟大吕一样的时代强音：天不灭斯文，因此天不灭孔子，所以匡人不可怕。而孔子当然是天之所选、天之所信、天之所任。

笃信天对自己的信任，笃信自己所传之道与天的意志一脉相承，这样的孔子，创造了中华文明的新社群：君子。

孔子宣告：不知命，无以为君子也。

因为可知天命，儒家知识分子与普通学者、士人有了重大的区别，他们更有使命感，更有被天选择的荣誉感，即使际遇艰辛、生活困顿，也不以为意。

孔子为代表的君子处处坚信上天对有德者的眷顾。当他的行为面对打击和怀疑时，始终不动摇，坚守天命所赋予自己的正当性。

然而，什么样的人能够成为君子？成为君子的路径又是什么？

身份识别：如何成为君子

夫子为天所选，受天之命，匡扶礼教。路径和方法是什么？

夫子为天之木铎，到底要向世人警醒什么？

在子路等人看来，儒家君子之中，有一类人与天子一样，都是受天应召，有些知识能够学而知之，有些知识又能够生而知之，因此有资格为天服务。这类人就是儒家贤人，也可以称之为圣人，比如孔子。

儒家贤人与天子均受命上天，又各司其职。天子受命，对人世间进行世俗统治。圣人受命，使世界充满道德秩序。

在孔子的眼里，圣人是非常稀缺的。自盘古开天辟地以来，只有尧舜禹与文王、周公方可称为圣人。但圣人弘道，需要借助君子。没有君子，则大道不行，圣人不出。因此，夫子对君子满怀期待。

而夫子降生的意义，就在于以礼制教化儒家之士，使其成为君子。然后，君子们集体遵循礼教的规则，并以儒家的一整套运行规则来影响君主与民众，让儒家礼教规则成为社会的通行价值观。从而，让仁德之行充盈大地，并深刻改变"礼崩乐坏"的社会局面。

夫子对君子的期待，恳切而热烈。对君子的描述，又如盲人摸象，每条象腿仅陈其一端，但盲者多多，从各个方位、角度去摸象，就能摸出一头全象。故君子之质充盈广大，难以用语言具体概括。

对于君子来说，如何安身立命，是一个终极话题。夫子认为，君子的使命有三，其一为修己，其二为安人，其三为安百姓。

夫子认为，一切仁心，皆发端于人之内在，仁心虽由天所赋，藏于君子之身，但不能修己，就不能将内在的仁激发出来，一旦激发广大无边的仁，就会让周围的人获益，也会让百姓获益。

克己，修己，是实现君子理想的必要前提。

修己，并不是盲目地"格物"，而要集中在三个方面，去实现心的腾跃：仁者不忧，知者不惑，勇者不惧。

君子是那类不受环境影响的贤人，在孔子看来，君子所居，即华美之地，无分华夷，不拘乡野。

《论语》中有这样一段话："子欲居九夷。或曰：陋，如之何！子曰：君子居之，何陋之有？"

孔子拥有的，是一种绝对的文化自信与道德自信，有君子之地，虽在九夷，可为文明之乡。无君子之地，虽在通衢，仍为荒蛮之野。

君子的世界，分为心灵与行为，夫子对君子的心灵给予了更高的期许：君子坦荡荡，小人长戚戚。

坦荡，是一种无愧于天、无愧于地、无愧于祖宗、无愧于内心的自我展示。

心无偏私，才会心地坦荡旷达。孔子说："内省不疚，夫何忧何惧？"所谓内省不疚，即一切动议的出发点完全中和，不偏不私，不我不群，心如赤子，内观澄明，一切所发，皆出于天道、取于公义，故无忧无惧。

在表达态度的时候，君子总是能够坚持自己的见解并且超然于纷争：君子和而不同。于君子而言，阳光明丽、暖风温煦与狂风骤雨、千里冰寒，都不会影响自己看待万物的态度。

君子存心居正，不阿比，无乖戾，除了坚守礼教原则，于他们而言，其他事情均无足轻重。

夫子所称道的君子，还是乐于助人的：君子成人之美，不成人之恶。君子的心中充盈至善至仁，因此，总是在礼教范围内，以仁心来处理人际关系，以善意来感化他人。夫子的这条简化标准，拿来区别君子小人，实在是惠而不费。

总之，君子少说而多做，耻其言而过其行。一旦出现问题，他们首先向内心去追问自己的过失，从不推诿过错，因为君子对客观世界所求甚少。除了道德层面的追求，君子们没有现实生活中的困扰。如颜回，居陋巷，一箪食，一瓢饮。别人都为君子担忧，可君子们自己却乐在其中，不知其苦。

通过孔子与子路等人的对话，我们知道孔子对待忠、信的态度，相对于礼而言，这些都是从属的、次要的。同理，相对于礼来说，仁、知、勇也是礼教框架之下的小山丘，最终所要达至的理想之峰，仍然是礼。

通过修己，君子实现了人格的超越，不唯是一个知礼守礼的人，还是仁者、智者和勇者，从而在面对纷繁乱世的时候，可以做到不忧、不惑、不惧。

那么，什么是君子之仁？

当然是礼的教化。通过礼教，对百姓道之以德，齐之以礼。夫子非常重视个体的行动力，善于动员大众心中的自尊感，在他看来，真正的仁，是让人感觉到自己与动物有区别，通过德与礼的熏陶，让自己具有羞耻感，让百姓"有耻且格"，通过百姓的自我觉知，自我改变，自我提升，实现自我管理，可以自觉地遵守礼教，最终达到教化的目的。

所谓君子之智，仍然在于礼教目标之下的学。只有通过学，才能不惑，并由此体察天命，进而知天命。

夫子亦曾言义："义以为质，礼以行之，孙以出之，信以成之。"但不管义多么重要，还是要在礼的指导下去实践。

春秋时代的夫子，所言之义是狭义的，指分内的责任。到了战国时代，孟子扩大了义的范围，为了维护义，提倡君子以生命去维护：生，亦我所欲也，义，亦我所欲也。

二者不可得兼，舍生而取义者也。

从孔子的用行舍藏，到孟子的舍生取义，儒家迈过了巨大的伦理障碍：义是高于生命的，也是高于一切原则的。为了义，生命有时也可以弃之不顾。

这样的变化，或许与战国时代宗教观的变化有关；或许与当时大国以强凌弱、小国朝不保夕的现实有关；抑或与墨家兼爱天下、与儒家思想进行竞争并取得暂时胜利有关。需要我们做更深的研究。

但我们要知道《论语》既然是在战国时代才"成书"，并在汉代才最终完成，因此，就要注意区分哪些是春秋时代的思想，哪些不是。

在孟子的时代，生命是天所予，义也是由天所予，儒家君子首先选择了义，而让生命排在义的后面，成为次要选择，说明那个时代，义是可以永远闪耀光辉的至上真理，是接受天命的永恒之剑。

对于孟子以后的儒家君子来说，义的内涵与外延都与孔子时代不同。明白何为义，并能够选择义、坚守义，是君子的至高原则。为了这一原则的实现，儒家君子还要在一些细节上对自己进行修炼：待人处事遵循礼的规则，谦逊地对待别人，只要承诺的事情，就信守之。尽管这并非孔子的价值观，但既然时代在变，观念也会随之改变，相信孔子也会接受这样的事实。

总之，君子是乱世的希望所在。君子们的存在，使民不失其所望，士不失其所倚，天下不失其之正，可供君子传扬信义，行布仁德。

对于一部分君子如颜回来说，通过领受天命，并坚持孜孜不倦地学，到达君子之境并不难。而对于另一些儒家士人来说，帮助他们成为君子，一直是夫子的目标。

孔子主动地把君子与天和天命联系起来，向君主和贵族们庄严宣告：君子们的所思为天之所许，所行为天之所授，由君主和贵族们维持的旧世界，已经秩序败坏，纲常紊乱，新世界的建立，必须由儒家君子们来完成。

君子之任：以仁行道，匡扶礼教

君子与圣人一样受天之命，但与君主不同，君主由天授命以权，而君子由天授命以德。因此，君子更能知天命之真意，并以受天应召为荣，真诚地行敬事忠，以榜样为天下万民做标尺。

君子不以物喜，不以己悲，但却顺天知命，除了泳沂舞雩之乐外，孟子认为君子尚有三乐：父母俱存，兄弟无故，一乐也；仰不愧于天，俯不怍于人，二乐也；得天下英才而教育之，三乐也。

夫子教诲弟子说，仁就是爱人，而爱人先要从自己的父母亲人开始，并以血缘为纽带，逐层扩展：君子务本，本立而道生，孝弟也者，其为仁之本也！

大道如天，一镜可窥。儒家贤人们认为，孝亲，则不会犯上。友弟，则不会纷争。秩序一旦建立，且人人遵守，各亲其亲，各子其子，则世道和美，三代之王道乐土可以重来。

孟子是天下主义者，但孔子是家庭和宗族主义者。

天下原则永远不能破坏家庭和宗族原则，当天下与亲族发生冲突时，孔子的优先顺序，是先家庭、亲族而后天下。在孔子看来，不孝，不弟，什么都无从谈起。无孝弟，则无天下，无仁义。

但天下仍然是后世儒家尤其是孟子时代的君子们目力放远、心力所系之处，君子们没有享受方面的追求，他们食无求饱，居无求安，所行所为，追求的就是仰不愧于天，俯不怍于人。

君子们受天之命，应天之召，所行又正大浩然，内心无私无偏，才可能仰不愧于天——若非为天所召，则我无官守，我无言责，君子们完成修身的职司，就可以告慰圣人了。

教化与教育，从来都密不可分。教化是目的，而教育是手段。君子以仁行道、匡扶礼教的重要手段，是得天下英才而教育之即为士师、为民师。

《国语》中如是说："父生之，师教之，君食之。"认为人生在世，依赖父母、师尊和君主的恩惠，肯定了东周之时，师的作用超过君的作用。

儒家君子建立师道，以师道传仁道，以师位抗君位。

儒家君子不与君主争夺世俗权力，但对思想权力却理所当然地通过师道握在手里。行仁道，也需要世俗通路。把天下英才聚集起来，传授给他们儒家圣人所留下的知识，传授他们用仁政治理天下的本领，是君子们匡扶礼教最切实可用的手段。

儒家圣哲们敢于以君子自任，在于他们有着强烈的道德神性，孔子说："天生德于予。"把自己身上德的来源，完全归因于天的信任和赐予，天生君子，天予其德，无人可夺。若有人夺其光彩，天厌之。

因为能够直接获取天的命令，并自觉地把身上的德，认同为天的赐予，儒家知识分子才可以与君主和贵族分庭抗礼。因为上天赋予了儒家圣人带领儒家君子为人间世界建立秩序的责任，赋予了儒家君子教化万民的使命。因此更能知民意，更能尽仁守礼。儒家知识分子从天那里得到了比君主更多的信任，以至于要想获知天的真实意思，君主不得不从儒家贤人处来探寻，并以儒家贤人为师，才能更好地治理人间世界。这让儒家君子可以自信地不但为士师、民师，也可以成为君师，并以师的身份，告诉君主什么是对的，什么是错的。

晚年时，回首自己的人生，孔子并无缺憾，因为终于在70岁的时候，做到了从心所欲，不逾矩。

君子通过自己的率先垂范，为世人确立了仁道的行为准则。君子之风如春风浩荡，和煦而不霸道，所到之处，正人心、立政教、行仁政，君子的高尚人格和德性实践与天地同厚，与日月同光。

孔子身体力行地告诉儒家君子们，仁不但是一种觉知力，更是一种行动力。只要行动，仁就会随心而至。而成为儒家君子，让仁性的光芒相伴终生，让仁成为价值主体内在的精神状态的反应，最终实现君子人格，则其生也荣，其死也哀。

《论语》：华夏民族的文明宪章

弟子问仁，孔子回答："出门如见大宾，使民如承大祭。己所不欲，勿施于人。在邦无怨，在家无怨。"

在孔子的"仁学"体系里，仁是一种能量巨大的德行，因此，越是在上位者，一旦把仁内化为"爱人"的品质，所能释放的道德威力就越大。

"能力越大，责任越大"，是一条现代社会的通用规则。孔子早在几千年前就有了更文明的阐释：仁心越大，承担越大。

阿姆斯特朗认为，类似"己所不欲，勿施于人"这样的圣哲之行，不但成为中华文明的"金规则"，也成为世界文明的"金规则"。

"'金规则'使得统治者不可能去侵略或破坏他人的领土，因为没有一个国君希望战乱发生在自己的国家。统治者不会去剥削平民，因为他们会将平民视为与其共同演绎一个美好仪式的人，所以'像他们自己一样'。对立与仇恨将消失不见。"①

---

① ［英］凯伦·阿姆斯特朗（Karen Armstrong）著，孙艳燕、白彦兵译：《轴心时代：塑造人类精神与世界观的大转折时代》，海南出版社2010年版，第240页。

华夏民族的"文明宪章"

与商代相比，周代青铜器的铭文变长，说明文字的使用，到了比较高级的阶段。

史人们能够把更多汉字编排组合在一起，表达复杂的意思。

有理由相信，此时的周王室，已经有了较为成熟的历史记录，但因为没有刻石或者铭于青铜器上，所以没有存留下来。

通过与诸侯国共有文字、共有神话、历史和文化传统，彼时的人们积累了若干文化共识，正是孔子，将这些列国共同的文化财富用自己的语言整理和表述出来，形成新的共同文化。

到了战国时代，随着文书行政的普及，汉字的秘密也被无数人所掌握。史人们已经能够对若干史料进行整理，并编纂成相对完整的简册，华夏文明进入了"成书时代"，《论语》也在这一时期初步编纂而成。

列国从"城邑国家"向"领土国家"蜕变，列国急迫需要一个直接揭示商周神政统治秘密的礼教文本，这就是《论语》。

由孔子的口述文化为核心所确立的春秋时代的价值观，成为战国文明传续的思想资源。不管如何理解孔子的言论，都已经变成了各国共同的文化传统。"（而各国）通过讲述共同拥有的故事，它们传播了巩固着集体认同的知识并且促成了集体行动的一致。"[①] 最终,《论语》在战国时代形成了具有"卡农"性质的文本,在文化的整合过程中产生着"神话动力"。

在战国时代,经过不断层累整理与丰富的这部口语化的孔子著作,就成了汉字圈共有的历史。列国借助《论语》这个文本,把自身历史的一致性和文化的连续性,建立在文本以及对文本的解释之上。

《论语》留下了许多华夏民族数千年持续遵守的文明规则,比如,"过,则勿惮改",督促儒家知识分子不断面对内心、勇于改正自己的错误;"三思而后行",则让人们崇尚理性思考,把行为置于礼的框架下,审视每一个行动是否符合"礼"的规范;"君子忧道不忧贫",则要求儒家君子优先考虑以"礼"为道德基底的价值观,优先考虑社群利益,把秩序的维护与遵守,放在了改善个人生活状况的前面。

无论从什么角度来看,孔子都具有超乎寻常的远见,这种卓识通过《论语》影响了主流文化社群,并进而影响人们的生活方式。

对于学习深奥且神圣的"礼"的知识,孔子认为,枯燥的礼仪里面,蕴含着维持世界运行的真理,因此"学而习时之,不亦乐乎?"

习,不是温习,更不是复习。在孔子的时代,教学方法是口耳相传,没有课堂笔记,也没有教材,师传授给学生相关知识,学生们要认真倾听,在心里默诵,通过单纯

---

① ［德］扬·阿斯曼（Jan Assmann）著，金寿福、黄晓晨译：《文化记忆——早期高级文化中的文字、回忆和政治身份》，北京大学出版社2015年版，第148页。

记忆的方式来学习知识。

此外，孔子希望学生们抓住机会就去践行。

学习了相关的知识，如果有机会实践一下，那肯定是非常开心的吧？

懂得祭祀之礼，有机会到太庙去观摩祭祀流程，是非常开心的吧？如果再有机会成为专门的祭祀人员，更是人生至乐吧？

针对学，作为"师"的孔子，不断地给出方法。

其中就有"敏而好学，不耻下问"。现代语文通常解释为"不以向学问不如自己（或地位不如自己）的人请教问题而感到羞耻"。

"耻"与"下"，在春秋时的准确用法，我们已经不得而知，因此，汉代的《说文解字》仍然是较好的钥匙。《说文解字》解释说：耻，由惭而生的羞愧之心。下，是物件的底。前后句联系起来，意思是"敏而好学，寻根究底，力争掌握每个知识细节"。

现代人的误读，或许其来有自。宋代的朱熹，是一代大儒，仍将这句话释读为"位高者多耻而下问"。在朱熹的理解范围里，下，指在下位者即不如自己者的意思。

之所以否定"不耻下问"是在上位者向在下位者请教的传统解释，是因为哪怕是在春秋时代，关于"礼"等专门知识，基本由在上位者掌握，在下位者根本无从得知。敏而好学，向在上位者或者知识的专门家请教，才是春秋时代的"士"们所面临的社会现实。

孔子的价值，也正是通过自己对以礼为核心的服务于贵族与君主的专门知识的集大成，把这些知识向下传授给没有渠道获取相关知识的士们。

简而言之，所谓"礼不下庶人"，与礼有关的知识不在民间，而在上层社会。

考古学家张光直说，司马迁不知道甲骨文，朱熹也同样不知道。为了维护华夏民族"文明宪章"的光芒，就需要根据考古新发现以及对甲骨文资料的释读，不断地对《论语》予以新的思想光亮，以保证这份"文明宪章"在不断传续过程中的"原典性"。

对于那些在学的问题上，总是不断向君子靠近的人，孔子也勉励有加：温故而知新，可以为师矣。在对旧知识的反复消化过程中，不断有新的感悟，这样的人，是有做师的潜质的。"孔子追求的不是关于人的抽象学问，而是包含心理、伦理与政治的生活艺术。"[①]

孔子重视意见的共鸣：三人行，必有我师焉。

对此，朱熹解释说："三人同行，其一我也。彼二人，一善一恶，则我从其善而改其恶焉，是二人者皆我师也。"

自汉以来，对《论语》的注疏不断，随着离春秋时代越远，对《论语》的误读越多。至宋儒，则关门读经，一味揣测，不知所云。"三人行"是上古经典的仿句，原典来自《尚书·洪范》："三人占，则从二人之言。"《左传》（成公六年）也引《商书》说："三人占从二人。"

商代的卜辞，通常为对贞，即把好坏两种可能的结果

---

① ［法］谢和耐（Jacques Gernet）著，黄建华、黄迅余译：《中国社会史》，江苏人民出版社2010年版，第72页。

都写上，表示神的世界里，也存在着二元可能性。等到卜贞之事有了结果，再把验辞刻写在同一块龟板上。

商王占卜，无所谓结果的好坏，只有正确与否。因为卜的用意是"预知"，即通过卜，事先发现征兆，从而根据征兆去做相应的应对。

孔子的"三人行，则必有吾师"，实际是"三人占，则从二人之言"的古训化用。在同道中，寻求援助，向他人寻求真理，是儒家的智慧，也是卜的智慧，即神的智慧。

哲学家赫伯特·芬格莱特认为，孔子所关心的，是一种建立在美好、崇高与神圣意义上的文化，正因为有了这样的文化，人的价值得以凸显。

在战国时代，孔子成为列国公认的"文化英雄"，而上古贤人缺少足够且可信的文字资料留下来，能够为列国的历史书写佐证，因此，引用或改造孔子的言论，为自己的"历史书写"和政治正当性服务，为许多领土国家所惯用。

守护文明：儒家的终极价值追求

周代商而立，建立新的神政权力。如何解释曾经保佑商王的帝，转而成了周人的保护神？

周公认为，商王已经失去了帝神的信任，因其行为已经与帝神所坚持的道德标准相背离。因此，帝神废除了委托商王管理人间世界的权力，而把这份信任赐给了周王，委托他们管理天下。

周公的话，给了诸侯革命以新的神力支持——一种上古天神赋予人间之王的新巫术——德。

吉德炜对甲骨文的整理研究，认为这样的故事并非自说自话。甲骨卜辞证实，商人通过占卜发现，帝神经常不回应他们的祈求，甚至去帮助自己的敌人，而祖宗神则基本对他们有求必应。因此，晚商时期商王更多地向祖先神问卜，并向祖先神进献更多的牺牲，而帝神则被弃置一旁。

这说明早在周朝建立之初，执政的合法性就一直困扰着统治者，迫使他们做出回答。秦统一天下，问卜体系崩溃，秦王自命为帝，同时自命为超绝前世的圣人，既皇又帝。但也不得不利用新的学说，来为执政合法性给出合理的解释。

邹衍的"五德终始"学说，就成为自秦至清历代帝王的制胜法宝，但也为王朝更迭打开了一个魔盒：德有终始，但终于何时？始于何期？这个问题，不由帝王，也不由臣民回答。

是否可以随时宣告？执政者当然不这么认为，但如果想要自圆其说，就得有其他的东西证实德在君王。

因此，历代帝王重视祥瑞，实际上是为执政的合法性寻找神秘性支持即神对帝王之德的肯定。

德在，则天下在，执政的合法性就在。

无论是否确有，也要宣称"德"在己身，并不断接受臣子和儒家学者的检验，是历代君王不得不接受的残酷现实。

德在君子：新的文明模式的诞生

西周代商，德在天子。

孔子倡学，德在君子。

在西周，只有周王能够驾驭"德"这种新的巫术，并通过一系列吉兆不断得到证明。

周公为周王朝的执政合法性给出了一个新的解释，但也留下了隐患。德存于虚空，其兆却显而易见。民心和悦，五谷丰登，天下太平，是德的显化；反之则是"失德"。

因此，天子不得不竭力少燃战事，保存民力；修缮河道，以祈丰收；倡导孝道，冀望家和。

为使德不断显化，天子必须努力存仁心、去私欲、爱万民。

到了东周，天子与君群体性"失德"。

德非天予，而在后学。既然天子可以，国君可以，则士们只要通过学，也同样可以。

孔子为德"祛魅"，让德从帝王所独有的神秘"巫术"，变成"新贵族"阶层赖以区别旧贵族阶层的群体性修养，即"新贵族"的精神标签。儒家知识分子一旦像天子和国君一样，掌握了获取德的秘密，并不断进化，不断提升，修炼成德行最高境界的拥有者——君子，则士们与君的关系，就不再是单向服务和服从的关系。

对于儒家知识分子来说，修养与提升德之能力大小，成为君子小人之别的标签。

孔子打破了"德在天子"的神话，事实上也为列国寻求脱离诸周，提供了神学上的支持。周公不敢宣称德亦天授，而由人为，打破了商代神政权力的板结化。权力来源不再单独由天子解释，而由民、神及天道共同解释。

谁拥有了德，谁就拥有了某种与周天子同在、同质的神性。

孔子一经成为列国的"文化英雄"，一种文明模式就建立起来。即依靠个人"德行"能力之修炼，建立以家庭为修养与践行"德性"的温馨场景。

人们在家庭里行使权威和服从权威，把孝悌亲睦当成德在家庭的良好实验。

把德从管理天下的应用场景，世俗化地缩小在家庭场景，是儒家的伟大发明。儒家知识分子为什么由学而获德，难道也是像周王一样，想管理天下吗？至少在孔子所在的东周，这样的想法是不可能存在的。

那么，儒家知识分子无龙可屠，为什么要学屠龙术？或者简要地说，他们要"德"何用？

孔子把德创造性地应用在家庭场景，认为拥有家庭威权，同样不只是一种天授之权，而必须同时拥有德。

审视孔子和儒家，如果离开在家庭场景的孝悌、仁爱，德之在我，就失去了其现实的合理性。

在家庭内部，拥有"德行"的家长，是可以像君一样被对待的。而习得了这种能力的子弟，再服务于君的时候，就得心应手。

同理，家庭内部"无德"的家长，也不能无条件地享有威权。尽管如此，孔子一方面宣扬在君无道时脱离国家，却不宣扬在"父无德"时，同样主张脱离家庭，是因为在他看来，子与父的血缘纽带，远比民与君或臣与君的权力纽带牢靠。

血缘大于一切，父权优于君权，是孔子学说的价值核心——礼，就是建立在血缘基础之上的。

对于孔子来说，服务于王，是家庭服从模式的延展。因此，家庭服从模式才是君子之德行的根本。

战国时代，各国利用孔子的声誉，并编造孔子的言论来为本国制造圣王。但在进入"成书时代"之后，文本化的《论语》便无法成为哪一国的独有秘笈，必须在尊重原有文本的基础上，再对《论语》进行阐发。

春秋初年，各国卿大夫将为社稷效力视为他们的主要责任，为诸侯效力，排在次要位置。社稷不能简单地理解为国家的代称，而同时代指着宗庙，代指着福佑一方土地的祖宗神灵。

直到春秋末年，贵族为了社稷利益而犯颜直谏，都被视为一种美德，"子路问事君。子曰：'勿欺也，而犯之'"。他们忠于国家（社稷）利益，而不是君主的利益，这迫使君主遵守信义并约束自己的行为。

君主的行为错误与否，不是一个简单的是非判断。其检验标准，是礼。

而儒家知识分子通过学而拥有了德之灵性，因此，超越了世俗身份，可以监督君主，指导君主，进而升级为"君师"。

儒家知识分子对于权力，始终保持着悠然的状态，"邦有道，则仕"，"道不行，乘桴浮于海"。

因此，儒家知识分子在朝堂上的作用，不唯事功，主要是"指斥君非"。发现君主有错误，毫不客气地指出来，希望君主改进，就是要让君主回到礼的正轨上来，为了让社稷长久得到祭祀，香火不会灭绝。回到德灵所赋予的状态之中，心怀苍生，福佑万民。

对君主的批评，其意在血脉延续，祖宗享祭，宗庙不毁，这是礼所维护的至高价值。君主如果不考虑社稷宗庙，就是"德力"失去的表现。

到了战国时期，诸侯之间纷争加剧，卿大夫经常易主，效忠社稷已经过于奢侈。绝大多数国君已经无法掌握"德"这种技能，全部秘密掌握在了儒家知识分子手里，子思才勇于提出儒家知识分子要"为王师"。

因此，孟子把忠划分了等级：最高级的忠是忠于道，第二等是忠于社稷，第三等才是忠于君主。

这种变化，逼迫君主改变对待卿大夫的方式：君使臣以礼，臣事君以忠。

面对臣的挑战，一方面是君的改变，另一方面是君的愤怒，君臣之间的关系变得紧张。而君子态度悠然，庙堂与江湖，都是选择，绝对不会屈从于权力。

战国末期，荀子把君与社稷合二为一，道、社稷和君都是一回事儿，由孔子倡导的君臣平等、互惠互利的关系开始溃败。

我们可以大声地宣称，通过掌握礼的知识并认真遵守，拥有学的能力并由此掌握"德灵"，儒家知识分子拥有了巨大的智性权力和神性权力。

"孔子是透彻研究神圣与利他主义的不可分割性的先哲之一。"[①] 阿姆斯特朗由衷地发出这样的赞叹。在她看来，由中华先贤践行并由孔子总结及传续的那些文明"金规则"，是一种"宗教实践的精华所在"[②]。

阿姆斯特朗虔敬地指出，"其他轴心时代的中国哲人针对中国面临的问题提出了更为现实的解决方案，但是他们并非像孔子那样志向远大，他的目标超越于法律与秩序之上。他希望人们都能拥有尊严、高贵、圣洁"[③]。

某种程度上我们可以说，自从有了《论语》，中国人才开始把自己视为一个文化整体和价值整体。

有了超越性的孔子，才有了超越性的儒家以及超越性的华夏民族的文明"金规则"。

---

① ［英］凯伦·阿姆斯特朗（Karen Armstrong）著，孙艳燕、白彦兵译：《轴心时代：塑造人类精神与世界观的大转折时代》，海南出版社2010年版，第239页。

② ［英］凯伦·阿姆斯特朗（Karen Armstrong）著，孙艳燕、白彦兵译：《轴心时代：塑造人类精神与世界观的大转折时代》，海南出版社2010年版，第239页。

③ ［英］凯伦·阿姆斯特朗（Karen Armstrong）著，孙艳燕、白彦兵译：《轴心时代：塑造人类精神与世界观的大转折时代》，海南出版社2010年版，第241页。

第六章

神的戏仿：孔子的后世光芒

长生焦虑：怀疑肉体，追慕神明

孔子世家：「神的戏仿」

长生焦虑：怀疑肉体，追慕神明

长生焦虑：追慕神明

面对出巡的千古一帝，人们的反应本该是敬畏、恐惧或者爱戴，但两个楚国人却表达出不一样的感受：

刘邦长长地叹了口气说："嗟乎，大丈夫当如是也！"

而项羽则轻蔑地说："彼可取而代也！"

秦王嬴政灭亡六国，统一天下，用"皇"和"帝"这两个神圣的、曾经只用来称呼天神的词汇，来做自己的名号。

在那一刻，神明在尘世中死亡了。

皇帝管理人间世界，不再借用神明的名义，也不再用神明的力量来为政权背书。

政府管理使用文书行政，而一切管理规则，都是由人来制定的，神明退出了世俗社会。

皇帝头上的神圣光环消失了。神明死了，皇帝也变成了普通人。

正因为意识到皇帝与自己并无大的区别，都是沉重的肉体，都是时间的利刃之下疯狂逃跑的旅人，所以，人们不再敬畏权力。

人们知道：在跑到终点之后，皇帝与凡人的结局都是一样的。

项羽是贵族出身，而此前的朝代更迭，都是诸侯革命。秦帝国最终在复国运动中崩溃，六国旧贵族虽未率先揭竿而起，在此运动中却起到了关键作用。司马迁谨慎地让项羽说出：我可以取代他。暗示着秦末仍然延续着诸侯革命的传统。

汉以前，平民革命从未发生过，没有氏族国家的支持，没有贵族血统，只是普通的市井小民，也能够坐上皇帝的宝座，是人类想也没有想过的事情。

因此，刘邦即便贵为汉帝国的开国之君，司马迁也仍然尽量模仿他当时的卑微心态，让他真实感叹道：哎，大丈夫都应该是这样的人！

灭亡六国之后，秦王发现自己拥有巨大的能量，建设力或破坏力有时仿佛神明。人间的一切在自己的手中都微不足道，无数的生命，在权力面前犹如蝼蚁。

人不足尊重，神明也同样。

但肉体的羸弱，很快就在时间面前显现出来：疲惫、病痛、衰老，进而面临着死亡。

秦王这才意识到，只是用神的名字来称呼自己，改变不了自己只是普通人这样真实又惨痛的现实，必须想办法让自己变为真正的神明。

至少，可以像神明那样，不再畏惧时间。

挑战肉体，超越平凡，追慕神明，成了秦王最大的心愿。

秦始皇派出团队，寻找长生药，等于向神发出呼唤：神明啊，你总有办法，拯救尘世中的过客。

神明，才是时间的王。

扮演神明："真人"的诱惑

皇帝开始内视肉体，发现生命的脆弱，转而寻找神明，期望救赎。

"齐人徐市等上书，言海中有三神山。名曰蓬莱、方丈、瀛洲，仙人居之。请得斋戒，与童男女求之。于是遣徐市发童男女数千人，入海求仙人。"

这是《秦始皇本纪》中，描写皇帝首次尝试与神明建立联系，乞求逃避时间追杀方法的"求仙之举"。

"仙人"这个相对超越的概念，出现在了部分方士与权贵的视野里。

仙，不像传统神明那样，依靠人间祭祀、依赖"血食"供养，而是另外一套的超越体系。

美国学者康儒博认为，"仙可以直接飞举，而无须统治者所代表的天人之间的纽带。他们也与农业经济无关，也就脱离了以农业为基础的、通过祭祀获取天庇佑的体系"[1]。

仙不依靠农业产品而存在，他们赖以获得生命能量的，是"气"或者稀有的矿物质。

而这一切，依赖于战国之后人们的宇宙观与宗教观发生了重大变化：人们认为是"气"构成了宇宙和万物，神鬼也是"气"在不同状态下的表现，而人只要"食气"，就可以像"气"一样，变得轻盈，直至像羽毛一样飞升。

---

[1] ［美］康儒博（Robert Ford Campany）著，顾漩译：《修仙：古代中国的修行与社会记忆》，江苏人民出版社2019年版，第196页。

多次求仙访药，却没有成功，方士们认为原因有二。

首先在自我称谓上，庸常的皇帝自称，加重了肉身的下沉力量，不能变得轻盈。"仙并不意味着不死，而是意味着上升，即空间中的向上运动，也可以喻指状态的上升。同时，虽然寿命出奇长是一个必要的、决定性的特点，但仙也并不一定要具备不死的特征。"[①]

因此，称谓一事，与飞升有关，兹事体大。

另一个失败的原因在于皇帝的行止没有像仙人一样，被"隐蔽"起来，而是被内侍和大臣们知晓。对秦始皇说："臣等求芝奇药仙者常弗遇，类物有害之者。方中，人主时为微行以辟恶鬼，恶鬼辟，真人至。人主所居而人臣知之，则害于神。真人者，入水不濡，入火不爇，陵云气，与天地久长。今上治天下，未能恬倓。愿上所居宫毋令人知，然后不死之药殆可得也。"

于是始皇说："吾慕真人，自谓真人，不称朕。"

然后，在宫中修建秘道，隐藏自己的行踪，让自己变成名副其实的"寡人"。

天子们拥有巨大的权力，通过调动人间力量所能实现的改变，有时与真正的神明无异，毁灭的力量甚至超过神明，他们为什么还要求仙呢？

康儒博回答说："（求仙的天子们）如果真的成了仙，他们将脱离皇室祭祀系统、脱离自己家族的血脉，他们将不

① ［美］康儒博（Robert Ford Company）著，顾漱译：《修仙：古代中国的修行与社会记忆》，江苏人民出版社2019年版，第37页。

仅仅是天子，而将直接承担天间的仙职。"① 对成仙的渴慕，意味着商周以来的祖先崇拜体系，已近崩溃。

天子们清楚自己至高无上的人间职位，虽然尊贵无比，但仍然需要接受肉身的捆绑与束缚。

而一份天间的仙职，则要轻松得多，也完美得多。

事实上，这里面隐含着另一层意思：秦始皇也明白，他手里的破坏力是由权力做后盾的，皇帝只是看似强大，但强大的并不是他本身，而是权力。

因此，一份普通的仙职，也优于无所不能的皇帝。

不死之药：神明的秘密

仙人、仙岛、仙界，这些概念的出现，扰乱了秦始皇平静的内心。

通过武力，他已经建立了一套人间秩序，依靠以他的意志制定的法令，依靠强大的国家机器，皇帝不需要神明，也能够让百姓唯命是从。

但"仙"这个新事物的出现，迫使皇帝不得不做额外的努力。

《秦始皇本纪》中，获得秦始皇资助到远离人间世界之处寻找仙药的徐福（徐市）说："蓬莱药可得，然常为大鲛鱼所苦，故不得至，原请善射与俱，见则以连弩射之。"

徐福说在海外的药岛上，仙药是存在的。

---

① ［美］康儒博（Robert Ford Campany）著，顾漩译：《修仙：古代中国的修行与社会记忆》，江苏人民出版社2019版，第197页。

很显然，"人们认为仙食用的是那些异域的、能够延年益寿的物质，这些物质替代了中国的俗世食物，它们所出现的地区远离中国的文化腹地，不仅是空间距离（垂直也好，水平也好），还有进出的障碍。无怪乎在人们的口头描述和图像呈现中，仙常常表现为长着翅膀、会飞的生物，能够迅速地、长距离地旅行也常常是修仙者所需要练习的一种法术。仙传和经文中常常说修仙者所拥有的一项神技就是能够召唤'移动的厨房'，它能够带给修仙者异域的、延年益寿的食物，而不需要修仙者亲自去天涯海角取用这些食物"[①]。

但求仙药之路，艰辛漫长。

这个版本说，徐福（徐市）声称海上有大鱼，需要射杀，才能接近仙岛。

而另一个版本则声称，拥有整个人间世界的皇帝，送上的礼物太薄。对于秦始皇来说，这几近于羞辱。

成为仙人，途径大约有两种，一种是通过修行。另一种，则相对简单，服药。

但前提是，有这样的药可服。

"在东方，有蓬莱、瀛洲，还有其他海上的岛屿，人们相信那里有神仙和让人不死的草药、丹药。秦汉统治者都曾经派出探险队去寻找它们，也得到了关于岛屿上草药、丹药的目击报告——然而，却没有成功地带回皇帝想要的

① ［美］康儒博（Robert Ford Campany）著，顾漩译：《修仙：古代中国的修行与社会记忆》，江苏人民出版社2019版，第92页。

东西。"①

而修行是普通人也可以实现的，天子们放下尊严，像普通人一样，练习同样的方法，通过同样的途径，经历同样多的时间，这样的仙人，即便真的能够修炼成功，他们也不愿意去做。

某种意义上，我们可以说：皇帝追求成仙，其实是一份需要耗费巨大财力、克服无数困难才能完成的、普通人永远无法实现的人间伟大工程，是天子才能实现的梦想，是皇帝通过人力的方式，对神明的"模仿与生产"。

很显然，皇帝们更愿意选择后一种。在他们看来，举一国之物力，求取仙药，应该是可以做到的。更主要的是，通过生产神明，彰显权力的无所不能。

求取不死药，窥探神明的秘密，并通过这个快捷通道，也因此接近神明，成为神明社群中的一员。

由此可见，对于人类来说，不断向更高的阶层进步的愿望，是无法遏止的。

普通人有普通人的阶层跨越，皇帝也有皇帝的阶层跨越。

皇帝求取仙药，证明了一种不可抗拒的世俗冲动的存在：人，试图向人本身告别，超越为神。告别乏味的世俗生活，渴望进入神仙世界。

对神的向往，导致对神的饮食方式的模仿。

皇帝求取"不死药"的事件中，世俗社会与神明之间，

---

① ［美］康儒博（Robert Ford Campany）著，顾漱译：《修仙：古代中国的修行与社会记忆》，江苏人民出版社2019版，第91页。

形成了有趣的张力。

不论皇帝在人间世界的威力如何，面对未知的、美好的神明世界，皇帝都不得不低首献媚，希望通过各种方式，换取进入神明世界的请柬。

这样的意图，主动降低了人间之王的地位，让皇帝处于仙人之下的阶层。

而向仙山进发，以求得不死药，隐藏在求药后面的寓意，仍然是向仙山的侵略，以人间世界的力量，发动对仙人世界的进攻，直至得到想要的东西。

表面上的求取，隐藏着的却是挑战。最终让仙界也像人间世界一样，被权力统治与剥削、压榨，仙人也像神明一样，接受皇帝的管理，俯伏在人间之王的脚下。

因此，皇帝求取不死药，不是荒诞的，而是构成了一种张力，构成一个全新的征服愿景：不断有方士参与进来，不断向仙人的领地进发，不断创造新的期待，不断鼓舞人间之王对神明进行征服。

但仙药始终没有送到皇帝手中。

求取不死仙药的努力，以失败告终了。

皇帝的生命之弦突然绷断了，时间之刀落了下来。曾经自比为神的人间之王，不得不以普通人的身份，告别了繁华世界。

同时，神明也尊重其帝王的身份，以特别的方式，给出巨大的回响：强盛的秦王朝崩塌的声音，在人间与仙界，都震耳欲聋。

孔子世家："神的戏仿"

关于孔子的出身，许多研究者都没有注意到司马迁在文本方面所蕴含的深意，即对孔子的身世进行"神的戏仿"，从而证明他与众不同的神圣性。

这样的"戏仿"，《高祖本纪》里同样出现过，而在他所热爱的汉武帝的传记《孝武本纪》里，他只是把汉武帝描绘成一个普通人：没有神迹，没有异秉，除了格外看重方士，追求成仙，与普通人没有任何可资区别的特征。

很显然，司马迁想把孔子打扮成一个与帝王相比肩的上古贤人，一个复杂的圣者。

异人：野合

《孔子世家》用一个后人感觉颇为奇怪的词"野合"来写孔子的出生。诸儒们解释说，这是因为孔子的父亲结婚时年事已高，而他的母亲年方及笄，唐代的司马贞说："梁纥老而徵在少，非当壮室初笄之礼，故云野合，谓不合礼仪。"

这样的猜测，与中国的传统文化观和伦理观相去甚远。

以商周而至秦汉的礼仪来说，叔梁纥"求婚于颜氏徵在，从父命为婚"，完全符合礼制，与年龄没有任何关系。

美国圣母大学东亚语文系教授詹启华认为这样的指责

纯粹是子虚乌有，并引用了日本学者白川静的研究予以驳斥："针对关于叔梁纥与徵在'非法结合'的公开谴责，白川静写道，按照周代晚期的婚姻习俗，像他们这样的婚姻应当是恰当的。"[①]

那么，司马迁以史家之曲笔，特意写孔子"野合"而生，到底是为什么呢？

我们不妨用汉高祖刘邦的故事来对照一下，看看在司马迁的眼里，一个伟大人物的出生，到底与普通人有什么不同。

《高祖本纪》里这样记述刘邦的孕育："其先刘媪尝息大泽之陂，梦与神遇。"

明眼的读者可以看出，这是"野合"的另一种曲折写法：刘邦受孕的地方，也不像普通人一样，在自家的屋子里，而是在"大泽之陂"。

也就是说，刘邦也是"野合"而生，只不过父亲不是人类，而是蛟龙。因为司马迁接着写道："是时雷电晦冥，太公往视，则见蛟龙于其上，已而有身，遂产高祖。"

孔子的父母，虽然"野合"，但尚在人类的理解范畴，但刘邦母亲与蛟龙的"野合"，就直接否认了刘邦是人类的孩子。

司马迁为了避免误会，让太公见证了刘媪与蛟龙"野合"的场景，"蛟龙于其上"，寥寥五字，用笔传神。

"太公往视"，以父亲的亲眼所见，"证实"了儿子的神

① ［美］夏含夷（Edward L. Shaughessy）主编：《远方的时习——〈古代中国〉精选集》，上海古籍出版社2008年版，第100页。

秘来历。可见司马迁在细节上，非常注意。

与蛟龙"野合"，画面虽然难以想象，但在我们的神话传说里，龙是可以百变的，所以，稍微调动一下想象力，还是可以解决伦理问题。

而周人祖先孕育的故事，才叫人大开眼界。

《周本纪》里，司马迁这样写道："姜原出野，见巨人迹，心忻然说，欲践之，践之而身动如孕者。"

这是另一个离奇的"野合"文本，想象力令人咂舌。

姜原，是周人的先祖后稷的母亲。有一天，姜原到野外，看到一个巨大的脚印，不知怎么，心里就萌发了一个念头：这脚印这么大，看一眼就让我心里好开心啊，真想踩一踩呢！

这下可好，踩了一脚就怀孕了。

司马迁在这里再一次用了曲笔：姜原同巨人（上帝）进行了一次别开生面的"野合"，孕育了巨人的后代后稷。

"野合"的原初文本，并不是司马迁首创的，而是周人，司马迁不过是个高明的模仿者。

周人在《诗经》里写道："履帝武敏，歆，攸介攸止。载震载夙，载生载育。"

武敏，脚印。歆，忻然。

意思与司马迁在《史记》里所写的一样：借助脚印，周的母系祖先与上帝"野合"了，生下了周的先祖。

这与刘邦的母亲刘媪"野合"的故事，多么相像啊！

一方面，司马迁对孔子抱以"同情之理解"的态度，认可儒家的伦理核心是家庭，而合理的家庭必须有父亲和母亲，因此，没有为孔子安排一位龙或者神灵，而是一位普通的人间父亲。

另一方面，司马迁在书写孔子诞生故事的时候，也在被动地接受着"文化塑造"。《春秋公羊传》里说，"圣人皆无父，感天而生"。在书写刘邦时，司马迁遵从了这样的规则。而在书写孔子时，还是让这位"人间素王"回到了正常的伦理秩序中。

但毫无疑问，三个"野合"的故事，力图向我们揭示的内涵是一致的：后稷、刘邦、孔子，他们的母亲都是在大地的床上，感受了天地精气、日月灵光。

至此，我们对司马迁的用意完全明白：野合，就是在大地之床上受孕。大地之床，可以直接吸纳宇宙的力量，孕育出伟大的婴儿，带来人类之光。

詹启华认为，"奇妙的出生怀孕，孤儿身份，克服命运中的逆境，所有这些均见于商周两代的神话中。此外，孔子如同西方神话中如此众多的救赎英雄——塞鲁士、罗墨勒斯、海格立斯、摩西和奥狄浦斯——一样，出身孤儿，无人庇护，通过战胜困难，才成为中国传统教育的缔造者"[①]。

三个"野合"版本，也揭示了不同时代的宗教背景：周人信奉天帝，因此其先姀通过脚印而与上帝媾和，生下了周人的祖先。同时揭示出关联哲学的核心概念，部分即整体，脚印如同上帝本人。这种哲学观，深刻地影响了中华文明。

① ［美］夏含夷（Edward L. Shaughessy）主编：《远方的时习——〈古代中国〉精选集》，上海古籍出版社2008年版，第93页。

第六章　神的戏仿：孔子的后世光芒

孔子的出生故事，则映照了当时的社会风气，活着的长者拥有权威，只不过需要一个"感天而生"的场景来烘托气氛。

而刘邦的时代，代表雨神的龙，保佑着农业国家的风调雨顺，成为农业中国的图腾。

异相：头骨

如果比较一下"五帝"与孔子和刘邦的区别，就会发现司马迁不遗余力地"创造"着孔子和刘邦。

孔子天生异相："生而首上圩顶。"

不要以为这是信史，相信孔子天生头顶凹陷，这其实是司马迁将孔子"异人化"或者进行"神的戏仿"的另一重要标志。

"汉代的神秘主义者认为，孔子的头部缺陷是一个预兆，孔子内在的圣贤与外在的特征使人大胆推测丘与独角兽麟具有不可思议的结构上的相似性。"[1]

"圣人皆有异表"，汉代很盛行这类演绎。

司马迁把当时流行的"骨相学"概念，移植到孔子身上。"中古时期生理学和胚胎学的基本观念，即，骨是一个人的'命'所在，预示了一个人的命运，包括预定的寿命，

---

[1] ［美］夏含夷（Edward L. Shaughessy）主编：《远方的时习——〈古代中国〉精选集》，上海古籍出版社2008年版，第97页。

以及生活中特定地位的前提。"[1]

在描写刘邦的时候，司马迁说他"左股有七十二黑子"。"七十二"也并不是司马迁随机写下的一个数字，而是某种神秘力量的象征。

"七十二"是《云翘》之舞中，童子的人数。相关文献认为，《云翘》是汉代郊祭时的宴乐之舞。白川静说，在汉代，"七十二是圣数"。

而对传说中的"五帝"，司马迁只是草草地介绍了一个概况。在描绘华夏民族共同的祖先黄帝的时候，也只是说他"生而神灵，弱而能言"，显然十分敷衍。至于其他几位，则对外貌形状只字未提。

在"异相"的描绘方面，司马迁还参照了另外一些上古贤人，让孔子综合了他们共同的优点（当然，也许是缺点，但司马迁显然更倾向于前者）：其颡似尧，其项类皋陶，其肩类子产。

我们不得不佩服司马迁的想象力，在上古贤人图像阙如的时代，一个普通的郑人，是如何在大脑里存储了这些贤人的形象，然后在看到孔子的时候，马上调出尧颡、皋陶项、子产肩的相关数据，并迅速与孔子的这些部位进行匹配的呢？

为了"创造"孔子的"异人"形象，司马迁还特别写到了孔子的身高："九尺有六寸"。

这同样不是真实的身高记录，而是"神的戏仿"：汉代

---

[1] ［美］康儒博（Robert Ford Campany）著，顾漩译：《修仙：古代中国的修行与社会记忆》，江苏人民出版社2019年版，第136页。

的神仙传里，太上老君"形体略高一丈，披发垂衣，顶项有光"。

也就是说，孔子虽然是"圣人"，但毕竟不是"仙人"，所以身高比仙人中的尊者太上老君略低一些。尽管如此，也已经接近"一丈"——这大约是仙人才能达到的高度。

如果司马迁在他所写过的帝王将相中，都有详尽的外貌描写以及具体身高，那我们有理由相信，他或许有相关史料储备，有可信的数据来源。

但如果只写了孔子的身高（连他唯一以"异人"的身份进行构建的人物刘邦也没有给出具体身高），那么，我们就有理由相信，这个外貌特征并不是信手随意写的，而是有意安排的。

至于具体动机，就是：儒家的尊者与道教的仙尊相仿佛，然而，与后者还是存在一些不大但可见的差距。

为了更凸显孔子身份的神秘性，司马迁还采用了一些前代资料，确信孔子生于两次出现日食的庚子年。

"司马迁从《公羊传》和《穀梁传》对《春秋》的两段评论中得知孔子的出生。《春秋》扼要记载了鲁襄公二十一年（前552年）九月和十月连续出现两次日食的惊人天文现象。"[1]

詹启华说："商与周代均把星体运动与重要的事件联系起来，两次日食预示着将要发生重大的事件。可以肯定地

---

[1]　[美]夏含夷（Edward L. Shaughessy）主编：《远方的时习——〈古代中国〉精选集》，上海古籍出版社2008年版，第93页。

说，日食总是与不祥乃至灾祸联系在一起，连续两次日食尤其会引起警觉。尽管如此，对于《公羊传》和《穀梁传》的编者来说，天空中出现如此令人不安的运动却预示着伟大的开端，二者均引述《春秋》的两次日食现象（但是在不同的月份）并阐明：'庚子孔子生。'[①]"（作者注：历史学家与天文学家证实，该年并未发生两次日食。）

异事：为政

"异人"若无"异事"，则很难证明其神秘性。

写刘邦身上的异事时，还说他"醉卧，武负、王媪见其上常有龙"。当然，这是为了与他的出身相呼应：蛟龙所生的孩子，还是要适当地表现自己的血统。

描写刘邦一生最重要的"异事"，则是他挥剑斩蛇。一次醉酒时，"拔剑击斩蛇，蛇遂分为两，径开"。

秦人相信"五行学说"，认为秦国的国运为"水德"，所以用黑色相配。

汉初，人们对于汉的国家属性到底是什么德，没有定论。一度是水、土、火。到了司马迁的时代，汉属"火德"才成定局，因此，刘邦的"异人"隐喻，才最终与汉的"火德"颜色相配，成为"赤帝之子"。

为了配合刘邦是蛟龙所生，司马迁还貌似不经意地交代，他的居所"常有云气"。

① ［美］夏含夷（Edward L. Shaughessy）主编：《远方的时习——〈古代中国〉精选集》，上海古籍出版社2008年版，第94页。

但相对于孔子来说，司马迁在刘邦身上的着墨处，还是显得过少。

"孔子为儿嬉戏，常陈俎豆，设礼容。"

这件"异事"，与司马迁描写黄帝所用笔墨及语调差不多，而比黄帝的更具体，也更鲜明地指向孔子终其一生所维护的价值体系：礼。

孔子年十七，"年少好礼"。鲁大夫孟釐子重病，自知将死，把儿子懿子叫到跟前说："孔丘，圣人之后，灭于宋。"让懿子与南宫敬叔，在自己死后去拜孔子为师，向他学习。

古代中国向来推崇"识人之能"，这项本领在魏晋叫"品人"。孟釐子只是根据孔子为圣人之后，就断言他将来"必达"，因此让儿子拜其为师。

司马迁借这位鲁国大夫之眼、之口，塑造着鲁国上层阶级对孔子的认知和评价，并传递出明确的信号：可以让贵族们的子侄追随他。

司马迁在处理的，并非一个"实在"的历史人物，而是一个想象中的圣者，一个仙传人物的"此在"模型。因此，必须让孔子脱离肉身，成为一个现实社会的超越者，一个能够带领人们走向未来的人。

孔子人生之路的曲折经验，包含有若干隐喻意义的求道故事，构成了某种强烈的期待，从而帮助塑造了孔子的名声。

在司马迁的眼中，孔子并非只是一个道德高尚的君子，还当之无愧地是一个"战国时代"（孔子所处的"春秋时代"，虽有"五霸"，但士们并不奔走竞逐，而是坐等有道之君的发现与赏识。四方奔走，投书献策，以求显达，是战国时代的风气）的英雄：深谙王霸之术。

尽管孔子自认所谓的"王霸之术"，只是"仁政"而已，但这种潜在的能力，还是让众多诸侯畏惧。

孔子三十岁那年，有着雄才大略的齐景公在晏婴的陪同下出访鲁国，其中一个重要的活动，就是拜见孔子。

司马迁之意，仍然在塑造孔子的影响之大，齐景公志在像齐桓公一样，成为霸主。所以，出访鲁国，求问贤人成霸之道。

问孔子说：当年秦国国小地偏，为什么能成春秋霸主呢？

孔子的回答非常简单："有大志，行事正，任贤人。"

齐景公唯然。

这次会面，向列国传达出一个信号：孔子知王霸之术，可为王霸之师。用之，可成王霸之业。

因此，齐大夫黎鉏对景公说："鲁用孔丘，其势危齐。"

列国像防河水一样，防止别国重用孔子。在他们看来，孔子的存在就是一种威胁：孔子为政（鲁）必霸。

后来，孔子被困陈、蔡之间，同样是这个原因。"陈蔡大夫谋曰：今楚，大国也，来聘孔子。孔子用于楚，则陈蔡用事大夫危矣。"

列国纷纷志于王霸，孔子有王霸之术，却不能为列国所用。这或许并非史实，却是司马迁着力建构的：孔子就是司马迁的遥远投影，无论多么伟大，都无法闪光于时代。

这样的记述，唤起了孔子与上古贤人之间的内部关联，在时代的当权者与孔子之间，制造了积极的互动，让司马迁的写作不像是完成一种客观记述，而是充溢着"努力的主动的力量"。

异能：识麟

作为圣者，有义务像仙人一样，在现实社会证明自己的"异能"，从而打消人们的怀疑，光耀圣者的价值。

写作《孔子世家》的司马迁，显然注意到了这个倾向，因此迹近于仙的孔子，也必须向尘世交出一份看得见的答卷。

圣者，或者仙人，必有"异能"，跨越时间的障碍，解决时人无法解决的问题。孔子四十二岁那年，鲁国执政季桓子在凿井时，得到一件土缶，里面有奇物，其状如羊。

为了考验孔子的才智，季桓子派人去求问孔子："在井中得到了奇物，形状像狗，这是怎么回事呢？"冀图迷惑孔子。

很显然，孔子不会上当。

司马迁希望通过这个故事，建构孔子"未卜先知"或者"先知先觉"的形象，在孔子的头脑中，有一个强大的知识库，没有任何现实世界的问题可以难倒他。

孔子回答说：以我的知识而言，那应该是只羊（而不应是狗）。并给出了具备经验价值的回应。

设局者季桓子搬起石头砸了自己的脚。

这是一个塑造"异能"通用的手法：首先出现一个奇怪的事物，然后设局者借此设置错误的答案，诱导回应者上钩。当回应者用自己的智慧揭穿了设局者的阴谋之时，回应者身上的光被骤然点亮，其令人惊诧的"异能"，就被广泛传诵。

孔子的这个知识来源于何处？

《左传》里没有给出，司马迁也同样没有给出。因为这或许同样并非史实，而只是塑造人物的一种手法而已。

吴国攻打越国，得到了巨大的骨头。毫无疑问，要想知道骨头的来历，在当时唯一能够告知人们答案的人，只有孔子。

果然，孔子不负众望，告诉吴人：这是上古神人防风氏的骨头，被禹所杀。

这则故事，写于战国时代，被司马迁几乎原封不动地引用，原因在于孔子被司马迁塑造成一个具有某种神性的智者形象，再一次对孔子进行了"神的戏仿"。

在这样的建构下，孔子能够揭穿时人（包括国君与大臣）无法理解的遥远的、过去的奇迹，揭示史料中也无法得见的典故，以表明自己虽然离那个时代同样遥远，却像事件的亲历者一样，能够顺利地通过经验、知识，解决其他人所无法解决的困惑。

建构者们不但乐于书写传奇，还乐于通过其他旁证，证明孔子这些见解的正确性。

这样的叙事，完成了对于一个圣者的全面建构，维持了观者们对于圣者的想象图景。

"获麟"事件，是对孔子具有"异能"的另一个验证，同时有对司马迁自身使命的隐喻。

鲁哀公十四年春，狩大野。叔孙氏车子鉏商获兽，以为不祥。仲尼视之，曰："麟也"。

这同样是战国时代的故事而被司马迁引用。"获麟"的故事虽然对于塑造孔子的圣者形象非常重要，但司马迁浓墨重彩来写，也有其自身的原因。

其父司马谈郑重地谈过"获麟"与国家兴衰、史家沉潜的关系，曾对司马迁说："废天下之史文，余甚惧焉，汝其念哉。"

巧合的是，司马迁表面上崇敬的汉武帝时代，也曾经"获麟"。《孝武本纪》和《封禅书》中均有记载："其明年，郊雍，获一角兽，若麃然。"

史人们通常认为孔子"获麟绝笔"，麒麟见而圣君未出，大道不行，君子欲浮于海而无桴。

司马迁自比为孔子，武帝的这次"获麟"，某种程度上也映照了他的内心：道孤势穷，麒麟出而盛世未至。

司马迁把孔子与"获麟"事件联系起来，认为"获麟"是孔子撰写《春秋》的动机，这样一来，自己对史书的撰写，也同样具有了神奇的力量。如果《春秋》成为经典，可以传之久远，则自己所撰写的史书也会获得同样的荣誉。

因此，为了强化圣者形象，司马迁赋予了孔子辨识远古神物的能力。

有一群隼（鸷鸟）死于陈国，鸟是被奇怪的箭矢所杀，箭杆是楛木制作，很长，将近两尺。而箭头是石头磨成。

孔子说：这些鸟是从遥远的肃慎飞过来的。巧的是，武王克商后，列国奉上贡物，肃慎国呈上的就是这样的箭矢。但更巧的是，武王之女嫁给了封于陈地的虞胡公，而肃慎国所贡的箭矢，就是陪嫁品，如果去宫中找寻，一定会找到当年武王赐予肃慎的箭矢。

陈人去内府细寻，果然有此物，与孔子所言分毫不差。

从战国时代起，孔子就成为列国的"文化英雄"，许多书史者书写着类似这样充满神秘性的故事，讲述着引人注意的、令人好奇的趣闻，不断地对孔子进行"神的戏仿"，让孔子拥有了越来越多的文化权威。

司马迁极其看重孔子手中的文化权力，这种权力来源于其道德立场之下的历史书写与修改，"春秋之义行，则天下乱臣贼子惧焉"。

司马迁把孔子塑造为"史人"真正的行业之祖，而自己也与有荣焉。在他看来，文化的强大力量，主要表现在史上：因为史可以震慑人心，扭转前进的方向。

异志：素王

文明降兹，中国儒雅。

然三皇五帝之后，值得称颂者，无外乎夏禹、商汤、周文武王而已。

司马迁认为，孔子之德，已经与古代圣王非常接近，甚至可以直接与周文王相比肩。

匡人把孔子误认为阳虎，围住了不让走，情况非常危急。

孔子向弟子们发表了著名的演说，把自己与文王联系起来，探讨斯文与天命的关系。变成现代演讲词，大约是这样的：

天如果不想毁掉斯文，那么，就不会让我们有危险。因为，我们这一群人是由天选择的文化传承者，如果我们死了，后世将堕入野蛮，陷入永远的文化黑暗，再也没有礼仪文明传续下去了。

那么，天是有道德良知的，怎么会忍心这么做呢？天绝对不会这么做的！

如果天不灭亡文明，不断绝文化，匡人就不会把我们怎么样。因为匡人的所行所止，都是天在决定的。

相信天，相信天因为我们卓越而选择了我们，我们是文明之火的传递者。

果然，孔子与弟子们有惊无险地脱身了。

孔子只是取得天的信任，自认是文王之后、文明之火的传续者，对司马迁来说，还远远不够。

借师襄子之口，司马迁直接在孔子与文王间画上了等号：非文王其谁。

师襄子所描述的孔子：黮然而黑，几然而长，眼如望羊，如王四国。前代学者大多把"黮然而黑"用来指称孔子皮肤较黑，实不知史之曲笔竟为何意。

司马迁写史，惜墨如金，后几句，句句有来历，字字有深意，怎么会在前一句浪费几个字用来写无关紧要的皮肤颜色呢？

"几然而长"，有学者认为是"颀然而长"的意思。这与本文前面交代孔子"身高九尺六寸"的用意是一致的，除了表示"圣人有异相"外，主要是与仙人尊者太上老君的身高相仿佛。

"眼如望羊"，到底是什么意思，众说纷纭。晚于司马迁的班固在《白虎通》中写道：武王望羊，是谓摄扬。而王充在《论衡·骨相》中，也用了"武王望羊"这样的表述。

不论如何，有一点是可以确定的：司马迁对孔子的外貌描述，不论肤色、身高还是眼睛，都不是客观的真实呈现，而是根据当时骨相学的原则以及"神的戏仿"的动机，对孔子进行了一种"圣人塑造"。

也就是说，这些平淡的文字后面，暗藏着某种"密码"。简单的陈述，隐含着神秘的修辞学、奥义术，需要通过解经专家用特殊的语言来"解码"。这并非妄想，而是汉代谶纬学与解经学的题中应有之义。

汉代，知识分子们相信秘奥的语言方式，才能保存住伟大的思想。因此制造了大量的纬书，并编制了相应的解经方法。

汉代的纬书使用了神秘化的解释学，"宣称经典文献的著名段落隐藏着出人意料的、神秘的或者无法获知的含义和关联。这类文本大概是这么说的：'我们通常所知的 X 其实是 Y，这很重要，因为只有这样阅读，文本才具备意义。'谁只要拥有书籍，就会被划归为拥有特权的'内部人士'，同时也就构建出了数量最为众多的外部人士：那些没有书籍的人只能了解到表面的、常规的意义"①。

---

① ［美］夏含夷（Edward L. Shaughessy）主编：《远方的时习——〈古代中国〉精选集》，上海古籍出版社2008年版，第104页。

虽然纬书大行其道，主要是在东汉。但自董仲舒始，谶纬之术已经被儒家知识分子接受，开始进行规模化生产。我们相信，这种神秘的解释学不可避免地影响到了司马迁。

用现代学术语言来解释，就是使传统经典符号化，通过符号进行隐藏，再通过符号进行还原，从而让经典始终掌握在知识分子手里，不会造成知识的快速分散与下沉，让知识分子始终拥有强大的知识权力。

拥有相关知识，就拥有了接近圣贤的通行证，拥有了接近神明的请柬。白川静指出："他好像是神所赐予的孩子，从未知道父亲的名字，甚至连他的坟墓也不清楚。"在此他沿袭了中国精神财富中灵媒的观念，认为孔子是"上天的孩子"。白川静认为，孔子与共工和蚩尤并无差别，也是以神灵开始尔后成人。①

所以，即便是肤色的描述，也不是随意的，而是与骨相学、天象学、占卜学以及仙传故事等密切相关，不可等闲视之。

司马迁对于孔子的"超能力"，不遗余力地进行着富有逻辑的撰写。

楚昭王想在楚地封七百里给予孔子，楚国令尹子西追问国君：楚国内有没有子贡那样能够出使四方、不辱其国的人？有没有像颜回那样贤德的辅相？有没有像宰予那样通晓政令执行的人？有没有像子路那样可以率军队攻城略地的将军？

---

① ［美］夏含夷（Edward L. Shaughessy）主编：《远方的时习——〈古代中国〉精选集》，上海古籍出版社2008年版，第102页。

楚昭王都一一摇头予以否认。

令尹子西告诉昭王：孔子这个人太伟大了，深晓三代圣王立国之道、熟知周公召公中兴之法。

既然如此，为什么昭王不能封地于孔子呢？

令尹子西说：周也曾经只是个小邦，地不过百里，可是后来克商拥有天下。而孔子就拥有文王和武王再加上周公召公那样的超能力，王所要封给他的土地，又远超百里。假以时日，孔子可能就是另一个文王或武王啊。

在子西眼里，孔子和学生们不是一个流动的学校，而是一个流亡的政府：只要机会适当，马上可以取代楚王，甚至再造一个伟大的"周"。

换言之，司马迁把孔子塑造成了一个超越其阶层的贤者，不再是一个"师"、一个贵族社会有力的文化维护者，而是在现实世界有强大行动能力的"隐形的王"。

这个王，就是经由刘安、董仲舒建构的"素王"。

日本学者贝冢茂树认为，"素某"，是战国时习见的词汇，比如"素封"："战国时代由于工商业的惊人发展，王侯贵族的生活越发奢侈，另一方面商人中出现和王侯们过着一样生活的富豪，他们被叫作'素封'（有钱人。意思是富人即使没有封地，但其收入丰厚，和封侯一样），受人尊敬。"[1]

在《庄子》中，出现"素王"一词，郭象注解道："有其道为天下所归，而无其爵者，所谓素王自贵也。"

---

[1] ［日］贝冢茂树编著，张蕴译：《春秋战国》，四川人民出版社2019年版，第172页。

这与"素封"之"素"，意思基本是一致的。

到了汉代，刘安在《淮南子》一书中首次把孔子称为"素王"，而董仲舒在向武帝上《天人三策》时，又强化了这个概念。但董仲舒及后世的王充，均过分强调了史家及史书对政治的匡正与引导作用，认为孔子是以删削《春秋》而获"素王"之衔，既与史实不符，也过于狭隘。

无论如何，汉代的司马迁对孔子的评价，还是较为公允：天下君王至于贤人，众矣。当时则荣，没则已焉。孔子布衣，传十余世，学者宗之。自天子王侯，中国言六艺者折中于夫子，可谓至圣矣！

孔子思想流变与"城市孔学"

7 年以前，我开始读包弼德的《历史上的理学》，这触发了我对儒学研究的兴趣。

知识分子们总想"妙手著文章"，但太多的著文妙手，既不了解中国的思想文化，也不了解西方的思想文化。包括一些著名学者，谈论起早期中国来，也是不知所云。

读的书越多，发现真相被掩埋得越深。

因此，有意从我做起，试图有所改观。几年间，不断读书、思考，写写停停。对孔子和儒学的认知，也经历了若干变化。

在此，凌乱地记下我的一些思考。

一

不同时代的儒家学者，对于《论语》的释读是不同的。我们总愿意将其归因于儒学在不同时代的发明和创新，却没有想到，根本原因，是随着权力结构和社会结构的变化，与祖先崇拜有关的宗教认知随之发生变化，进而导致人们价值观的改变。

以"都"之内涵与外延嬗变为例，足以说明时代变迁对于语词和观念的影响之大。

就早期中国的情况来看，"都"是与宗教意识紧密相关的宇宙想象，随着与祖先崇拜有关的宗教认知以及政治权力与统治模式的演化，其内涵与外延也都发生着改变。

"都"的早期名称是"京师"。

京，是在向阳的高坡上建筑半地下的房子，其本身并没有权力中心的意思。但与"师"结合之后，就代表这些建筑周围，会屯驻军队。

因此，京师也可以理解为被军队保卫的地方，象征着威权。到了春秋，"都"也还不是天子所居之地的称谓。一些历史学者试图把安阳也称之为"都"的观点，缺乏字源学上的合理性。

春秋时，"都"还只是一个非常狭义的城市名词，君所居之地曰国，大夫所居之地曰都。在宗教及文化层面，"都"的内涵还包括大夫及贵族所居所葬之地。据春秋时的墓葬研究，大夫们死后是葬在城内的，很可能离生前的居所不远。离开了这一宗教观念的其他形式的"城"，大约都不能称之为"都"。

《左传》给"都"的定义是：都者，有宗庙先君之主之谓都。

到了战国，"都"的内涵及外延继续衍化，从祖宗所居之所，到宗庙所在之地，直到战国晚期的秦，才成了天子所居之城。

以秦为例，不断迁都，其建筑形态，随着秦的不断发展壮大，也从"重宗庙之仪"，向"重天子之威"转折，从城市空间的布局上，已经展现出从宗庙中心制向宫殿中心制的过渡。到了嬴政建都咸阳，为突出天子之威，皇宫成了国都中心，而宗庙已经降至次要地位，置于南郊。

至汉，其祖墓葬在楚，而汉人定都长安，人们不得不给"都"以新的命名：都者，国君所居，人所都会也。

直到汉惠帝的时候，才在长安城为汉高祖修建了一座祖庙，修建了市场和藏冰室，然后又修了内墙，把宫殿、太庙和市场都环护起来。

儒家学说的演化，与祖先崇拜有关的宗教认知也紧密相连。

商人奉酒神，并借助酒的迷狂来施展巫术，因此，商人在祭祀时，多用酒器。周人继承了商人的传统，在早期仍然主要以酒器为礼器。

到了公元前 880 至前 850 年间，周人进行了一次重大的礼器改革。

"西周晚期人们不会骤然停止饮酒，但是他们确实不再用酒来供奉祖先了 [从商代至西周中期最流行、类型最繁多的"酒器"，此时已经消失。西周晚期和东周时期的铜器组合以列鼎（盛放肉类）和簋（盛放谷物）为中心，还有其他食器，编钟的地位也变得更突出]，而醉酒致幻（在商代或许是祭祀仪式的核心部分）的痕迹也消失了。"[①]

这次改革严重冲击了西周的贵族社会。

西周行封建，王室宗亲各有其邑。随着时间的推移，贵族人群不断壮大，逼迫贵族们实行大小宗制，把血缘关系疏远的族人从家族中排挤出去，以保证大宗之家能够继续过上体面的生活。

从前参加家族祭祀的人数较少，人们可以围在一起，通过有序分工，共同举办祭礼，有机会亲自向祖宗和神灵

---

① ［美］罗泰（Lothar Von Falkenhausen）著，吴长青、张莉、彭鹏、王刃余、张瀚墨、张闻捷译：《宗子维城：从考古材料的角度看公元前1000至前250年的中国社会》，上海古籍出版社2017年版，第52页。

表示虔敬之心。

但人口的增加，让宗庙难以容纳如此众多的祭祀参与者。

实行大小宗制度之后，大量血缘关系变淡即"五服"之外的同宗同族之人被挤出家族序列，大宗贵族变少，他们可以利用特权及财富，以某种方式来炫耀——礼器体量变得很大，编钟也挂起来敲。

各个小宗的宗主虽然被甩出了大的宗族，但还要参加本家的祭祀。总体来说，参与祭祀的人员与从前相比，还是比较多的。

祭祀制度不得不跟随形势的变化，做出调整。人人与祭，改为专门的祭祀人员来进行专业服务。流程更规范，气氛更肃穆，秩序更显明。

人们站在远处，观看专业人员依照礼的要求，排列鼎、簋，设置卣、觥。这或许就是孔子"敬鬼神，而远之"的来处。

孔子所处的时代，典籍几乎不存在。

仅有的文字资料，几乎都是孤本，放在国君的简册储藏处，孔子或者其他人都没有机会阅读。据说春秋时王子朝奔楚，带走了周的典籍，周因此失去了文化权威。这也反证了上面的推测，即当时还没有复制文本的习惯。

史官，是掌握国家秘密的人，也是掌握神圣统治工具——汉字秘密的人。

只有天子威权丧失，君主被下臣凌虐，知识下沉、散落，孔子才有机会接触到这些秘密知识。

了解过往，预测未来，广闻博识，这样的孔子，在当时某种程度上就是神灵。

正因为如此，孔子也并不知道流传中的周公制礼，并不是周公的时代流行之礼。时移世易，过往的制度已经湮没，只留下若干余痕。

孔子再三声称所遵从的"周礼"，其实就是公元前880至前850年宗教改革之后的产物，与传说中的周公之礼，区别甚大。

当然，罗泰表示，这次改革成果只见于墓葬，并未见于典籍，因此，孔子把二者混淆，也是合理的。

也正是这次改革，重新划分了贵族等级，并严格规定不同等级所用器物有严格的区分。通常用九鼎八簋（或七鼎六簋以及其他形式）的组合，用于表明等级。贵族的地位不仅由名号所区别，也由器物所区别。正如丹特所指出的："既定物品不但产生了对等的责任义务，并标志出社会地位。"

罗泰认为，这次改革造成"礼器在审美观念上的重大转变——纹饰简化，强调礼器的成套布置——暗示在公元前850年以前礼仪环境已发生转变，不再关注宗教体验，而更为重视礼仪活动的规范。人们不再认为周王完全依靠上天的支持进行统治：其宗教权威的个人因素减少，而抽象成分增加。这无疑向前迈进了重要的一步，为儒家营造了必要的思想氛围，形成了关于礼制以及文明行为起源的哲学观点。"[1]

---

① ［美］罗泰（Lothar Von Falkhausen）著，吴长青、张莉、彭鹏、王刃余、张瀚墨、张闻捷译：《宗子维城：从考古材料的角度看公元前1000至前250年的中国社会》，上海古籍出版社2017年版，第175页。

二

　　自商晚期开始，天神已经不再是商人供奉的主角，祖宗神在祭祀中的重要性上升。周人继承了这一传统。

　　考古学家和古文字学家们认为，通过青铜器铭文可知，至少在西周中期以前，祖宗是主要的祭祀对象。铭文中充满了对祖宗的感激之情，而子孙后代的福禄，也是在祖宗的保佑下获得的。

　　但到了西周晚期，祖宗的地位开始下降，罗泰发现，"礼仪的重点也在微妙但普遍地偏离祖先，而转移到别的对象"①。

　　根据相关研究我们得知，在西周中期以前，作器者在铭文中，要尽力感谢祖宗，表达自己为地位尊贵的在上位者作出的贡献。但到了晚期，在上位者已经从铭文的感激名单中消失了。这时青铜器铭文已经不把祭祀祖宗当成主要内容，变成了记录自己的功绩。"祖先本身也从受祭者降为献器者的社会地位和政治威望的见证人。"②

　　这样的文化表现，揭示出周王室的威望在下降。从前的在下位者，从服从者变成了合作者。

---

① ［美］罗泰（Lothar Von Falkenhausen）著，吴长青、张莉、彭鹏、王刃余、张瀚墨、张闻捷译：《宗子维城：从考古材料的角度看公元前1000至前250年的中国社会》，上海古籍出版社2017年版，第321页。
② ［美］罗泰（Lothar Von Falkenhausen）著，吴长青、张莉、彭鹏、王刃余、张瀚墨、张闻捷译：《宗子维城：从考古材料的角度看公元前1000至前250年的中国社会》，上海古籍出版社2017年版，第322页。

至此，祖先的力量开始式微，成为荣耀的背景，而不是直接提供者。这样的状况与墓葬考古得出的结论基本一致：在宗族内部，祖宗的宗教地位下降了，让位于更有权力的现实人物。"尽管祖先仍然是祭祀活动名义上的重点，但是他们已不再被视为能够赐予福祉的力量。"①

与祖先崇拜有关的宗教认知和时代变化相关，孔子所言说的孝，不再只关乎祖宗神，更关乎家族中拥有现实权力的长者。

我们相信，这同样是礼制改革之后的产物：除了极少数有权力的大宗之家，越来越多的贵族已经向下沉落，庇护自己和家人的，不再是祖宗，而是自己。想让家人过得更好，只有让自己变得强大。

改革的动力不只孔子有，而是几乎遍布整个社会。

考古资料给出这样的结论：权力不断向小部分人集中，知识不断分散下沉。孔子发现了权力拥有者不能用礼制的力量来维持秩序规则，必须想办法将已经传续了数百年的礼仪、文化和政治传统保持下去，则周的"德灵"，才不至于毁坏，理想社会才会实现。

正因为祖宗的力量式微，现世圣人才有机会通过一套符合人们心理预期的言说，超越阶层阻隔，影响宗族内部。

---

① ［美］罗泰（Lothar Von Falkenhausen）著，吴长青、张莉、彭鹏、王刃余、张瀚墨、张闻捷译：《宗子维城：从考古材料的角度看公元前1000至前250年的中国社会》，上海古籍出版社2017年版，第323页。

三

在孔子出生之前大约50年,东周社会进行了另一次"礼制重构"。

其中一项内容,是"礼器复古",即部分礼器的样式复制西周初期的样式。其用意是显示部分家族悠远的历史。但这股风潮也形成了某种文化上的慕古倾向,追溯礼教源头,一些礼仪传统被附会到周初政治家周公身上。

这股复古潮流,深深影响了孔子,他的学说奠基在这个文化风潮之上。

"礼制重构"的另一个结果,是祭祀群体进一步缩小。

简单来说,随着人口的增加,时代的前进,族人之间的差异越来越大。所有的权力都向大宗之家和少数贵族手里集中,参与祭祀的群体减少,一些没落贵族甚至没有了参与大宗之家祭祀祖先的权力,实际上被踢出了宗族共同体。

"这些最高等级的贵族成为一个独立的社会和礼仪群体。"[①]

虽然每个小宗之家也有祖先要祭祀,但那些祖先都是"近人",而不是"古人",缺乏必要的荣耀,与古代祖先的联系也中断了。祭礼上,没有来自古代的大型青铜礼器,

---

① ［美］罗泰(Lothar Von Falkenhausen)著,吴长青、张莉、彭鹏、王刃余、张瀚墨、张闻捷译:《宗子维城:从考古材料的角度看公元前1000至前250年的中国社会》,上海古籍出版社2017年版,第327页。

来表明其尊贵的身份，证明其光荣的血缘传承。

由于君主权力的集中，人们已经清醒地认识到，献祭祖先已经改变不了残酷的现实，只有向权势者低头，才可能获得荣宠。

这时，无论是中原的诸周，还是远在南方的楚，青铜器铭文的内容，都在向君主表达忠诚。与之相对应的，是对祖先的态度，已经有了非常大的转变。有些随葬品不再是为了愉悦祖先而是为了冥世中的宾客。

权力超越宗教，是春秋时期血淋淋的现实。国家不再是祭仪共同体，而成了君主实行个人权威的权力机器。

孔子出生的时候，正是盟书盛行的时代。以侯马盟书为例，"在内容上，新文书的神主不是日月山川，而是人类神灵，即晋国政府机构中最有权威的人物——晋国先公。因此，盟书没有把人类行为置于自然世界的监控之下，而是延伸公室的司法权，使之跨越生死界限"[①]。

这表明君主的世俗权力部分演化为宗教权力，诸侯因而变成了半神。

四

祖先的力量不断淡化，宗族的凝聚不断减弱，君主一跃而为现世神祇。

---

① ［美］夏含夷（Edward L. Shaughessy）主编，本书翻译组译，李学勤审定：《中国古文字学导论》，中西书局2013年版，第157页。

罗泰研究发现，春秋前期，墓葬仍然是阶层的标志物，低级贵族与平民在葬具和随葬品上有着很大的差别，但是到了春秋中后期，这种差别几乎消失不见。

只有顶级贵族，才得以在墓葬方面保持以往的规模和规格。

墓葬的表现，与真实的社会现实完全对应。除了极少数大宗之家，以及获得君主青睐的个别贵族，其他贵族的墓葬差别已经几近于无，也就是说，贵族分化为两个阶层。大部分下沉，成为城邑里的服务者。

越来越多的贵族之后，因为出身于小宗之家，或者是庶子，而被抛到贵族社会下层。正是他们的存在，让孔子有了用武之地。

孔子告诉他们，有一种力量，可以让他们重新回到闪耀光辉的上层社会，展示自己的才华——那就是礼的力量。而通过学，可以拥有这种力量。

当然，社会暗流从来不是静止的，既然阶层在变动，总有人会顺势而为，在混乱中抓住机会，乘势而上。

诸侯僭夺天子的礼仪和权力，上行下效，大夫们也僭夺君主的礼仪和权力。孔子所说的"礼崩乐坏"，指的不是个别现象，而是弥漫社会的一股风气。

既然权力是最好的宗教，那么，就会有人想方设法来主宰这种东西。

"上士阶层在春秋晚期以后开始僭越大夫的特权，而次级的士（中士与下士）也跟着僭越了上士的特权。依照这样的看法，平民阶层也随即开始使用椁室和礼器，因此扩大了战国时期P级墓葬的数量。"①

每个阶层的人都想凌越阶层制约，享受按照礼制规则本不该自己享受的东西，社会规范就失去了效用。

此时，孔子呼唤礼制、维护礼制的声音，就显得难能可贵。

每个君主都知道，社会失序的后果非常严重，都想让别人遵守秩序、维护秩序，却想把自己排除在规范之外，成为唯一的特权拥有者。

孔子所批判的，也正是这样的君主。

在孔子的时代，"尽管祖先仍然是祭祀活动名义上的重点，但是他们已不再被视为能够赐予福祉的力量"。②

尽管如此，孔子的言论中，孝仍然占据着重要位置——其宗教背景，就是祖先神仍然是不可忽视的神灵，天神更是如此。其背后隐含着的，是文化复古思潮对他的深刻影响——周初先贤所倡导的价值观和与祖先崇拜有关的宗教认知，应该一直奉行下去。

五

战国时代，与祖先崇拜有关的宗教认知再次发生变化。

---

① ［美］罗泰（Lothar Von Falkenhausen）著，吴长青、张莉、彭鹏、王刃余、张瀚墨、张闻捷译：《宗子维城：从考古材料的角度看公元前1000至前250年的中国社会》，上海古籍出版社2017年版，第433页。
② ［美］罗泰（Lothar Von Falkenhausen）著，吴长青、张莉、彭鹏、王刃余、张瀚墨、张闻捷译：《宗子维城：从考古材料的角度看公元前1000至前250年的中国社会》，上海古籍出版社2017年版，第323页。

一个重要的转变是，祖先神不再是福佑现世生活的吉祥神灵，活在世上的后人们，不再希望他们趁着祭祀的机会，用某种形式重返人间。而是认为所有逝者，都是恶灵，都需要封闭在地下。

"到了战国时期，死去的祖先已经从上天的超自然保佑者转变为可能有害的存在。Anna Seidel认为：'魂魄已经分离的死者转变为恶鬼，他们受到扼止的生命力无所依附，会疯狂地找寻归路。死者成了恐怖的亡魂，可以带来疾病和不幸，他们索要动物祭品的安抚以养殖它们邪恶的精力。因此必须要把它们严格地隔绝起来。'"①

但人们对于神灵的力量，仍然恐惧，相信其无比强大，不敢拂逆。

将祖先封闭起来，并不等于弃绝他们，而是有另一重认知观在发挥影响——人们普遍相信，在人世之外，还有一个冥世。而且与人世极其相仿，死去的人甚至也能在冥世生儿育女。

"把坟墓设想成宇宙的模型是战国时期新兴的观念，它包含着一个重要的思想，即死者的世界虽然与生者的相隔绝，却是生者世界的翻版，而且同世俗国家的行政官僚一样，它也有一套对应的积极神灵负责管理各种事务。"②

---

① ［美］罗泰（Lothar Von Falkenhausen）著，吴长青、张莉、彭鹏、王卪余、张瀚墨、张闻捷译：《宗子维城：从考古材料的角度看公元前1000至前250年的中国社会》，上海古籍出版社2017年版，第343页。

② ［美］罗泰（Lothar Von Falkenhausen）著，吴长青、张莉、彭鹏、王卪余、张瀚墨、张闻捷译：《宗子维城：从考古材料的角度看公元前1000至前250年的中国社会》，上海古籍出版社2017年版，第343页。

冥世的存在，是中国人宗教观的重大变化：死亡不过是从一个世界，转移到另一个世界。而现实生活中的权力拥有者，在冥世也会重新拥有权力——因为冥世是仿照现实世界制造并存在的。

杰西卡·罗森认为，"中国人似乎并没有前往天国或是把天国作为遥远目标的观念，他们只想待在他们原有的地方。从新石器时代到现代社会，中国人的墓葬大多设计成死者的居所，以真正的器物或复制品随葬。因为这些墓葬重现了墓主人的生活，它们不仅仅显示出墓主如何理解死亡与冥世，还反映出他们如何看待社会各个方面。这种情况的直接结果是，死者永远是社会的成员，而且就在人们身边"[①]。

战国时的另外一个特点，是所有阶层都在骚动，谋求冲破阶层束缚，进行广泛的阶层流动。

表现在墓葬方面，"战国时期几乎使所有社会成员的礼仪特权都得到增加的大趋势"[②]。

考古学家罗泰观察到，公元前 400 年前后，冥器获得广泛应用。他认为，这种转变渐始于春秋时期并在战国时期影响了整个中国，无疑反映了传统的祖先崇拜的淡化，赋予祖先神的宗教力量的下降，以及层级式贵族等级秩序

---

① ［英］杰西卡·罗森（Jessica Rawson）著，邓非、黄洋、吴晓筠等译：《祖先与永恒：杰西卡·罗森中国考古艺术文集》，生活·读书·新知三联书店2017年版，第179页。

② ［美］罗泰（Lothar Von Falkenhausen）著，吴长青、张莉、彭鹏、王刃余、张瀚墨、张闻捷译：《宗子维城：从考古材料的角度看公元前1000至前250年的中国社会》，上海古籍出版社2017年版，第433页。

的崩溃，而这些都曾经是先前宗教活动的社会基础。

罗泰通过对战国墓葬的研究，认为冥器的普遍使用，与儒家观念的嬗变有着密切的关联——观察孟子对于鬼神的态度，与孔子已经有了非常大的不同。而孟子对于个体与群体关系的表达、对秩序与权力关系的思考，都与孔子大相径庭。

罗泰认为，战国时冥器的普遍使用，意味着礼仪活动向所有成员开放。原来用于区别阶层的、来自远古祖先的鼎，已经被抛弃了。陪葬品易得而大同小异。

祖先和家世的作用没那么重要了，重要的是自我。

"就像儒家所强调的那样，个人的美德要比其出身更为重要，而对礼仪的虔诚比其外在表现更为重要。同样地，如前所论，选用廉价的大批量生产的随葬品——缩减了开支却保持了形式——与儒家将礼仪重心从死者和神灵转向现实社会的做法正好合拍。"①

如果罗泰说得没错，则战国时代的儒家知识分子的使命从此发生了转变：从重礼仪，到重实用。从重祖宗，到重个体。从重神灵，到重民生。

因此，如果无法意识到孟子在很多方面是反孔子的，与孔子的主张是背道而驰的，就不是一个客观而理性的知识分子。

同样，看不到由于与祖先崇拜有关的宗教认知和秩序

① ［美］罗泰（Lothar Von Falkenhausen）著，吴长青、张莉、彭鹏、王刃余、张瀚墨、张闻捷译：《宗子维城：从考古材料的角度看公元前1000至前250年的中国社会》，上海古籍出版社2017年版，第437页。

观以及社会现实的变化，而导致朱熹与王明阳对孔子的背离，都是闭目塞听。

战国时期，所谓的各类"变法"，无一不是打着改革的旗号，剥夺贵族的种种权力，并向君主手里集中。

法家们帮助君主夺权，不过是褫夺贵族权力掌握在自己手里，一跃而成为新贵族。贵族的身份不再由血缘界定，而是君主授予。

但法家们也深受其害，由于身份的不稳定，造成权力的不稳定，从吴起到商鞅，无一不是忽为相邦，忽为贼匪，均以悲剧收场。

普通民众，由于军事的需要，也一跃而成为社会中坚。在秦国，只要足够勇敢，或者足够勤劳，都有可能会获得爵位。当然，这些爵位只是民爵，并不能真正改变其社会身份。

但这已经透露出一个信号：民可获爵，则王侯之号，有何不可？

到了秦末，终于有人喊出了这样的口号："王侯将相宁有种乎？"

只要社会在变动，阶层在流动，就一切皆有可能：终于，平民刘邦成了皇帝。

六

神灵也奈何不了现实，这或许是汉代人们发自内心的感慨。

据考古资料显示，从公元前 3 到前 2 世纪，几乎所有的青铜器都不被用于墓葬之中，而代之以漆器。

冥世观念深入人心，人们为亡者精心建设地下空间，使之成为冥世生活的一部分，并与其他人共同构成孤立、分隔且相互关联的冥世。

人们想象可以在地下世界宴饮，招待宾客，从事其他娱乐活动，并继续研究典籍。

人世的许多知识，都被带入冥世。因为冥世就是一个影子，一个神灵的铜镜，可以照出另一个世界的样貌。

人死后不是消失了，而是进入了冥世——那不是一个平行世界，只是现实世界的高仿版：与现世遵从一样的道德标准，行使一样的文书行政，任用一样的官吏管理。

只是逝者一去不返，与生者永远隔离，死后才能在冥世相见。

汉人重孝，但祖宗的观念，只是冥世中的逝者，而不是往昔的神灵。

汉人的祖先在楚，建都长安后，无法像战国时的列国一样，在京都里建设宗庙。祖先祭祀的程序，必然地失去了。

杰西卡·罗森通过墓葬观察到，西汉时期的文献似乎缺少对当时祭祀祖先仪式的记载。

七

汉代的国家宗教，与秦代的习俗相接。封禅，祭山，其根源是对方位神的崇拜。而五个方位神又与五行相关，是战国此类观念的延续。

汉武帝引进了对"太一"和"后土"的崇拜，来自楚地的"太一"，取代了来自中原的"黄帝"，成为天界的最高神。但到了晋代，太一神降格为地方神。可见，神祇的地位，也不是永居不变的，由现世权力所左右。

在汉代与祖先崇拜有关的宗教认知里，周代的穆王成为了天界的统领，汉武帝后来也终于如其所愿，位列仙班，拥有仙职。

皇帝们被新的认知观建构成天神在现世的化身，而约束皇权的，只能是神权。

自战国时代起，关联宇宙观成为主流认知观和哲学观，指导着人们的生活和信仰，并以此为基建立了一套新的俗世观念。

董仲舒把皇权重新拉回神权的制约之下，指出现世的种种灾害反应，都是神意的显现。其为汉武帝所上的《天人三策》，核心有三，一是"屈君而伸天"，即把天道和天理压在君王的头上；二是"孔子作新王"，让这位昔日的文化英雄变为现世神灵，压现世君王一头；三是"天出灾异以谴告"即天人感应，还是通过自然灾害来抑制君王的权力！

在此视角下审视汉代儒学，则"独尊儒术"，等于赋予了儒家知识分子用一套价值观来约束皇权的权力。陆威仪认为，"用军事力量来维护旧政权的合法性被淡化，汉王朝寻求以'中华文明代言人的身份'进行统治"①。

---

① ［美］陆威仪（Mark Edward Lewis）著，王兴亮译：《哈佛中国史·早期中华帝国》，中信出版社2016年版，第161页。

西汉末年，对天的崇拜重新成为国家信仰。

这表明现世神祇皇帝重新回到了一个神明谱系：皇帝不是最高神，天才是。

汉代统治集团多数人来自徐州，包括皇家，他们的祖先也在徐州。因此，汉代的特点是皇帝成为新的神灵，祠庙遍布各地。"到公元前40年，各地共有167座皇家祖庙，另外在都城还有176所。由汉代的资料可知，这些庙坛每年要举办24455场祭祀。"①

公元前40年，在儒家知识分子们的努力下，皇帝下旨撤除了所有祖庙。究其原因，"他们坚持祭祀应该以孝道为先。在他们看来，强迫各郡国的官员祭祀皇帝的祖先是有违孝道的，因为这些皇帝祖先并非这些官员自己的亲属"②。

从此，儒家学说才真正被汉代统治者接受。以孝治国，不是一句口号，而要体现在具体的祭祀活动中。

皇家不得不接受儒家的价值观：血缘优先于世俗的政治从属关系，父权优先于君权。

由于血缘被重新重视，家族与宗族力量壮大起来。他们可以团结起来，与皇权对抗。

在汉代，面对宦官和外戚当权，部分高官和地方精英，不得不团结起来以求自保。自秦以来，人们不再把皇帝当成神灵，而是理性地看待为可以受身边人影响的权力拥有

---

① ［美］陆威仪（Mark Edward Lewis）著，王兴亮译：《哈佛中国史·早期中华帝国》，中信出版社2016年版，第369页。

② ［美］陆威仪（Mark Edward Lewis）著，王兴亮译：《哈佛中国史·早期中华帝国》，中信出版社2016年版，第370页。

者。人们通过学识来反对当权者，刻意疏离皇帝，把道德、文化制造为一种可以生产与传续的资本，用人格评判而不是俗世权力来评价上流社会的精英人士。

在对抗过程中，高级官僚把目光收窄，放弃宏大叙事，变身区域精英，转而支持地方利益。

文人精英们的自我意识日益加强，自诩为传统价值的守卫者。他们将自己的品行与学识置于权力之上，并逐渐让这个标准被社会所接受，建立个人道德和文化权威，超越了财富与官职这些旧有符号，成为新的世俗权力标准。

精英群体首次崛起，并分化和挑战皇权。

主要表现是：有权谴责和赞美社会成员，接受地方官员勒石立碑，建立祠堂，出现在私人编撰的全国杰出人物传记里。①

八

公元 3 世纪，末世论在民间有着广泛的影响，佛教、道教应对这种观念而产生的教义，深刻地影响着当时的中国。

到了唐代，佛寺僧尼们扶贫济困、施医治病的善行善举，影响着世人的价值观：慈悲向善、众生平等、好生恶杀等理念，逐渐为大众所接受。

平等观念也在社会结构方面产生了重大影响。贵族们

① ［美］陆威仪（Mark Edward Lewis）著，王兴亮译，《早期中华帝国：秦与汉》，中信出版社2016年版，第711页。

千年孔子：商周之战、春秋之乱与孔子之变 ／ 318

重视宗族、乡党之间的团结，获得下层民众尤其宗族势力的广泛支持。

佛教传入中国后，一些人与现实告别的时候，多了一份从容。他们相信往生极乐，从而让固化的冥世，有了一些新的期许。

动荡不安的社会，使人们谋求新的信仰寄托，从而应对和解决所面临的焦虑和苦难。

但新的宗教信仰并未摧毁人们对儒家仪礼体系的依赖，尤其在丧葬方面，传统丧葬模式基本没有改变，佛教与儒家的重孝观念完全一致。

"自古以来，儒家经典详细规定了人子对父母的孝道。父母在世时，人子需尽心侍奉，曲意顺从。遭父母之丧，需服三年斩衰，庐于墓侧，食粗茶淡饭，禁饮酒娱乐。人子最重要的孝行还体现在经营父母的丧事上。随着父母入土为安，父母成为了祖先。人子每年则需在家祠或祖墓行祭祀之礼。这些礼仪一方面着眼于对先人的怀念，一方面利于巩固家族的团结。"①

贵族之家非常重视对于知识的掌握，家风以拥有知识为美，某种程度上对于皇权并不高看一眼，并以此为傲！

由于皇权尊重世俗社会的客观评价，同时不特别放纵权力，所以，贵族得以清高自存！与皇权既合作，又疏离！

儒家知识分子的疏离性，主要表现在与皇权在文化与思想上的分庭抗礼——他们提出，王者为圣，同时，圣者

---

① 伊佩霞、姚平、张聪主编：《追怀生命：中国历史上的墓志铭》，上海古籍出版社2021年版，第94页。

也必为王。即不同的通道，都可以达到人世间的崇高境界和地位。因此，当儒家尊崇拥有皇权的王者为圣的时候，皇权不得不对圣者冠以王的称号：公元739年，唐玄宗封孔子为文宣王，正式打开了知识分子通过思想进入世俗圣殿的通道。

九

宋代，虽然道教一度盛行，但佛教也已经成为广泛的大众宗教。

北宋时，张商英作《护法论》，创三教调和说，认为三教本旨无违。到了南宋，孝宗提出"以佛修心，以道养生，以儒治世"的观念，力倡三教融合。

随着科举制度的兴盛，识字率骤然增加，读书人和冗官越来越多，朝堂里已经容纳不了庞大的知识分子人群。社会现实逼迫智识者给出回答：读书人向何处去？

范仲淹历史性地总结了知识分子的两种政治状态，"居庙堂之高"与"处江湖之远"，回答了紧迫的群体性追问：进入朝堂与悠居江湖，同样可以实现儒家知识分子的个人价值。

但对于普通知识分子来说，终其一生，都是处江湖之远的状态，与庙堂隔着崇山峻岭。

对于他们来说，也要寻找一种灵魂的安寄之法和现世的成功之道。

他们达成了一种群体性认知，修身、齐家，也是一种为国尽忠、为社会做贡献的状态，是为有朝一日能够"治天下"做准备，因为，在宋朝的儒家知识分子看来，孝以事亲，慈以爱子，悌以兄弟，信以事友，同样是尽着自己的道德责任。

程颐、张载也认为，宗族治理，是国家治理的基础。宗族和睦，则社会稳定，国家安宁。

知识分子重新投身于宗族建设，在社会上掀起了一股祖先崇拜风潮。

以儒家学者身份，参与乡村社会治理，积累经验，同样可以一朝而入朝堂治理国家，因其治理思路与手段基本是一致的。

充分认识到"修身、齐家"是在为治国做准备，所以，普通知识分子把精力转移到宗族谱系的建设上来。管理好自己的家庭，有条件的还可以进而管理好自己的宗族，让自己的家庭和家族涌现出更多的科举中考者，通过知识再生产，实现权力的再生产，让大批宗族子弟"居庙堂之高"，知识分子的成就感也可以因此得以实现。

而这恰恰是自孔子以降，儒家所追慕的知识分子根据君主贤愚来自主选择仕与不仕的悠然状态。通过治理宗族，在乡里成为道德英雄和文化英雄，同样是知识分子的至高追求。

既然知识分子不再依赖朝堂，在乡里社会找到成尧成舜的理想路径，则宋代的知识分子表现出了坚定的儒家立场：文化权力超越政治权力。

对文化经典的解释，仍然是治理国家的主要能力。而解释权，始终在儒家知识分子手里。

在倡导儒家思想与政权统治相合作的同时，董仲舒重新确立了天命对皇权的制约，当天命通过灾异表现出天的不满意志之时，皇权的代表者皇帝必须向天命低头，通过公开罪己等诸种办法，向民众和天表达皇权的屈服。也正因为如此，当王安石提出"天命不足畏"时，几乎所有的知名儒者都异常愤怒，在南宋一朝，王安石的思想体系更是遭到彻底的清算。

进入宋代，儒家知识分子提出了儒家与皇权新的对抗形式：因为拥有思想和对儒家经典的解释权，皇帝必须出让国家治理权，交由深谙儒家经典的知识分子。

北宋的胡瑗通过"释经"，把尧、舜、禹时代的易姓革命，美化成了王者之间的王权转让即"禅让"，即天下唯有德者居之。而欧阳修及"二程"均提出皇帝要向古代的贤者学习，神圣王权论失去市场，皇帝成为"哲人王"和道德楷模，是时代的普遍要求。儒家知识分子要求皇帝与大臣共同诚意、正心、修身，不再把君王视为高高在上、君临下界的天神之子，而是与自己具有相同的人间本性、服从相同的伦理规范、遵守相同的行动准则的世俗君主。

有的大臣认为，皇帝也不过是一个构成国家官僚体系中的一员而已。还有的大臣更是提出了"皇帝与士大夫共治天下"的观点。

张方平是北宋时之能臣，提出要建立一个以朝廷为首的、等级分明的思想权威。他说，国家衰弱，并不是因为北方异族政权的强大和进攻，也不是其他外来力量的威胁，而是因为"私说"，用今天的话来说，就是民间思想过于活跃，削弱了大一统思想的权威。他说，过去朝廷说的就是定论，但"私说"盛行后威信在不断下降。

张方平与"三苏"有旧，但苏辙据理反驳，慷慨陈词地说，过去的鸦雀无声，是因为位高权重的大臣可以为所欲为。苏辙认为朝廷可以进行舆论引导，但坚决反对朝廷控制舆论。他说，朝廷的威信，不能用阻止位卑者发言来获得，因为强行压制反对的声音，不是解决问题之道。

苏辙指出，既然朝廷无法阻止"在下位者"议论，就应该把注意的重点放在如何做好"下情上达"上来，当"下情"的批评是对的，朝廷就应该"从之"。"朝廷能够接受知识分子的批评，并不会导致朝廷的威信丧失。"苏辙说。

有宋一朝，皇家大体上表现出了强大的自信，基本没有文字狱。他们宁可显得软弱一些，也不愿意表现得更强硬和野蛮。

皇家爱脸面，对名声乐于维护，使有宋一朝成为中国最好的时代！

儒家通过天命、谥号、编史（传统中国不编辑当代史，国亡后由后继国家来编其史，已经成为通例）来约束皇权，起到了对权力的制约作用！

儒家知识分子们不但对皇帝提出要求，更是内省性地对自我提出要求，把"王的八条"，即"格物、致知、正心、诚意、修身、齐家、治国、平天下"变成群体性的约束，即要求儒家知识分子把"明德"当成人生的至要目标，为国家天下做贡献。

北宋的这些思想变化，与宋朝失去了中国文明唯一承继者与弘扬者的位置有关。辽与北宋长期存在文化和文明竞争，存在"中华正朔"之争，这些因素逼迫儒家知识分子进行自我追问，对自我提出更高的道德要求。

宋辽南北两国之间的文化竞争与宋学兴起的关系，长期被学界忽视。

十

南宋，是儒家与道家、释家斗争最激烈的时期。

南宋在中华文明中的位置再度复杂化，甚至被金和蒙古视为"岛夷""淮夷"，金人和蒙古人却自称"汉儿"。

中原一直是中国的代名词，但问鼎中原、逐鹿中原，这些词语所代表的政治意义在南宋失效。失去中原之后，南宋的知识分子们不得不重新集体定位自己在中华文明中的位置。

这样的焦虑与理学的产生，是否有某种关系，是个有趣的话题。

南宋，中国进入了最繁荣的时代。

原因之一，都城杭州是一个面向整个帝国的市场——相较于只靠大运河来运输货物的开封，靠近长江的杭州有着便利而成本低廉的运输网络，全国各地的货物源源不断地运到杭州，商品经济空前繁荣。

南宋经济的繁荣，促生了纸币和其他信用通货的广泛应用，一年两熟的占城稻大规模推广，腾出了更多的土地用来种植蔬果和其他农作物——这些，刺激了更多的市场需求、促成了更多的商品出售。

这一时期，深耕、堤坝、水闸、龙骨水车开始出现，粮食产量大幅提高。

经济的繁荣，使南方知识分子不再像北宋那样，主要依靠科举，即与朝廷合作才能实现个人价值，而是买田置地，或者成为书院及私塾的教师，然后著书立说，获得尊敬。

从某种意义上来看，南宋的知识分子因为经济独立，又适逢文化传播的新技术——雕版印刷更加成熟，阅读市场更加庞大，从而获得了独立于朝廷之外建立意识形态的能力。

柏文莉在《权力关系：宋代中国的家族、地位与国家》一书中观察到，南宋的精英不再像北宋一样居住在京城，而是散居在乡间，与传统的乡村地主一起，成为社区领袖。当回到乡间成为一股潮流，就形成了一个地方精英群体。

他们不甘于像传统地主那样，作为食利阶层而存在，而是乐于为乡里社会做贡献，通过文化、教育、慈善活动，改变乡里社会。

理学及宗族力量的兴起，有其合理的社会内因。儒家知识分子们开始思索关乎灵魂及"心性"的问题，并在道德上对自己提出了更高的要求。

当一个好官，高高在上，到底有什么意义？科举失败，是否预示着人生失去了价值？这些问题，困扰着所有的知识分子。

儒家知识分子更是希望通过"学"的建立和学院的纷起，与皇权争夺地理空间的控制权。先秦时期思想的百家争鸣、汉魏佛道思想的广泛传播，显示的是人类已经失去了一个值得共同追求的目标。对他们来说，邪思行世，道已不存。

因此，他们把目光投向文明的初始时期，因为只有在圣王的统治下，这个世界才可能存在着一种共同的价值观。

朱熹的理学，提出把道德权威的基础和责任放在个人身上，并能通过一套严谨的自我转化方案，实现个人的终极理想！即每个儒家知识分子通过"学"，都可以成圣。

儒学尤其是理学，从不认为当世的人能够很好地治理国家与社会，在他们眼里，如果有合理社会存在，那一定不在未来，而在过去。

在他们眼里，能够产生理想社会的决定因素并不是天命，而是圣王。只有圣王能治理出好的社会，能够负起人人过上幸福生活的担子，并顺利实现。

由于种种原因，好的统治者只有圣王三代，即夏王禹、商王汤、周文王、武王可以当之，余皆非圣贤可言。

如何回到圣王三代？当然是先要了解圣王们的思想，学习与领会孔子的著作是最好的工具。

孔子强调"学"，通过"学"使普通人成圣再度成为可能，虽不可能与圣王相比，但已经进入了"大人"的境界。

在"学"这一原则之下，君王至高无上的威权被消解，因为"学"是所有人包括现代君王都要接受的成圣过程，不经过"学"，则君王也不过是个普通的统治者，成不了圣王。

另一方面，"学"的目的，不是帮助君主施行教化或者使下情上达，而是要能告诉君主，他应该怎么做。

也就是说，通过拥有阐释圣王思想的权力，儒家知识分子成为帝王师——后世尤其明清也有欲为帝王师者，但明清的"帝王师"，顶多是帝王的谋士，有时，则成帝王的奴仆，与宋人所追求的授帝王以真理、以成圣规则的"帝王师"，相差不可以道里计。

正因为人皆可成圣，则社会治理，也适合每一个通过"修身"之后，有"齐家"和"治国"能力的人。

朱熹主张政府减少对社会的干预，允许地方精英管理地方社群。

他强调政治的个人化与道德化，注重公共利益，并强化必须由士人来诠释国家意识形态和儒家价值观，在"学"的面前，士人与官员以及皇帝，彼此平等。行善，建立文明开化的地方社会，争夺县以下地方社会的自治权和领导权，靠个人道德和"天理"来征服民众，而不是暴力机器！

正因为与帝王的权力相抗衡，理学一度深受打击，之所以如雨后春笋般地发展起来，是"朱熹们"建立了一套自己的理学思想传播通道——书院。

理学至朱熹走上巅峰，但后世理学开始从进步走向反动。认为所谓的理，可以超越法律，超越社会风俗和普通道德，终至成为阻碍思想发展和摧残人性尊严的僵化教条！

由于过分强调个人道德，挤压了人性发展的空间，同时把女性的财富和个人归属完全纳入夫家，以强调家族的完整感，理学蜕变成黑暗的思想，从让家族统治变得有序而正义的正面力量，变成了压榨青少年和女性的家族奴隶制的帮凶，并最终从"爱人"变成了"吃人"。

十一

明代以前（也许包括明代），一般都是有限皇权，地方社会能够独立发展，上层政权也有贵族与士族进行有效制约，再加上天命与天意时时以灾异的方式对专制权力进行着提醒。因此，皇权并不能为所欲为。

包弼德在《历史上的理学》一书中指出，明代的统治者想建立一个以理学为道德理想的地方社会。在明朝的皇帝看来，理学对人的活动具有一定的匡制作用，可以保证人们重视家庭关系，重视道德操守。

但明朝的皇帝显然也有自己的打算，并不希望像南宋那样，让理学家们成为学子们崇拜的对象，主宰一切的，仍然是皇帝。

这意味着朝廷不太乐于听取士人们的意见，而是更加重视自己的判断。对于皇帝来说，理学不过是统治工具。任由士林制定一套规则来规范自己的行为，是朱元璋们所不允许的。这也造成了儒家知识分子与朝廷的冲突，为了实现儒家理想，东林党竟然把骨干分子打进朝廷，希望通过掌握实际的政治权力，最终实现对地理空间的实际统治。

后来的复社虽然放弃了这种明显的权力对抗和争夺，但同样温和地争夺着地方权力。

"在私学中，晚明部分文人的日益受挫最终推动了汉学的复兴。汉学是对汉代学问的回归。文人们开始注重研习汉学以代替受到明朝政府扶持的道学，这种表面上改变儒学研究方向的举动，不仅仅源自求知欲望，它更是通过传播经典文本、挑战政府权威的政治行为。这一举动反过来使人们意识到政治合法性的源泉不仅在于政府，同时也在于儒家文人。"①

到了明末，棉花在江南的引种，导致商人们崛起，但由于儒家思想已经浸润到社会的每一个角落，反而激发出一种新的气象，即"儒商"的出现。让人并不意外的是，这些商人们总是按照儒家的仪礼和行为规范行事，比如尊崇孝道，重视宗族，讲究礼数。

"徽商的迅速崛起以及他们所聚集的大量财富，使得他们在明末的文献中成为令士大夫恐惧的暴富新贵的典型。但是另一方面，徽商的大量商业财富被转回原籍，在徽州本地运用于宗族建设和襄助儒学。"②

16世纪晚期，西方传教士进入中国。在他们的认知里，僧侣们拥有超自然的力量，而西方宗教想在中土传扬，释家入中原时的那一套"老子西去，化胡为华"的办法，或许同样有效。因此，传教士们都着僧侣装束，以一副西方预言者的姿态，利用科学这套现代魔术，将朝中的知名人士如徐光启等，归化入教。

"公元1595年，传教士果断抛弃了他们的僧侣装束，开始向'儒'的身份转变。'儒'就是为社会所崇敬的文化

---

① ［美］罗莎莉（Rosalie）著，丁佳伟、曹秀娟译：《儒学与女性》，江苏人民出版社2015年版，第37页。
② 伊佩霞、姚平、张聪主编，《追怀生命：中国历史上的墓志铭》，上海古籍出版社2021年版，第148页。

精英的身份，儒就是中华礼仪的规范性表达和中国特性的标志。"①

利玛窦在公元 1608 年的日记中写道：只有文人的传统才"适宜于中国人"。

"换言之，'儒'成为传教士超越种族、文化界限的一种途径，以致成功克服了基督教之于中国文化的'外来性'，乃至传教士之于中国人的'外来性'。耶稣会传教士借用儒学这一中国古代文化的圣神主题而实现了本土化，或者说他们变得文明了。在传教士或者他者眼中，'儒'就是中国性的同义词。"②

十二

"在女真人统治之下，通过倡导文治，儒学在政治、社会和文化等领域获得了重生，儒学地位的上升也给女真统治者带来了道德上的合法性。换言之，'儒'既是民意意愿的守护者，同时也是'文'的守护者。对于一个政权的道德合法性而言，这是不可或缺的。"③

后来，在"文字狱"的震慑之下，儒家知识分子转向考据，其用意同样是借考据以恢复四书五经的原始含义，进

---

① ［美］罗莎莉（Rosalie）著，丁佳伟、曹秀娟译：《儒学与女性》，江苏人民出版社2015年版，第38页。
② ［美］罗莎莉（Rosalie）著，丁佳伟、曹秀娟译：《儒学与女性》，江苏人民出版社2015年版，第38页。
③ ［美］罗莎莉（Rosalie）著，丁佳伟、曹秀娟译：《儒学与女性》，江苏人民出版社2015年版，第34页。

而阐明儒家文化。通过自证文化正统、思想正统，表明思想的阐释权仍然在儒家知识分子手里，而不在皇权。

在清代，很多人"都不得不被迫反思自己的汉人身份问题。最常见的答案则是汉人身份不在于政治上向谁效忠，而在于忠实地确立从祖上传承下来的礼仪习俗"①。

至晚清，儒家知识分子又有了新的思考。

晚清思想家刘师培认为，根据《尚书》记载，"圣王三代"之时，中国为君民共主之时代。从《春秋左氏传》中可以知道，"圣王三代"以后，君主世袭，实行家天下之制度，专制之威愈来愈明显。

刘师培说，通过《尚书》一书，可以看出中国君权演化过程，君权越来越强，民权越来越弱，真是国人之罹厄也。自此以后，人民称朝廷为国家，以君为国家主体，以民为国家之客体，张扬民贼之波，煽独裁之焰，而暴君之祸，逐渐大成。中国由君民共和变成了君权专制。

这些反思，已经让传统儒家更加贴近社会现实，有了新的生命力。

十三

对于生存在无神论社会的当代中国知识分子来说，人生理想何在？个人存的价值去何处寻找？怎样避免被世俗力量和金钱彻底边缘化？如何避免被世俗力量和金钱双

---

① 伊佩霞、姚平、张聪主编，《追怀生命：中国历史上的墓志铭》，上海古籍出版社 2021 年版，第184页。

重剥夺？

尽管困惑多多，且很难纾解，但有一点却没有变，即知识分子仍然像古代的儒家之士们一样，秉持文化保守主义，用文化的超稳定性来维持文化秩序，虽居陋室，亦行天道。

宋、明、清兴盛一时的"乡村儒学"，随着乡村凋敝，已经走上了末路。知识分子远离乡村，拥挤在繁华都市的夹缝里。因此，"城市孔学"必然成为现代都市里的一种哲学思考与实践。

所谓的"城市孔学"即在城市里建立虚拟或实体的"新儒者社群"，通过组织与儒学相关的读书会、支持与儒学相关的文化组织、参与跟儒学相关的文化学院，来推动对传统文化的思考，并于当下为理想在内心与现实间寻找妥善的安置。

作为传统乡里慈善的延续，投身社区去做义工；热心和睦社区建设，积极参与"邻居节"；通过慈善捐助，帮扶困难群体；借助网络，传播传统文化；为传统文化穿上现代化的新衣，把儒家的修身齐家和参与社会治理的政治抱负紧紧联结在一起。

学者罗莎莉在《儒学与女性》一书中指出，想要了解中国，儒是必不可少的索引，因为儒不但是中华文化的基本象征，也承载着中华民族的延续和文明物质。有了儒，才能够把拥有不同文化的各民族凝聚起来。

正因为儒具有文化凝结的作用，有着强大的历史延续性，与儒有关的思想和文化，已经成为文明基因，深植在中国人的身体里。

儒家精神与当下主流思想，仍时时相叩，并发出巨大回响。儒者们探索儒学实践的方式，仍有无尽的空间。

在本书付梓之际，真诚地感谢团结出版社的领导和同志们，感谢你们的慧眼垂青、褒扬勉励和辛勤劳动。

如果这本书能够为中国文化的传扬做些贡献，则功在团结出版社与诸位读者。

谨以此记，献给那些关注中华文明基底、关怀中华文化传扬的人，献给我的亲人和朋友，献给那些帮助和鼓励过我的人。